Thomas Wessinghage
Laufen

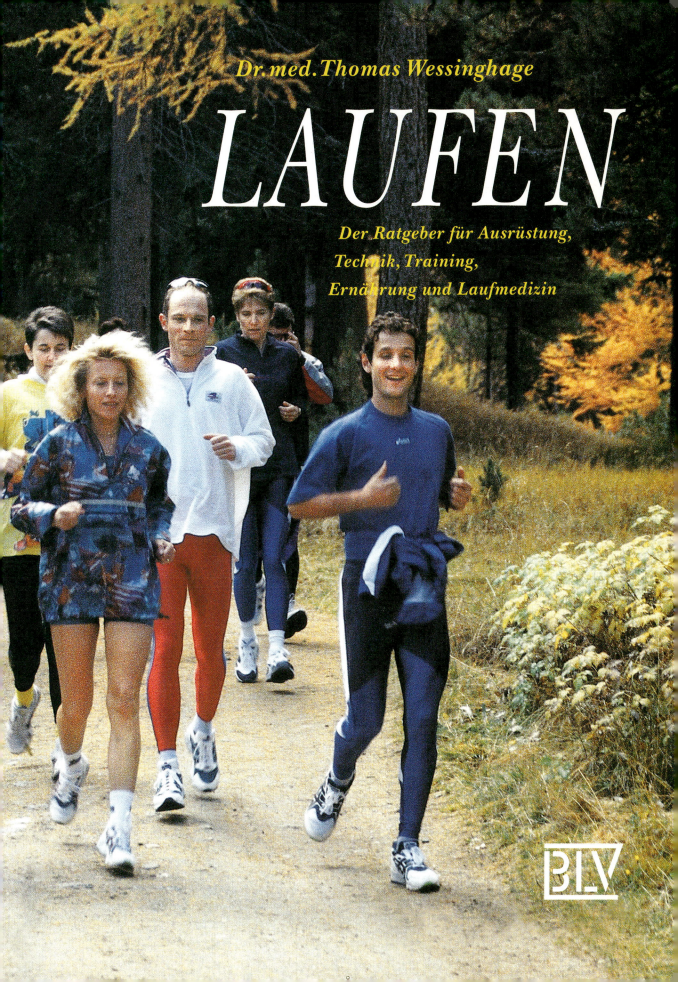

Die Deutsche Bibliothek – CIP-Einheitsaufnahme

Wessinghage, Thomas
Laufen : der Ratgeber für Ausrüstung, Technik,
Training, Ernährung und Laufmedizin / Thomas
Wessinghage. – 3., überarb. Aufl., (Neuausg.). –
München ; Wien ; Zürich : BLV, 1996
   2. Aufl. u. d. T.: Wessinghage, Ellen: Laufen
   ISBN 3-405-14764-6

Dritte, überarbeitete Auflage (Neuausgabe)

BVL Verlagsgesellschaft mbH
München Wien Zürich

80797 München

© BLV Verlagsgesellschaft mbH,
München 1996

Das Werk einschließlich aller seiner Teile ist urhe-
berrechtlich geschützt. Jede Verwertung außer-
halb der engen Grenzen des Urheberrechtsgeset-
zes ist ohne Zustimmung des Verlags unzulässig
und strafbar. Das gilt insbesondere für Vervielfäl-
tigungen, Übersetzungen, Mikroverfilmungen
und die Einspeicherung und Verarbeitung in elek-
tronischen Systemen.

Titelfoto: Meinsen & Partner
Umschlaggestaltung: Sander & Krause, München

Layout: Anton Walter, Gundelfingen

Satz und Druck: Appl, Wemding
Lithos: Repro Ludwig, Zell am See
Bindung: Ludwig Auer, Donauwörth

Gedruckt auf chlorfrei gebleichtem Papier

Printed in Germany : ISBN 3-405-14764-6

Bildnachweis

L. Adamski-Reek: S. 15, 21, 31, 57
Bavaria Bildagentur: S. 6/7, 136/137, 180/181
D. Birkner: S. 19
G. Chai-von der Laage: S. 69
Deutsche Sporthochschule Köln: S. 148 re.
T. Dietschi: S. 45 o.
H. Fröhlich: S. 70, 108 o., 112, 113, 173
A. Fromm: S. 5, 32, 80, 81, 82, 83, 87, 91, 92, 93, 94, 95,
96, 97, 151, 152, 153, 154 o. (2×), 160, 161, 162, 163, 164
M. Kestenholz/Keropress: S. 16, 22/23, 53, 66, 71, 104/105,
110, 126/127, 129
P. Lehmann: S. 51, 56, 64, 108/109, 111, 124, 125, 133, 140
Polar Deutschland: S. 29, 39
Puma Schweiz: S. 43
Ryffel Running, Bern: S. 131, 157
Staatliche Antikensammlung und Glyptothek München: S. 10
Universitätsbibliothek Erlangen: S. 13
Th. Wessinghage: S. 2/3, 8/9, 24, 25, 40, 45 u., 63, 78, 79,
84, 85, 98, 99, 100, 101, 135, 148 li. (2×), 149,
150, 154 u., 156, 167, 168, 169, 189/179
Th. Wessinghage/Prof. Glaubitt: S. 177
J. Wirz: S. 60/61, 138, 139, 142, 145

Alle Grafiken Hellmut Hoffmann, außer
Harald und Ruth Bukor: S. 76
Jörg Mair: S. 18, 28, 36

Vorwort

Fast zehn Jahre sind vergangen, seit die ursprüngliche Fassung dieses Buches entstanden ist. Zehn Jahre sind eine sehr lange Zeit für den Breitensport, einen Bereich, der von Sportwissenschaft und Medizin, von leistungssportlichen und soziologischen Trends beeinflußt wird.

Grund genug, das Buch zu aktualisieren, neu zu »verpacken«. Der bisherige Erfolg rechtfertigt meines Erachtens aber auch die Entscheidung, den grundsätzlichen Aufbau nicht wesentlich zu verändern.

Thomas Wessinghage

Dr. Thomas Wessinghage
wurde am 22.2.1952 in Hagen/Westfalen geboren. Nach dem Abitur begann er 1970 in Mainz mit dem Medizinstudium, welches er 1977 mit dem Staatsexamen abschloß. Seine orthopädische Facharztausbildung führte ihn nach Lüdenscheid-Hellersen, Los Angeles und Köln. 1988 wurde er Ärztlicher Leiter der Tagesklinik Reha-Zentrum Nord in Norderstedt, seit 1996 ist er Ärztlicher Direktor und Chefarzt der Rehaklinik Saarschleife in Mettlach-Orscholz.
Im Verlaufe seiner rund 20jährigen Karriere als Mittel- und Langstreckenläufer wurde er viermal für die Deutsche Olympiamannschaft nominiert, nahm an 62 Länderkämpfen teil (ist damit Rekordinternationaler des Deutschen Leichtathletik-Verbandes) und wurde über 20mal Deutscher Meister.
1982 feierte er mit dem Gewinn der Europameisterschaft über 5000 m seinen größten Erfolg. 1979 gewann er den Weltcup über 1500 m in Montreal, 1975 den Europacup über 1500 m in Nizza, 1983 über 5000 m in London. Er wurde viermal Hallen-Europameister über 1500 m und hielt diverse Deutsche und Europa-Rekorde, von denen bei Drucklegung dieses Buches diejenigen über 1500 m, 1 Meile und 2000 m noch aktuell sind.
Im Jahre 1981 wurde Thomas Wessinghage »Leichtathlet des Jahres«, 1985 wurde er mit dem Rudolf-Harbig-Gedächtnispreis ausgezeichnet.

Bestzeiten:

800 m – 1:46,56'
1500 m – 3:31,58'
1 Meile – 3:49,98'
2000 m – 4:52,20'
3000 m – 7:36,75'
5000 m – 13:12,78'

Inhalt

Vorwort 5

Einleitung 8

Geschichtliches 10

Lauftechnik 15

Laufstil 17

Laufstil im Gelände und
auf der Bahn 21

Ausrüstung 24

Schuhe 24

Bekleidung 28

Training 33

Trainingszeiten 33

Training und Wetter 33

Trainingsgelände 35

Physiologische Grundlagen des
Lauftrainings 35

Pulsmessung 39

Formen des Lauftrainings 40

Trainingsplanung
und -periodisierung 49

Training im Kindes- und
Jugendalter 55

Trainingshinweise für
Gesundheitssportler 61

Trainingshinweise für
Breitensportler und Volksläufer 62

Trainingsbeispiele von Weltklasseathleten 67

Höhentraining 72

Trainingstagebuch 73

Körperschule 77

Dehngymnastik, Stretching 77

Krafttraining 86

Koordinationsschulung 98

Regenerationsmaßnahmen 101

Ausgleichs- und Ersatzsportarten 103

Wettkampf 105

Wettkampfplanung 106

Physische Wettkampf-
vorbereitung 106

Mentale Wettkampfvorbereitung 107

Verhalten am Wettkampftag 108

Strategie, Taktik 111

Verhalten nach dem Wettkampf 112

Ernährung 114

Die Nahrungsbestandteile 115

Die Ernährung des Ausdauersportlers 121

Frauen und Laufen 127

Etwas Geschichte 127

Leistungsmedizin 128

Training für die Frau 130

Gesundheit 132

Kleidung – hübsch und praktisch 135

Laufmedizin 137

Ausdauertraining –
Vorbeugung gegen
Herz-Kreislauf-Erkrankungen 137

Laufen und Alter 139

Laufen und Psyche 141

Laufen bei bestehenden
internistischen Erkrankungen 143

Gesundheitliche Gefährdung in
Zusammenhang mit Laufen 144

Laufen und Schäden des
Bewegungsapparates 147

Akutverletzungen
des Bewegungsapparates
durch Laufen 168

Überlastungsschäden
des Bewegungsapparates
durch Laufen 172

Laufseminare 178

Register 181

Einleitung

Sicherlich gibt es viele Sportarten, die sich als Ausgleichssport oder zum Fitneßtraining eignen. Unter ihnen nimmt das Laufen fraglos eine Sonderstellung ein. Man benötigt keine Halle, keinen Sportplatz, keine teure Ausrüstung und braucht auch keine komplizierte Technik zu erlernen. Nach relativ kurzer Zeit regelmäßigen Trainings fühlt man sich ausgeglichener, gesünder und leistungsfähiger als vorher. Diese Steigerung des seelischen und körperlichen Wohlbefindens kann jeder erreichen. Um laufen zu können, braucht man nicht jung und athletisch zu sein. Jeder Trainingszustand, fast alle Gewichtsklassen und nahezu jedes Alter sind für ein Lauftraining in angemessener Form geeignet. Die positiven Auswirkungen eines wohldosierten Ausdauertrainings sind sogar bei über siebzigjährigen Anfängern wissenschaftlich nachgewiesen worden.

Gerade in den letzten beiden Jahrzehnten haben Wissenschaftler und Ärzte nach Ursachen für die ständig wachsende Zahl von Erkrankungen des Herz-Kreislauf-Systems geforscht. Tatsächlich kommt dem Bewegungsmangel eine zentrale Bedeutung für die Entstehung von Kreislaufregulationsstörungen, Gefäßverengungen und letztlich sogar Herzinfarkten zu. Daß Ausdauertraining vorbeugend gegen derartige Krankheiten wirken kann, ist mittlerweile den meisten Menschen bekannt. Die wenigsten wissen jedoch, daß es zur Zeit in Deutschland bereits 700 ambulante Herzgruppen zur Behandlung und Rehabilitation von Herzinfarkten gibt, in denen dosiertes und ärztlich überwachtes Training mit Erfolg angewendet wird (siehe auch S. 61 f.).

Die Gruppe der ambitionierten Läufer und Leistungssportler hat natürlich andere Motive als die Gesundheitssportler. Für sie bieten Wettkämpfe die Gelegenheit, ihre Form zu überprüfen. Im direkten Wettstreit mit Gegnern oder im Kampf gegen die Uhr die Bestätigung der eigenen Leistungsfähigkeit zu finden, hilft das Selbstbewußtsein zu steigern und – auf friedliche Weise – Aggressionen abzubauen.

Der Erfolg des Laufens beruht nicht allein auf der gesundheitlichen Bedeutung und der Möglichkeit, persönlichen Ehrgeiz zu befriedigen. Eine große Rolle spielt der soziale Gesichtspunkt des Laufsports. Flächendeckend finden sich in ganz Deutschland Hunderte von Lauftreffs, bei denen sich viele Lauffreunde unterschiedlicher Leistungs-

Einleitung

klassen regelmäßig zur gemeinsamen Sportausübung treffen. Übrigens wurde der erste Lauftreff bereits 1907 von Carl Diem in Berlin gegründet. Ein weiteres Indiz für die gesellschaftliche Wirkung liegt in den riesigen Teilnehmerfeldern der Volksläufe und Marathonveranstaltungen. 10 000 und mehr Menschen versammeln sich regelmäßig zu den großen Marathonveranstaltungen in Berlin, Hamburg, Frankfurt. Laufen ist ein familienfreundlicher Sport. Da es ohne großen finanziellen und zeitlichen Aufwand betrieben werden kann, sind auch Familien mit Kindern in der Lage, sich zusammen sportlich zu betätigen, ohne die Familienkasse zu stark zu belasten. Und nicht zuletzt ist manch glückliche Ehe schon durch den Sport gestiftet worden, offenbar weil damit eine weitgehende Übereinstimmung der Partner in einigen wichtigen Punkten der Lebenseinstellung gewährleistet ist. In der Hoffnung, Ihnen noch einmal die Bestätigung gegeben zu haben, daß es richtig ist, Sport und vor allem Laufen zu betreiben, bin ich zuversichtlich, daß es Ihnen jetzt leichter fällt, mit dem Laufen zu beginnen, falls Sie bisher noch unentschlossen waren.

Straßenläufe haben sich zu den weltweit populärsten Breitensportveranstaltungen überhaupt entwickelt.

Geschichtliches

Geschichtliches

Die Geschichte des Laufens ist fast so alt wie die Menschheit selbst. In prähistorischer Zeit war der Lauf lebenserhaltende Notwendigkeit beim Jagen, Sammeln oder auf der Flucht. Botenläufer dienten der (relativ) raschen Übermittlung von Informationen und Nachrichten.
Nach Entstehen der ersten Kulturen fanden sich dort sportive Laufformen, vor allem in den Adelsgesellschaften. Die ägyptischen Könige Sesostris I. und Amenophis II. galten als gute Läufer. Salomon (963 bis 925 v. Chr.) führte an seinem Hof Wettkämpfe durch, wie sie auch bei Hethitern, Sumerern und in der mykenischen Gesellschaft stattfanden.
Besonders im archaischen (ca. 800 bis 500 v. Chr.) und klassischen (ca. 500 bis 300 v. Chr.) Griechenland wurde die läuferische Leistung hoch geschätzt. Homer schilderte in seinen Epen detailliert Laufwettbewerbe, die im Rahmen von Totenfeiern, Hochzeiten, Gästeempfängen und anderen Feierlichkeiten veranstaltet wurden. In Olympia wurden ab dem 9. Jahrhundert v. Chr. kultische Wettkämpfe zu Ehren des Zeus abgehalten, von 776 v. Chr. wurden die Sieger der Olympischen Spiele regelmäßig ausgezeichnet. Damit begann auch die Zählung der Olympien. Zunächst wurde nur ein Lauf über 1 Stadion (192 m) durchgeführt, später kamen neben anderen Disziplinen auch weitere Laufstrecken hinzu. Die Spiele gewannen in der Folgezeit höchste kulturelle und politische Bedeutung, was sich für die damaligen Olympiasieger in ideeller und auch materieller Hinsicht auszahlte. Für die Zeit der Spiele herrschte in ganz Griechenland eine heilige Waffenruhe.
In der ausgehenden Klassik und im darauffolgenden hellenistischen Zeitalter entwickelte sich ein Berufsathletentum mit berühmten Läufern. Neben diesem Spitzensport war den Hellenen bereits der Wert des Laufens für Erziehung und Gesundheit bekannt. Sie bauten Gymnasien mit Laufbahnen. Platon forderte, dem Laufwettbewerb unter allen Disziplinen die erste Stelle einzuräumen. Auch von den Etruskern, die zur gleichen Zeit die italische Halbinsel bewohnten, ist bekannt, daß sie Laufwettbewerbe bei kultischen Spielen durchführten. Sie, wie so viele andere Volksstämme der Antike, mußten sich der militärischen Disziplin der Römer unterwerfen, bei denen Laufübungen Bestandteil der militärisch orientierten Leibeserziehung der männlichen Jugend waren. Darüber hinaus fanden auch bei den Römern Läufe zu besonderen Anlässen statt (z. B. sogenannte Frühlingsläufe), an denen auch Frauen teilnahmen.
Mit fortschreitender Christianisierung und unter dem Einfluß hellenistischer Lebensphilosophien setzten sich ab ca. 200 n. Chr. körperfeindliche Tendenzen durch. Im Jahre 394 n. Chr. verbot der

Darstellung einer Läufergruppe auf einer antiken Preisamphora aus Athen.

10

Geschichtliches

Oströmische Kaiser Theodosius der Große die Olympischen Spiele, nachdem diese »heidnischen Feste« fast 1200 Jahre lang bestanden hatten. Bei den germanischen Stämmen im frühen Mittelalter war läuferisches Können eine Voraussetzung für Erfolg im Krieg und auf der Jagd. Caesar und Tacitus rühmten die Germanen wegen ihrer Schnelligkeit. Auch in den germanischen Götter- und Heldenliedern spielte der Lauf eine Rolle, so im Nibelungenlied beim Wettlauf zwischen Siegfried und Hagen und in der Edda bei Thors Fahrt zu Utgardloki (Zeit von ca. 800 bis 1250).

Von ca. 1000 bis 1300 wurde Europa von der Ritterkultur geprägt. In ritterlichen Tugendbüchern (Ritterspiegel) wurde Schnelligkeit als erstrebenswerte Grundfertigkeit erwähnt. Bei ritterlichen Turnieren wurden häufig Laufwettbewerbe durchgeführt.

Zur gleichen Zeit entwickelten sich im bäuerlichen Bereich Läufe zu besonderen Anlässen, an denen auch Frauen beteiligt waren (Kirchweih, Fastnacht, Frühlingsfeste und Sonnwendfeiern). Während die Ritterkultur mit der Verbreitung der Feuerwaffen einen unaufhaltsamen Niedergang erlebte, breitete sich als Folge der großen Landflucht bäuerliches Brauchtum auch mehr und mehr in den Städten aus. So wurden in Nürnberg seit 1349 Fastnachtsläufe veranstaltet, in Wien seit 1382 Scharlach-(Tuchfärber-)Rennen, in Augsburg fanden Tuchrennen für Frauen ab dem Jahre 1448 statt. Im Rahmen großer Schützenfeste gab es Wettläufe in Zürich (1456), Augsburg (1470), Rottweil und Straßburg, häufig auch Frauenläufe.

Mit Beginn des 15. Jahrhunderts und dem Aufkommen des Humanismus wurde neben anderem antiken Gedankengut auch die Beziehung des Menschen zu seinem Körper wieder aufgewertet. Es gab erste Ansätze einer Leibeserziehung, in die auch das Laufen integriert war. In zahlreichen Schulordnungen des 16. Jahrhunderts wurde

Gymnastik, vor allem Laufen, empfohlen, so z. B. in Zwickau, Kursachsen, Magdeburg, Hamburg, Braunschweig, Nürnberg, Straßburg. An protestantischen Lateinschulen und den Jesuitenschulen wurde Laufen eingeführt, meist als Bestandteil des nicht unterrichtsgebundenen Schullebens.

Im Zeitalter des Rationalismus entwickelten die Philantropen ein rationalistisches System der Leibeserziehung. Zum »mens sana in corpore sano« gehörten auch regelmäßige Laufübungen. Johann Chr. Guts Muths (1759 bis 1839) war der führende Leibeserzieher seiner Epoche, der Pädagoge Heinrich Pestalozzi (1746 bis 1827) ließ in der Schweiz die Schüler in seinen Internaten täglich laufen. In Deutschland wurde Friedrich Ludwig Jahn (1778 bis 1852) Initiator der Turnbewegung, wobei Turnen als Sammelbegriff für alle Leibesübungen verwendet wurde. Im Jahre 1811 richtete er auf der Berliner Hasenheide den ersten Turnplatz ein. Die Verbreitung der Turnbewegung in Deutschland muß im Zusammenhang mit dem nationalen Einigungsbestreben und der Befreiung von napoleonischer Herrschaft gesehen werden. Als ab 1820 durch die konservativ-monarchistischen Kräfe (Restauration) ein öffentliches Turnverbot ausgesprochen wurde, verlagerte sich das Turnen immer mehr in geschlossene Räume. Das Geräteturnen verdrängte dadurch in zunehmendem Maße die volkstümlichen Übungen Laufen, Springen und Werfen. Gleiches betraf das Schulturnen, das sich in der zweiten Hälfte des 19. Jahrhunderts voll entfaltete und methodisch vor allem vom hessischen Pädagogen Adolf Spieß geprägt wurde.

Anders verlief die Entwicklung des Sports im 18. und 19. Jahrhundert in England. Im Gegensatz zum europäischen Festland dominierten hier das Leistungs-, Konkurrenz- und Rekordprinzip, hervorgegangen aus dem Gedankengut der Aufklärung und verstärkt durch die industrielle Revolution.

Geschichtliches

Der Laufsport spielte eine überragende Rolle. Bereits 1604 fanden in Barton die Cotswolt Games mit Laufwettbewerben statt. Der Adel erfreute sich neben Pferderennen an Wettläufen der sogenannten Footmen. Meist handelte es sich um Bedienstete der Landadeligen, die über Distanzen von 15 oder 20 Meilen gegeneinander antraten (ab 1660 wurden die Laufstrecken nach Meilen eingeteilt). Beträchtliche Wetten wurden von ihren Herren und den Zuschauern auf den Ausgang solcher Rennen abgeschlossen. Man konnte die Footmen mit Recht bereits als Berufsläufer bezeichnen, die oft auch allein gegen die Zeit liefen und nicht selten ein ansehnliches Einkommen hatten. Ab etwa 1700 berichteten englische Zeitungen über derartige Laufwettbewerbe, so zum Beispiel über einen ehemaligen Metzger, der es zu einer gewissen Berühmtheit brachte, als er 10 Meilen (16,1 km) in weniger als einer Stunde zurücklegte. (Er soll übrigens nicht wie die anderen Läufer im Dienste eines Herrn gestanden, sondern auf eigene Rechnung gearbeitet haben, also schon professionell im heutigen Sinne.)

Zu Beginn des 19. Jahrhunderts griff der Laufsport auf die oberen Gesellschaftsschichten über. Unter den Gentlemen war es natürlich verpönt, Geld für ihre Leistungen entgegenzunehmen oder gar zu fordern. Sie waren damit Wegbereiter des Amateursports neuzeitlicher Prägung. Universitäten und Colleges wurden zu Pflegestätten und Hochburgen des Laufsports. Ab der Mitte des 19. Jahrhunderts entwickelten sich unterschiedlich lange Laufstrecken, ein Regelwerk wurde geschaffen und Leichtathletikclubs gegründet. 1880 entstand die Amateur-Athletic-Association (AAA), der heute noch bestehende englische Leichtathletikverband. Etwa zur gleichen Zeit griff der »englische« Sport auf den Kontinent und die übrige Welt über. Auch in Deutschland wurden Sportvereine gegründet oder zusätzliche Sportabteilungen in die traditionellen Turnvereine aufgenommen.

1893 entstand zur Förderung des Laufsports der Deutsche Amateur-Athletik-Verband in Berlin. Die Leichtathletik wurde zunehmend in den Schulsport integriert.

In verschiedenen Ländern hatte es schon seit längerer Zeit Bemühungen gegeben, die Olympischen Spiele der Antike wieder aufleben zu lassen. Doch erst der französische Baron Pierre de Coubertin, dessen Hauptanliegen eigentlich eine Bildungsreform war, verhalf der Olympischen Idee zum Durchbruch. 1894 berief er in der Pariser Sorbonne eine Versammlung ein, die den Beschluß zur Erneuerung der Spiele faßte. Nach großen Schwierigkeiten gelang es 1896 in Athen, die ersten Olympischen Spiele der Neuzeit mit Erfolg auszurichten. Während Paris 1900 und St. Louis 1904 im Schatten der gleichzeitig stattfindenden Weltausstellungen standen, verliefen die vierten Spiele in London 1908 sowie die fünften in Stockholm 1912 dank de Coubertins unermüdlichen Einsatzes glanzvoll. Der Bann war gebrochen.

Jahrzehntelang blieben (und sind es heute noch!) die Olympischen Spiele das höchste Ziel aller Sportler, nicht nur der Läufer. Athleten wie Nurmi, Zatopek und Viren erlangten Unsterblichkeit durch ihre olympischen Siege, verliehen aber mit ihren Leistungen auch den Spielen Glanz. Seit Ende der siebziger Jahre erwächst den Olympischen Wettkämpfen vermehrt Konkurrenz durch die Aufwertung der internationalen Großsportfeste (»Grand Prix« seit 1985), durch die Einführung von Leichtathletik-Weltmeisterschaften (erstmals 1983 in Helsinki), durch die stets wachsende Zahl internationaler Großereignisse und die zunehmende Bedeutung von Rekorden. Dennoch erscheint eine Olympische Goldmedaille weiterhin als höchstes Ziel läuferischen Strebens. In unseren Tagen haben die Olympischen Spiele eine so immense Bedeutung und – aufgrund moderner Medientechnik – weltweite Präsenz er-

Geschichtliches

reicht, daß sie Gefahr laufen, zwischen machtpolitischem Ränkespiel und kommerziellem Spektakel ihre Identität zu verlieren. Darüber hinaus stellt auch der internationale Terrorismus eine beängstigende Bedrohung dar.

»Das Rennen der jungen Gesellen und gemainen Frauen«, Handschrift aus dem Jahre 1509.

13

Geschichtliches

Unbeeinflußbar, so scheint es, von allen internen und externen Problemen, findet unterdessen eine ständige Fortentwicklung der Leistungen statt. Erhöhte Trainingsumfänge und -intensitäten, professionelles Betreiben des Sports und konstitutionelle Faktoren bei den Athleten (Akzeleration) führen zu immer neuen Rekorden. Die Frage nach den Grenzen der Leistungsfähigkeit kann nur dahingehend beantwortet werden, daß es sie nicht gibt.

Diese Feststellung gilt fraglos für Männer und Frauen in gleichem Maße. Bis 1968 war die längste offizielle Meisterschaftsstrecke bei den Frauen die 800 Meter. Seitdem hat eine kontinuierliche, unaufhaltsame Entwicklung zu längeren Distanzen stattgefunden. Heuzutage ist die Frau gerade im Extremausdauerbereich voll emanzipiert. Frauen nehmen an allen Ausdauerveranstaltungen in großer, vielfach immer noch zunehmender Zahl teil – bis hin zu den extremsten Wettbewerben (Mehrfach-Ultra-Triathlon).

Bei großen Marathonveranstaltungen liegt das Preisgeld für Sieger und Siegerinnen mittlerweile (fast) auf dem gleichen Niveau.

Aber selbstverständlich bedeutet Sport nicht nur Höchstleistungen. Der Breitensport und dabei in vorderster Linie die Laufbewegung ist zu einem wichtigen Faktor in unserem Leben geworden, in kultureller, medizinischer und finanzieller Hinsicht. Die veränderte Qualität der beruflichen Tätigkeit, die immer weniger körperlichen Einsatz fordert, dafür aber immer höhere psychische Belastungen verursacht, führt in Verbindung mit einem gestiegenen Gesundheitsbewußtsein und mehr Freizeit zur Suche nach Ausgleich durch körperliche Aktivität. Schon lange sind sich die Mediziner der Tatsache bewußt, daß der mit Abstand größte Teil der Kosten im Gesundheitswesen auf den eklatanten Bewegungsmangel der »modernen« Gesellschaft zurückzuführen ist. Die Betonung präventiver Inhalte im Gesundheitswesen ist eine Konsequenz, die deutsche Sozialpolitiker nunmehr aus diesen bereits seit den sechziger Jahren bekannten Sachverhalten ziehen.

Dessen ungeachtet freuen sich heute und mittlerweile schon seit ca. 3 Jahrzehnten Millionen von Läufern an ihrem Hobby, vor allem in Europa, Nordamerika und Ozeanien. Laufveranstaltungen mit 20 000 und mehr Teilnehmern sind keine Seltenheit mehr. So scheint sich der Mensch gerade in dem Augenblick, da sich der jahrtausendealte Traum der totalen Mobilität verwirklicht hat, wieder seiner ursprünglichen, natürlichen Gaben und Fähigkeiten zu besinnen: Gesundheit läßt sich nur schöpfen aus dem ständigen Wechsel von Belastung und Regeneration, von Aktivität und Schonung.

Lauftechnik

Bewegung ist Leben. In ihr äußert sich der ganze Mensch in der Sprache seines Körpers. In der Haltung des Menschen kommt sein Lebensgefühl zum Ausdruck. Leider sind erwachsene Menschen mit normaler Körperhaltung und Atmung in unseren technokratischen Zivilisationen zur Ausnahme geworden. Die ungezwungene, unbefangene Bewegungsweise von Naturvölkern und Kindern geht schon den meisten Heranwachsenden verloren, gesellschaftliche Probleme äußern sich in einem gestörten Verhältnis zur Bewegung.

»Zurück zur Natur« – z. B. in Form eines Laufes durch den Wald.

Lauftechnik

Haile Gebreselassie aus Äthiopien hat den »Jahrhundertschritt« in eine neue Ära des Langstreckenlaufes bereits vollzogen. Seine Weltrekordläufe sind stets auch ein (lauf)ästhetischer Genuß.

Durch Bewußtmachen des Zusammenspiels der verschiedenen Elemente unseres Körpers beim Laufen kann es uns gelingen, einen Teil der verlorenen Ursprünglichkeit unserer Bewegungen wiederzugewinnen. Das heißt vor allem, Training nicht zum gedankenlosen Herunterspulen von Kilometern zu degradieren, als das es ja oftmals angesehen wird. Wer jemals bei den ersten Sonnenstrahlen durch einen Wald gelaufen ist und die Gerüche und Geräusche der erwachenden Natur in sich aufgenommen hat, wird wissen, was gemeint ist.

▌ Laufstil

Jeder menschliche Körper ist ein einmaliges, einzigartiges biomechanisches Funktionssystem. Die Vermutung also, daß die jeweiligen Weltrekordler den für ihre Laufdistanz idealen Laufstil hätten, wird allein schon durch die so unterschiedlichen Maßverhältnisse jedes Menschen ausgeschlossen. Allen Spitzenläufern gemeinsam ist lediglich eine ausgeprägte Ökonomie der Bewegung: einem Mindestmaß an Energieverbrauch steht ein Maximum an Raumgewinn und Laufgeschwindigkeit gegenüber. Jeder Läufer und jede Läuferin soll folglich versuchen, unter diesem Aspekt den eigenen Laufstil zu perfektionieren und, ohne Athleten der Weltklasse kopieren zu wollen, sich an den von ihnen demonstrierten Grundregeln zu orientieren.

Wichtig ist, stets den richtigen Wechsel zwischen Entspannung und Anspannung zu finden. Der Schritt soll flüssig und nicht zu groß sein, die Hüftmuskulatur locker, der Rücken nicht verkrampft, der Oberkörper leicht nach vorn geneigt. Der Schultergürtel ist entspannt, die Arme schwingen frei, wobei im Ellbogengelenk etwa ein rechter Winkel eingehalten werden soll. Die Hände sind leicht geöffnet, nie zur Faust geballt. Der Kopf wird aufrecht gehalten, die Augen schauen geradeaus.

Der Läufer muß besonders die Fußhaltung beachten. Das Laufen stellt die ursprünglichste Bewegungsform für den Menschen dar. Dabei gilt es zu berücksichtigen, daß man ja nicht mit Schuhen an den Füßen geboren wird. Mit anderen Worten: Auf der Suche nach dem natürlichen Laufstil sollte man sich daran orientieren, wie der Mensch barfuß auf ebenem Naturboden (Rasen, Sandstrand) laufen würde. Dabei kommt man zu überraschenden Ergebnissen. In diesem Falle nämlich, ohne die »Isolierschicht« einer oft zentimeterdicken Schuhsohle, ist man gezwungen, sich der körpereigenen Feder- und Dämpfungselemente zu bedienen. Wird der Mittelfuß etwa in Höhe des Kleinzehenballens aufgesetzt, stehen das untere und obere Sprunggelenk, das Kniegelenk sowie das Hüftgelenk zur Verfügung, um mit Hilfe der elastischen Kräfte der vorgespannten Beinmuskulatur jeden Schritt weich abzufangen. In dieser Phase, der sog. vorderen Stützphase (Bodenkontakt des Fußes vor dem Körperschwerpunkt), liegt die Hauptbelastung auf dem Außenrand des Vorfußes. In der mittleren Stützphase (Fuß unter dem Körperschwerpunkt) beginnt bereits die sog. Pronation (s. u.). Die Belastung verteilt sich jetzt etwa zu gleichen Teilen auf das Groß- und Kleinzehengrundgelenk sowie auf die Ferse. In der hinteren Stützphase (Abstoßphase) ist die Pronationsbewegung vollzogen. Die gesamte Belastung wird über den 1. Strahl (Großzehe → 1. Mittelfußknochen → innere Fußwurzel → Schienbein) geleitet.

Phasen der Laufbewegung barfuß
1. Aufsetzen in Höhe des Mittelfußes.
2. Stützphase, bei der kurzfristig der ganze Fuß den Boden berührt.
3. Abdrücken über den ersten Mittelfußstrahl und das Großzehengrundgelenk.

Lauftechnik

Vergleich der beim Aufsetzen des Fußes auf den Boden auftretenden Kraft (Bodenreaktionskraft) zwischen Fersenläufer (oben) und Vorfußläufer (unten). Steiler Kraftanstieg beim Fersenläufer = höhere Belastung.

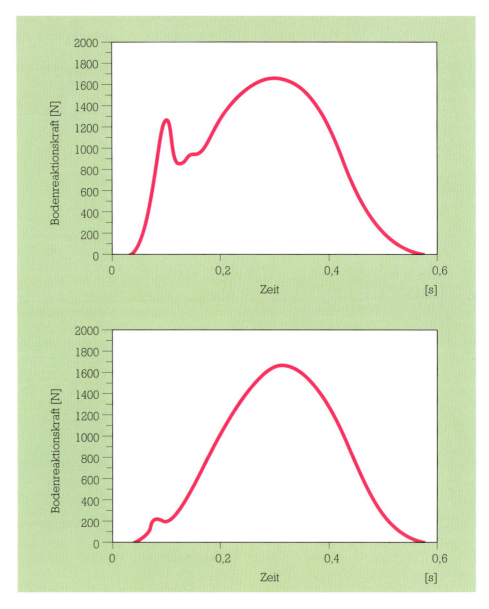

Ein solcher Bewegungsablauf ist sicherlich schonender für Knochen und Gelenke als ein plumpes Hineinfallen in den Schritt mit der Ferse als Puffer, die für diesen Zweck denkbar ungeeignet ist. Zudem ist diese Technik noch deutlich schneller, da zum Vortrieb beim laufen weniger der Abstoß des hinteren Beines (also die hintere Stützphase) als vielmehr das Ziehen des jeweils vorderen Beines (in der vorderen Stützphase!) dient. Der Laufstil fast aller Weltklasseläufer entspricht diesem Grundschema. Weitgehend ungedämpft werden sonst die Stöße über Sprunggelenk, Knie und Hüfte bis in die Wirbelsäule weitergegeben, wo sie zu muskulären (Verspannungen, »Hexenschuß«) und neurologischen (Ischiassymptomatik) Beschwerden führen können.

Pro Schritt müssen Kräfte in Form von Bewegungsenergie abgefangen werden, die das 2- bis 3 fache des Körpergewichtes betragen, bei einem durchschnittlich schweren Erwachsenen also etwa 150 bis 220 Kilogramm.

Ein Laufstil kann dann als ökonomisch für Langstreckenläufe bezeichnet wer-

Laufstil

den, wenn der Körperschwerpunkt möglichst geringe Auf- und Abbewegungen beschreibt, sich im Idealfall also auf einer geraden, horizontalen Linie fortbewegen würde. Das Aufsetzen mit dem Mittelfuß hat noch einen zusätzlichen, sehr viel wesentlicheren Effekt. Durch aktive Dämpfung der auftretenden Kräfte wird die Belastung verlagert, und zwar von den empfindlichen, nicht trainierbaren Strukturen – den Gelenkflächen – auf die trainierbaren, anpassungsfähigen – nämlich die Muskulatur. Jeder Orthopäde weiß, daß eine muskuläre Überlastung leichter zu behandeln ist und eine um ein vielfaches bessere Prognose hat als eine Gelenküberlastung (Arthrose), für die es nach dem heutigen Wissensstand »kein Zurück mehr« gibt. Zudem wird eine eventuelle Tendenz zur Pronation drastisch verringert.

Pronation – was ist das?

Das Pronieren (aus dem Lateinischen: vorwärts neigen) ist eine Bewegung des unteren Sprunggelenkes. Dabei rotieren der Mittel- und Vorfuß gegen den Rückfuß um eine von außen nach innen schräg verlaufende Bewegungsachse. Das Fersenbein kippt nach innen ab, im sogenannten »Valgussinne«, der Unterschenkel rotiert nach innen. Für den äußeren Betrachter scheint das obere Sprunggelenk mit der Knöchelgabel nach innen auszuweichen.

Die Pronation ist eine vollkommen natürliche Bewegung, die anatomisch vorgegeben ist. Ihr Ausmaß allein entscheidet darüber, ob sie zu Deformierungen, Fehlbelastungen und letztlich zu arthrotischen Veränderungen führt. Übermäßige Pronation (Knickfuß) kann ein mehr oder weniger ausgeprägtes Absinken des Fußlängsgewölbes (Senkfuß, Plattfuß) verursachen, kommt aber auch bei dem starren, unflexiblen Hohlfuß nicht selten vor.

Verstärkt oder auch erst ausgelöst wird diese Tendenz, wenn man sich beim Laufen praktisch in jeden Schritt hineinfallen läßt – mit gestrecktem Kniegelenk und Ferse voran. Gezwungenermaßen muß der Bewegungsapparat den Stoß abfangen; dazu benötigt er einen »Bremsweg«, und den verschafft er sich, indem die Innenbänder des Sprunggelenkes sozusagen als elastische Zügel zweckentfremdet werden. Dauerndes, verstärktes Pronieren kann

Beim Barfußlaufen setzt man unwillkürlich zuerst mit dem Mittelfuß auf (Bild 2), um den Schritt weich abzufangen. Dadurch wird die Pronation weitgehend vermieden.

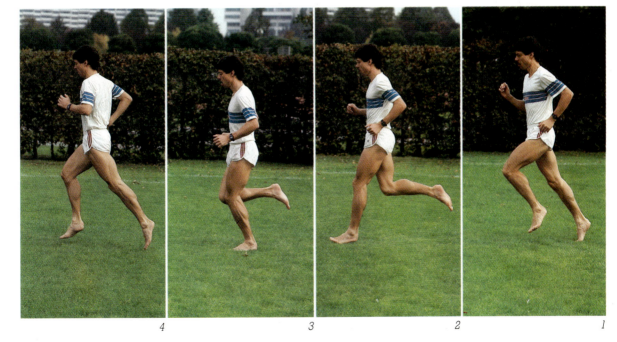

4   3   2   1

19

Lauftechnik

für die Entstehung von Gewölbedeformitäten des Fußes verantwortlich sein. Gleichzeitig sind natürlich die Innenbänder, die Schienbein, Sprungbein und Fersenbein miteinander verbinden, stark überdehnt und können ihrer seitlich stabilisierenden Funktion nicht mehr nachkommen. Folglich drohen hier Fehlbelastungen von Gelenken, die im Endstadium zur Gelenkabnutzung (Arthrose) führen können. Deshalb also gilt es, Überpronation zu verringern. Durch wissenschaftliche Untersuchungen ist gezeigt worden, daß den schmerzhaften Folgen dauernden Überpronierens am wirkungsvollsten durch Barfußlaufen begegnet werden kann, wenn also bei vorgespannter Muskulatur mit dem Mittelfuß zuerst aufgesetzt wird. Ein sauberer Laufstil ist demnach wertvoller und effektiver als komplizierte und aufwendige Sohlenkonstruktionen in manchen Laufschuhen.

Möglicher Grund für Kniescheibenschmerzen

Ein weiterer Grund, dem Laufstil mehr Aufmerksamkeit zu schenken, können auch Beschwerden im Bereich der Kniescheibe sein. Sie wird nämlich beim Fersenaufsetzen vom stärksten Muskel des Körpers, dem Oberschenkelstrecker (M. quadriceps femoris), mit großer Kraft blitzschnell auf das Kniegelenk gepreßt und kann dabei Schaden nehmen. Dabei ist insbesondere der Knorpelüberzug auf der Kniescheibenrückseite gefährdet. Prinzipiell der gleiche Vorgang tritt natürlich auch dann ein, wenn mit dem Mittelfuß aufgesetzt wird, nur läuft die Kraftentfaltung hier weicher, langsamer und damit für das Kniegelenk schonender ab. Denn – ein weiterer Effekt des »aktiven« Laufstils – der Fuß erreicht in der Schwungphase den jeweils vordersten Punkt der Bewegung kurz bevor er den Boden berührt. Im Moment des Aufsetzens bewegt er sich also bereits wieder zurück und zieht dabei den Körper mit Hilfe der Kniebeugemuskulatur auf der Oberschenkelrückseite nach vorn (sog. Zugphase). Die Aktionen der Kniestreckmuskulatur werden gedämpft, die Kniescheiben entlastet.

Fersenlauf oder Ballenlauf?

Und was soll derjenige tun, der schon jahrelang über die Ferse läuft? Solange keine Beschwerden bestehen und das Ausmaß der Pronation nicht zu groß ist, kann der Laufstil durchaus beibehalten werden. Häufig ist es sehr schwierig, sich umzustellen, denn vielfach besteht ein Mißverhältnis zwischen Körpergewicht und Muskelkraft (vor allem der Wadenmuskulatur). In diesem Falle ist zunächst ein vorbereitendes Muskeltraining ratsam (siehe S. 86 ff.); dazu regelmäßige Barfußläufe auf dem Rasen als Laufschule sowie einige wenige Koordinationsübungen (siehe S. 98 ff.).

Atmen – richtig

Die Atmung während des Laufens sollte unbewußt und unverkrampft erfolgen. Der Atemrhythmus spielt sich meist ganz von selbst ein. Lediglich der Anfänger kann sich nach einem Zählschema richten, mit dem er verhindert, zu schnell zu laufen. Wenn auf jeweils 4 Schritte eingeatmet und wieder auf 4 Schritte ausgeatmet wird (d. h. 8 Schritte pro Atemzyklus), ist das Tempo nicht zu hoch – und der Lauf gesundheitlich entsprechend wertvoll (siehe auch S. 61 f.). Am besten atmen Sie durch Mund *und* Nase, um auf diese Weise möglichst tief einatmen und viel Luft aufnehmen zu können.

Laufstil im Gelände und auf der Bahn

Beim *Bergauflaufen* sollten je nach Grad der Steigung der Schritt verkürzt, der Abdruck intensiviert und die Arme zur Unterstützung kräftig mitgeschwungen werden. Der Oberkörper ist dabei etwas stärker nach vorn geneigt als beim Laufen auf ebenen Wegen. Die Schrittfrequenz kann im gleichen Maße gesteigert werden wie der Schritt verkürzt wird. Wichtig ist es, den Schritt beim Bergauflaufen aus dem Fußgelenk herauszudrücken, um die Oberschenkelmuskulatur zu entlasten, die ja vermehrte Hubarbeit zu leisten hat.

Beim *Bergablaufen* treten die höchsten Belastungen auf. Jeder Bergwanderer

Lauftraining im Gelände.

Lauftechnik

Laufstil im Gelände und auf der Bahn

weiß, daß Bergabgehen zum Muskelkater führt, nicht der Anstieg! Im Training sollten daher Bergabpassagen mit großer Vorsicht bewältigt werden, in gedrosseltem Tempo. Dabei kann man in den Schritt hineinrutschen, wenn die Bodenverhältnisse es zulassen, oder vorsichtig abfedern. Das gelingt natürlich je nach Abschüssigkeit des Geländes nur bedingt. Die Arme sollten hierbei zusätzlich zur Balance eingesetzt werden, indem sie weniger angewinkelt und weiter ausgebreitet werden als sonst. Der Oberkörper ist weiter zurückgeneigt als beim Laufen im flachen Gelände.

Auf der Bahn kann der »sauberste« Laufstil angewendet werden. Der Boden ist eben, flach und von gleichmäßiger Beschaffenheit. Meistens läuft man auf der Bahn mit Spikes, was das Vorfußlaufen und die Bodenhaftung unterstützt. Man kann also die Elastizität des Bodens zugunsten eines gleichmäßigen und dynamischen Schrittes ausnutzen. Dabei soll bei Einsetzen von Ermüdung eine ähnliche Technik wie beim Bergauflaufen angewendet werden: den Schritt etwas verkürzen, noch mehr abdrücken und die Arme zur Unterstützung kräftiger mitschwingen. Das Becken soll dabei bewußt etwas nach vorn gekippt, die Hüfte gestreckt werden, da man bei Ermüdung leicht ins »Sitzen« kommt, d. h. man knickt im Hüftgelenk ein, das Hinterteil und somit der Körperschwerpunkt sackt ab. Gegen Ende der Laufstrecke, wenn man den Spurt ansetzen möchte, soll man bewußt die Knie anheben, die Schrittfrequenz erhöhen und – wie beim Bergauflaufen – aus dem Fußgelenk abdrücken. Je plötzlicher dieses Umschalten gelingt, desto schneller beschleunigt man. Durch dieses »Umsetzen« beansprucht man Muskelgruppen, die bisher weitgehend geschont wurden, und man hat die Kraft, den Lauf erfolgreich zu vollenden.

Kenia und Äthiopien sind die dominierenden Läufernationen des ausgehenden 20. Jahrhunderts.

Ausrüstung

Ausrüstung

Beim Laufen besteht kein Zwang, irgendetwas Bestimmtes zu tragen. Läufer sind, anders als andere Sportler, kaum Konventionen unterworfen – getragen wird, was praktisch ist und gefällt. Allenfalls bei Wettkämpfen – und zwar vorwiegend auf der Laufbahn – wird auf eine Bekleidung geachtet, die den Regeln des Leichtathletikverbandes entspricht. Hier sind dann allerdings die persönlichen Wahlmöglichkeiten stark eingeschränkt, denn die Kleidung des jeweiligen Vereins oder Nationalteams (ärmelloses Trikot und kurze Sporthose) sind zumindest bei größeren Veranstaltungen zwingend vorgeschrieben. Die Beschreibungen beziehen sich also vorwiegend auf das Training, den Freizeit-Lauf oder Straßenlaufveranstaltungen.

Schuhe

Der wichtigste Ausrüstungsteil für den Läufer sind seine Schuhe.
Das Angebot an Laufschuhen hat heute ein nie gekanntes Ausmaß erreicht. Gestützt auf eigene Entwicklungsabteilungen, z. T. auch in Zusammenarbeit mit wissenschaftlichen Instituten für Biomechanik und Werkstofftechnologie, werden in schneller Folge neue, angeblich immer bessere Modelle auf den Markt gebracht. Für den Konsumenten verbindet sich der Vorteil eines großen Angebotes mit der Schwierigkeit, die richtige Wahl zu treffen.

In der Tat ist es für jeden Läufer zwingende Notwendigkeit, beim Schuhkauf sehr sorgfältig vorzugehen. Das zeigt allein schon folgende kleine Rechnung: Durchschnittlich 6500 Schritte werden bei einem 10-Kilometer-Lauf absolviert. Pro Schritt müssen Kräfte abgefangen werden, die das 2- bis 3fache des Körpergewichtes betragen, also zwischen 150 und 220 Kilogramm bei einem normalgewichtigen Mitteleuropäer. Das bedeutet, daß jeder Schuh mit insgesamt 500 bis 750 Tonnen bei einem »lockeren« 10-Kilometer-Lauf belastet wird. Gleiches gilt selbstverständlich für die Füße des Läufers. Also sollte den individuellen Bedürfnissen bei der Wahl des geeigneten Schuhes Rechnung getragen werden.

Das stellt keine leichte Aufgabe dar, denn nicht jeder Läufer weiß, ob er nun einen geraden oder einen gebogenen Leisten braucht, ob ein Fersenstabilisator benötigt wird oder gar Schuhe mit pronations- bzw. supinationshemmenden Konstruktionsmerkmalen sinnvoll sind.

Prinzipiell ist für jeden, der ein regelmäßiges Lauftrainig beginnen will, eine orthopädische Grunduntersuchung zu empfehlen. Eventuell bestehende Fehlstellungen oder Vorschäden des Bewegungsapparates können so frühzeitig erkannt und durch entsprechende Gegenmaßnahmen behoben oder gemindert werden, bevor sie schwerwiegende Probleme zur Folge haben (siehe auch S. 147 ff.).

Bei dieser Untersuchung können vom Orthopäden schon wichtige Hinweise gegeben werden, wie der geeignete Laufschuh in etwa auszusehen hat. Die beim Schuhkauf entscheidende Grundregel sollte jedoch jeder Sportler selbst

Konstruktionsmerkmale zur Verminderung von Überpronation:
- *härteres Zwischensohlenmaterial im inneren Fersenbereich*
- *Pronationsstütze unter dem Fersenbein*
- *Fersenstabilisator*
- *stabile (möglichst eng sitzende) Fersenkappe*

Schuhe

kennen und beherzigen: Der Schuh muß ideal passen, und zwar in Länge, Weite und Leistenform. Nur dann kann er die von ihm erwarteten Anforderungen in zufriedenstellender Weise erfüllen.

Schuhgröße

Die wichtigste Botschaft für den Schuhkauf ist so einfach, daß sie fast banal klingt: der Schuh muß passen!
Kein Problem, oder?
Ihre richtige Schuhgröße (besser: Schuhlänge) dürfte den meisten Läufern bekannt sein. Aber nur etwa ein Drittel aller Menschen hat gleich lange Füße. Besteht also eine Längendifferenz zwischen linkem und rechtem Fuß, so ist beim Schuhkauf natürlich der größere Fuß der maßgebende.
Zusätzlich sollte bedacht werden, daß die Füße bei Bewegung, also im Gehen und Laufen, eine halbe bis eine Schuhnummer mehr an Raum benötigen (sog. Schubmaß) und zusätzlich im Laufe des Tagen noch eine Volumenzunahme durch Wärme und Blutstau erfahren – abends also größer als morgens sind.
Anthropometrische Untersuchungen haben erwiesen, daß nur etwa 40 % aller Menschen bei gleicher Fußlänge auch einen annährend gleich breiten Fuß haben. Bei den übrigen weicht der Umfang um mehr als 1 cm vom Durchschnitt ab.
Ist ein Laufschuh zu weit, bewegt sich der Fuß im Schuh hin und her, es kommt zu verschiedenartigen Beschwerden. Wählt man also einen schmaleren Schuh, ist dieser gleichzeitig auch kürzer, pro Längenmaß um etwa 0,6 cm. Stauchungen der Zehen bis hin zu Gewölbeschäden können die Folge zu kurzer Schuhe sein. Umgekehrt wird jeder längere Schuh auch weiter. Daraus ergibt sich für manchen Sportler mit schmalen Füßen ein erhebliches Dilemma.
Nur ein Laufschuhhersteller trägt diesem Umstand gebührend Rechnung. Er bietet seine Modelle in verschiedenen

Weiten an (2A bis 4E). Ansonsten gilt auch hier der Grundsatz, daß Probieren die besten Resultate liefert. Wählen Sie den Nachmittag oder Abend zum Schuhkauf, tragen Sie die Schuhe im Geschäft möglichst lange, bringen Sie gegebenenfalls Ihre persönlichen Einlagen mit.

Verwendungszweck

Die Entscheidung für oder gegen ein bestimmtes Schuhmodell ist auch vom Verwendungszweck abhängig. Soll der Schuh vorwiegend im Training oder ausschließlich in Wettkämpfen, soll er bevorzugt im Gelände, unter Umständen bei Regen und Matsch, oder nur auf der Straße getragen werden?
Ein *Trainingsschuh* sollte im Prinzip stabiler gebaut sein als ein reiner Wettkampfschuh, da er ja für eine ungleich höhere Anzahl von Kilometern »in Form« bleiben soll. Deshalb ist für diesen Zweck ein Schuh mit Brandsohle im allgemeinen besser geeignet als ein solcher im Mokassinschnitt. Um bei der Brandsohle eine höhere Flexibilität vor allem im Vorfußbereich zu gewährleisten, gibt es auch Modelle, die nur eine halbe Brandsohle als stabilisierendes Bauelement aufweisen (sog. kombinierte Machart) oder deren Brandsohle eingekerbt ist, um die Biegsamkeit zu verbessern.

Typischer Frauenlaufschuh:
- *schmalerer Leisten*
- *geringeres Gewicht*
- *höhere Flexibilität*

Ausrüstung

Demgegenüber sind die meisten *Wettkampfschuhe* kompromißlos als Leichtgewichte konstruiert. Dem liegt zwar die grundsätzlich richtige Überlegung zugrunde, daß zusätzliches Gewicht auch einen höheren Energieverbrauch verursacht. Auf der anderen Seite muß die Fuß- und Unterschenkelmuskulatur bei vielen Läufern funktionell oder anatomisch bedingte Fehlbelastungen auffangen. Wenn dann ein zu weicher Schuh getragen wird, der keinerlei Stützfunktion ausübt, kommt es zu einer Überbeanspruchung dieser Muskelgruppen, was zu vorzeitiger Ermüdung und sogar zu Verletzungen führen kann. Deshalb sollte auch im Wettkampf gerade für sehr lange Strecken wie die Marathondistanz im Zweifelsfalle eher ein fester, gut stützender Schuh gewählt werden.

Für *Läufe im Gelände*, d.h. auf unebenem, eventuell sogar rutschigem Untergrund, empfiehlt sich ein Schuh, dessen Laufsohle eine relativ breite Auflagefläche bietet, um einem Umknicken im oberen Sprunggelenk (sogenanntes Supinationstrauma) vorzubeugen. Zusätzlich sollte sie grobstollig profiliert sein.

Obermaterial

Das Obermaterial sollte flexibel sein, gleichzeitig aber ausreichende Stabilität auch im seitlichen und oberen Teil des Schuhes gewährleisten. Es soll haltbar sein, reißfest, und trotz hoher Belastung nicht brüchig werden. Nicht zuletzt sollte es atmungsaktiv sein, also schweißdurchlässig, auf der anderen Seite aber auch einen gewissen Wetterschutz bieten. Das traditionelle Schuhobermaterial ist Leder, das nahezu alle Forderungen in idealer Weise erfüllt, jedoch für den Sportschuh auch einige Nachteile aufweist. Einerseits ist es relativ schwer, wenn es ausreichende Festigkeit bieten soll, oder aber sehr teuer. Darüber hinaus verlangt ein Lederschuh nach regelmäßiger, intensiver Pflege. Das aber ist eine Beschäftigung, die sich die meisten anscheinend abgewöhnt haben.

Also hat auch bei den Laufschuhen das Kunststoffzeitalter Einzug gehalten. Dabei gibt es natürlich gravierende Qualitätsunterschiede.

Zwischensohle

Eines der wichtigsten Bauelemente eines Laufschuhes, bei dem auch in letzter Zeit vielleicht am intensivsten von seiten der Hersteller geforscht worden ist, stellt die Zwischensohle dar. Sie übernimmt die eigentliche Dämpfungsfunktion, soll gleichzeitig den Fuß stützen und den unterschiedlichen Bedürfnissen eines jeden Läufers – abhängig von Körpergewicht, Beinstatik und Laufstil – gerecht werden. Am einfachsten ist noch das Körpergewicht des Läufers bzw. der Läuferin zu berücksichtigen. Je höher das Gewicht, desto härter soll die Zwischensohle gewählt werden und desto höher sind die Ansprüche an Elastizität und Dauerbelastbarkeit.

Abknicken nach innen (Pronation)

Sehr wichtig ist es, eine zumindest grobe Laufstilanalyse vorzunehmen (siehe auch Laufstil, S. 17). Viele Läufer neigen zur Pronation, häufig bedingt durch ein Aufsetzen mit der Ferse. In diesem Zusammenhang ist das zunächst erst einmal ein natürlicher Vorgang. Sicherlich wäre es falsch, sämtliche Läuferverletzungen durch eine eventuell auftretende Pronation erklären zu wollen, und sicher ist es auch falsch, jedem Läufer und jeder Läuferin deshalb von vornherein einen Schuh mit »Anti-Pronationskeil« verpassen zu wollen. Derartige Modelle gibt es zwar wie Sand am Meer, sie sind jedoch mit ihrer Zwischensohle, die im hinteren Anteil innen härter und außen weicher ist, nur für denjenigen empfehlenswert, der auch wirklich stark im Fersenbereich nach innen wegknickt, also deutlich *über*proniert. Eigene Erfahrungen belegen, daß eine Pronationsstütze sehr viel seltener

26

benötigt wird als allgemein angenommen. Die Mehrzahl aller Läuferinnen und Läufer ist mit einem Schuh, der eine symmetrisch aufgebaute Zwischensohle aufweist, besser bedient. Weitere Bauelemente, die die stützenden Eigenschaften des Schuhes verbessern, sind eine feste, im inneren Anteil weit nach vorn gezogene Fersenkappe sowie ein sogenannter Fersenstabilisator (heute oft als Teil der Zwischensohle gearbeitet). Überpronation ist häufig verbunden mit einer Außendrehung des Fußes in der Phase des Aufsetzens. Ein generell weicheres Bindegewebe läßt das Längsgewölbe und auch das Quergewölbe des Fußes absinken. Auch unterstützen nicht selten Veränderungen der Beinstatik im Sinne einer X-Bein-Komponente (Genu valgum) die Überpronation. In solchen Fällen soll ein fester Schuh mit stabiler Fersenkappe gewählt werden, der zusätzlich zu den genannten Eigenschaften ein gut modelliertes und festes Fußbett aufweist. Häufig sind allerdings individuell angefertigte orthopädische Einlagen vorzuziehen. Deshalb soll man darauf achten, daß das Fußbett entfernt werden kann und genügend Platz für die persönliche Einlage ist.

Belastung auf dem äußeren Fußrand (Supination)

Viele Läufer, vorwiegend solche, die mit dem Mittel- oder gar Vorfuß aufsetzen und eher zu O-Beinen (Genu varum) neigen, haben ganz andere Probleme. Bei ihnen besteht die Gefahr, daß sie – besonders beim Laufen auf unebenem Untergrund – nach außen umknicken und sich die Außenbänder des oberen Sprunggelenkes verletzen. Ihre Schuhe sind auf der Außenseite stark abgelaufen, vielfach bricht das Obermaterial im Bereich der Kleinzehen auf. Solche Läufer (meist Männer) benötigen eine *Führung* des Fußes in der Phase der Abstoßbewegung. Während im Normalfall die meiste Kraft über das Großzehengrundgelenk auf den Boden gebracht wird, kippt der Fuß beim Abdrücken

nach außen ab, wenn der Läufer den Fuß stark einwärts geneigt aufsetzt. Das führt zu einer Fehlbelastung des gesamten Fußgewölbes, des oberen Sprunggelenkes und insbesondere auch der Achillessehne. Zusätzlich verschleißen die Laufschuhe schneller. Hier ist es angebracht, einen Schuh zu wählen, dessen Zwischensohle im vorderen, äußeren Anteil aus einem härteren Material besteht. Auch sollten die Schuhe im Vorfußbereich nicht zu weit sein und ein relativ stabiles Obermaterial aufweisen, das z. B. durch einen umlaufenden Besatz und einen querverlaufenden, sogenannten Zehenriegel verstärkt sein kann.

Neutrale Fußhaltung

Neben den bisher beschriebenen Sonderfällen gibt es natürlich die große Anzahl von Läufern, deren Fuß sich aus leichter Supination beim Aufsetzen in eine leichte Pronation beim Abstoßen bewegt, sich also völlig normal verhält. Ihnen ist zu raten, einen symmetrisch aufgebauten Schuh zu wählen (also ohne besondere Einsätze im Zwischensohlenbereich innen oder außen). Die Sohle soll gute Dämpfungs- und Führungseigenschaften im Vor- und Rückfußbereich haben, und aus prophylaktischen Gründen darf der Fersenkeil nicht hoch sein. Einzig dieser Läufergruppe kann meines Erachtens auch eine luftgefüllte Zwischensohle empfohlen werden. Eine solche Konstruktion dämpft zwar den Aufprall gut, bietet aber nach persönlichen Erfahrungen wenig Stütz- und Führungsstabilität, wenn Tendenzen zu seitlichen Fehlbelastungen vorliegen.

Ausrüstung

Bekleidung

Sportsocken

Im Idealfall sitzen die Laufschuhe zwar wie eine zweite Haut (oder sollten es zumindest), dennoch wird von den meisten Läufern in unseren Breiten das Tragen von Socken bevorzugt. Gut anliegende Socken bieten den Vorteil, bis zu einem gewissen Grad den Schweiß aufzunehmen und die praktisch unvermeidlichen kleinen Reibbewegungen zwischen Fuß und Laufschuh abzufangen.
Hinsichtlich des Materials ziehen wir Woll- oder Baumwollsocken rein synthetischen Produkten vor, da sie saugfähig und atmungsaktiv sind. Allerdings gibt es heute auch schon hervorragend geeignete Kunstfasern. Gute Paßform ist unbedingt erforderlich, da zu große Socken rutschen und Falten werfen können und damit ziemlich sicher zu schmerzhaften Blasen führen. Wichtig ist außerdem, daß über den Zehen keine Naht eingearbeitet ist, die beim Ge-

*»Es gibt kein schlechtes Wetter...«
– wenn man sich richtig kleidet.*

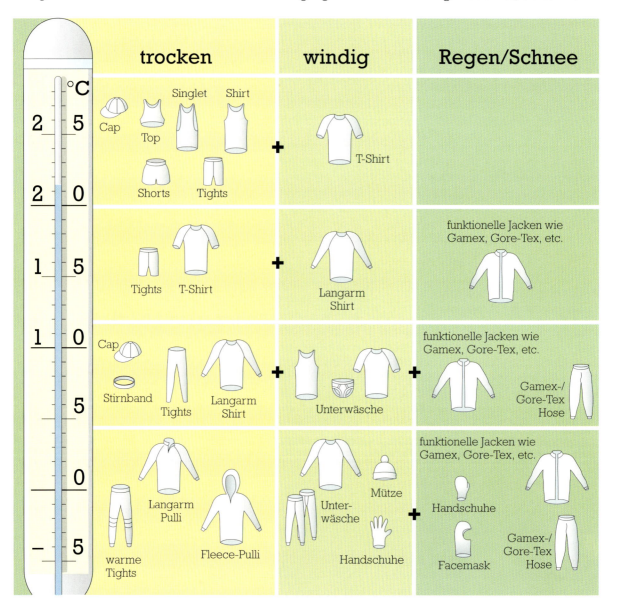

Bekleidung

hen und Laufen scheuern könnte. Besonders für empfindliche Füße eignen sich doppellagige Socken, da sie Reibungen verhindern und darüber hinaus viel Feuchtigkeit aufnehmen können. Socken sollten aus hygienischen Gründen nach jedem Tragen gewaschen werden. Nur so sind sie auch stets weich und saugfähig zu erhalten. Vorwiegend in Amerika sieht man übrigens Kurzsocken, die im Fersenbereich einen Bommel haben, der verhindert, daß sie in den Schuh hineinrutschen. Zumindest für Frauen ist das eine nette Alternative.

Shorts

Ein obligatorisches Kleidungsstück für Läufer stellen die im Läuferjargon Shorts oder Running-Shorts genannten kurzen Laufhosen dar. Heute werden sie endlich in ausreichender Zahl und verschiedensten Variationen in hochwertigen Kunststoffmaterialien angeboten, die die traditionelle Baumwolle in Haltbarkeit, Pflegeeigenschaften und auch hygienischer Hinsicht weit übertreffen. Zudem sind sie leichter und vor allem im Sommer angenehm zu tragen. Bei hohen wie niedrigen Temperaturen eignen sich atmungsaktive Materialien, die aus nichtquellenden Fasern bestehen (Polypropylen, Drylete). Unabhängig vom Material empfiehlt es sich, relativ weit geschnittene Shorts zu wählen, die den Schritt nicht behindern und auch nicht durch einen zu engen Gummizug in der Taille einengen. Ein eingearbeiteter Innenslip ist praktisch und normalerweise angenehmer zu tragen als ein separater Slip. Manche Shorts sind mit einem praktischen Täschchen ausgestattet, in dem man ein Taschentuch, den Autoschlüssel oder ähnliches verstauen kann.

Tights

Bei kühlerem und auch feuchtem Wetter tragen viele Athleten heute mit Vorliebe sogenannte Tights, enganliegende, lange Hosen aus einem extrem leichten und elastischen Kunststoffmaterial. Meist wird eine Mischung aus Nylon und Lycra verwendet, wodurch

Tights – praktisch und attraktiv.

29

Ausrüstung

volle Bewegungsfreiheit gewährleistet ist. Gegenüber herkömmlichen Trainingsanzügen bieten diese Hosen den Vorteil, daß sie sich nicht mit Wasser (Regen oder Schweiß) vollsaugen, also auch nicht schwerer werden oder gar wie der sprichwörtliche »nasse Sack« um die Beine hängen. Im Gegenteil, bei leichtem Regen bildet sich eine dünne, isolierende Feuchtigkeitsschicht auf der Haut, die Wärmeverlust und Verletzungsgefahr vermindert.

Populär gemacht wurden Tights in Europa durch amerikanische Athletinnen, die sie – als Hosen oder ganze Anzüge – sogar mit Erfolg in Sprintwettkämpfen tragen.

Shirts

Auch bei den heute als »Singlets« bezeichneten ärmellosen Laufhemdchen haben Materialien wie CoolMax die traditionelle Baumwolle verdrängt. Für Frauen sind die oft etwas transparenten Hemden mit undurchsichtigem Bruststreifen und geringfügig engerem Halsausschnitt erhältlich.

Trainingsanzug

Eigentlich hat er als Trainingskleidung weitgehend ausgedient, da Kombinationen aus leichter Windjacke und Tights angenehmer zu tragen sind. Der Trainingsanzug eignet sich aber immer noch hervorragend für das Davor und Danach.

Allenfalls bei sehr niedrigen Temperaturen wird man im Trainingsanzug mit entsprechender Unterwäsche laufen. Der Wärmeeffekt hängt dabei sehr vom verwendeten Material des Anzugs ab, und das Wärmebedürfnis ist von Mensch zu Mensch sehr unterschiedlich. Außerdem ist unter Umständen nicht allein die Temperatur ausschlaggebend, bedeutsam sind auch Wind und Luftfeuchtigkeit. In jedem Falle gilt die Faustregel: Lieber etwas zu warm als zu kalt gekleidet.

Warme Zusatzkleidung

Sehr niedrige Temperaturen, deutlich unter dem Gefrierpunkt, machen zusätzliche Wärmeschutzmaßnahmen erforderlich, um Erkältungskrankheiten zu verhindern. Gerade in der kalten Jahreszeit können Erkältungen sehr lästig und langwierig sein und körperliche Schwächung und Trainingsrückstand verursachen. Es ist vor allem wichtig, den Rumpf vor Unterkühlung zu schützen, also die Kerntemperatur des Körpers vor dem Absinken zu bewahren. Warme Unterwäsche, eventuell sogar aus Angorawolle, ist bei großer Kälte sehr empfehlenswert. In unseren Breiten ist Polypropylen- oder Drylete-Unterwäsche aber fast immer ausreichend. Auch Tights können im Extremfall unter dem Trainingsanzug getragen werden. Man sollte auch daran denken, daß der Körper über Hals und Kopf sehr viel Wärme verlieren kann und deshalb ein Halstuch und eine Mütze tragen. Besonders müssen außerdem Hände und Füße geschützt werden, da sie sehr schnell auskühlen. Doppelsocken, die ruhig etwas dicker sein dürfen, und ein ausreichend langer Schuh (Bewegungsfreiheit für die Zehen!) stellen die wirkungsvollsten Maßnahmen gegen kalte Füße dar. Wirklich wasserdichte Laufschuhe gibt es bis heute nicht – und in Gummistiefeln rennt sich's schlecht! An den Händen tragen Läufer am liebsten Baumwoll- oder auch Wollhandschuhe, die eine bessere Temperaturregulation und Luftzirkulation gewährleisten als Lederhandschuhe. So wichtig warme Hände beim Laufen sind, so unangenehm ist es, wenn man an den Händen schwitzt.

Als Alternative gibt es Trainingspullis, bei denen man aus dem Bündchen am Handgelenk einen eingearbeiteten Stoffschlauch herausziehen kann, der wie ein Fäustling gebraucht werden kann.

Bekleidung

Ausrüstung

Regenbekleidung

Ein für Mitteleuropäer in der Regel viel häufigeres Problem als Kälte ist der Regen. Es werden diverse Arten von Regenanzügen angeboten, die aber fast alle den gleichen Nachteil haben: Entweder sie lassen wirklich keine Feuchtigkeit nach innen gelangen, dann gilt das Gleiche aber auch umgekehrt, und nach einer Viertelstunde stellt sich ein regelrechter Saunaeffekt ein, so daß man am Ende (statt vom Regen) vom eigenen Schweiß durchnäßt ist. Oder aber das Material ist leicht und atmungsfähig, dann aber ist es nicht regenabweisend und dürfte allenfalls als Wind-, nicht als Regenjacke deklariert werden.

Den besten Kompromiß zwischen beiden Extremen stellt immer noch Gore-Tex dar, obwohl es viele Nachahmer gefunden hat. Gore-Tex ist wasserdicht, weitgehend luft- und schweißdurchlässig, allerdings nach wie vor extrem teuer. Gore-Tex funktioniert (Schweiß nach außen, kein Regen nach innen) am besten bei kalter Witterung, wenn also ein hohes Temperaturgefälle zwischen der Innen- und Außentemperatur besteht. Dünnere Materialien mit ähnlicher Wirkung sind Supplex, Gamex, Tactel. Wichtig ist die Verarbeitungsqualität der Nähte!

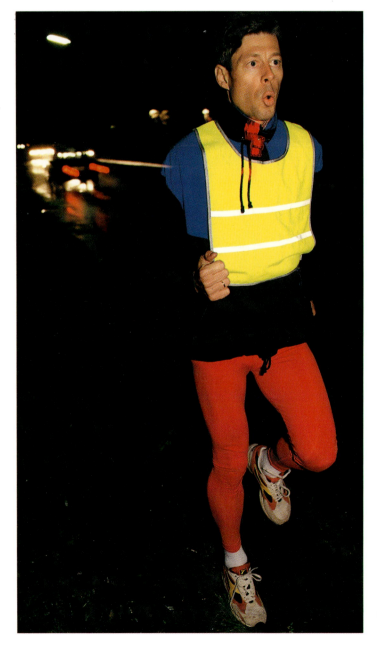

*Leuchtweste.
Zur eigenen Sicherheit – tragen Sie nachts und bei schlechten Sichtverhältnissen auffällige Kleidung mit reflektierenden Streifen, eine Leuchtweste, ein »Rücklicht«.*

Training

Sobald mit dem Laufen bestimmte Ziele und Absichten verbunden sind, kann man von Training sprechen. Nun wird unter dem Begriff Training sehr Unterschiedliches verstanden. Für den Freizeitsportler mag seine halbe Stunde Dauerlauf pro Woche ein großer Trainingsaufwand sein, während der Leistungssportler ca. 150 harte Trainingskilometer pro Woche für gerade richtig hält.

Auch Ziel und Zweck des Trainings können im Einzelfall erheblich variieren: z. B. das Bestreiten von Wettkämpfen im Breitensport, Leistungssport oder Hochleistungssport, die Verbesserung oder Einhaltung der Gesundheit oder auch nur die Erhöhung der persönlichen Leistungsfähigkeit.

Die Trainingsinhalte wie auch die Beachtung, die man einem geregelten, vorausgeplanten Trainingsaufbau schenken sollte, hängen vom jeweiligen Zweck des Laufens ab.

Einige Grundregeln jedoch sind allgemein verbindlich und von Interesse für jeden Läufer und jede Läuferin, gleich welcher Gruppe er oder sie sich selbst zuordnen mag.

Trainingszeiten

Sämtliche Funktionen unseres Organismus, insbesondere jene, die sich der Beeinflussung durch unseren Willen entziehen, unterliegen einer auf 24 Stunden abgestimmten Rhythmik (zirkadianer Rhythmus). Hierunter fällt z. B. die gesamte hormonelle Steuerung, was sich in tageszeitabhängigen Schwankungen z. B. der Körpertemperatur, des Appetits, der Verdauung äußert. Parallel zur Wach-Schlaf-Periodik ändert sich auch unsere Leistungsfähigkeit im Tagesablauf in erheblichem Maße, wobei allerdings große individuelle Unterschiede bestehen. Diese hängen einerseits von der Veranlagung ab (z. B. gibt es sogenannte Morgen- oder Abendmenschen), sind andererseits aber auch Resultat unterschiedlicher Arbeitsformen und Lebensweisen (z. B. Schichtarbeit oder Nachtarbeit).

Der Organismus reagiert also sehr sensibel auf einen veränderten Leistungsanspruch. Ich weiß beispielsweise aus eigener Erfahrung, daß man sich bei einer Flugreise nach Asien oder Amerika binnen weniger Tage auf eine völlig andere Zeitzone einstellen kann. Allerdings erinnere ich mich auch noch mit Unbehagen an die ersten schlaflosen Nächte und die kaum zu überwindende Müdigkeit am Tag.

Eine ähnliche Wirkung kann ein hartes Training auf die innere Uhr haben. Am ehesten gelingt es dem Körper, sich auf die zusätzliche Beanspruchung einzustellen, wenn möglichst regelmäßig zur selben Tageszeit trainiert wird. Und zwar am besten dann, wenn wir ohnehin auf Leistung programmiert sind.

Training und Wetter

Selbstverständlich läßt sich aufgrund des »modernen« Lebensstils die täglich gleiche Terminierung des Trainings nicht immer realisieren. Auch äußere Gründe können es ratsam erscheinen lassen, einen Lauf zu verschieben, so z. B. das Wetter.

Bei großer Hitze soll man versuchen, in den frühen Morgenstunden oder spät am Abend zu trainieren, um gesundheitlichen Gefahren (Sonnenstich, Hitzschlag, siehe S. 144 ff.) aus dem Wege zu gehen. Insbesondere sehr lange, harte Läufe sollen bei Hitze vermieden werden, wogegen beispielsweise ein Lauf von 45 Minuten bei leichter bis mittlerer Intensität durchaus tagsüber absolviert werden kann, wenn der Trainingszustand entsprechend gut ist. Durch regelmäßiges Ausdauertraining

Training

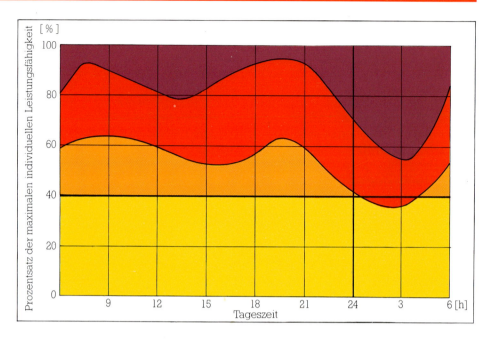

Tagesperiodik der Leistungsbereitschaft; Kennzeichnung der Leistungsbereiche:
1 Automatisierte Leistungen, die ohne Willenseinsatz ablaufen (z. B. Herzschlag)
2 Physiologische Leistungsbereitschaft für Leistungen, die Willenseinsatz fordern, aber nicht ermüden (z. B. Sehen, Hören)
3 Gewöhnliche Einsatzreserven, die einen starken Willenseinsatz nötig machen und ermüden (z. B. Laufen)
4 Autonom geschützte Reserven (Notfallreserven), die durch Willenseinsatz nicht erschlossen werden können

Zirkadianer Rhythmus der ACTH- und Kortisolsekretion.

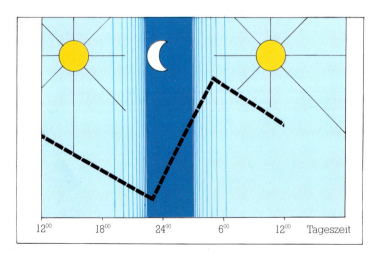

wird nämlich die Anpassungsfähigkeit des Organismus an extreme Witterungsbedingungen verbessert, sofern die verlorenen Elektrolyte und Flüssigkeit stets in ausreichendem Maße ersetzt werden.
Schlechtes Wetter als Grund dafür, ein Training zu verschieben, gibt es eigentlich nicht – höchstens schlechte Kleidung. Manchmal allerdings können Regen, Kälte und Wind schon den Spaß am Laufen verleiden.
Bei einem länger andauernden oder durch Pausen unterbrochenen Training (Intervalltraining, Bergläufe) sollte unbedingt trockene Kleidung zum Wechseln zur Verfügung stehen.
Erhöhte Ozonwerte sollten den gesunden, leistungsfähigen Athleten nicht zum Tainingsverzicht veranlassen. Hochintensive Einheiten werden aber vermutlich schlechter ausfallen und sollten daher verschoben werden. Ältere Menschen, Asthmatiker und reine Gesundheitssportler hingegen sollten bei Ozonalarm nicht trainieren.

Trainings-gelände

Die Wahl des Trainingsgeländes stellt einen bedeutsamen Faktor beim Erstellen eines Trainingsplanes dar. Zwar ergibt sich aus der Trainingsaufgabe in vielen Fällen auch der passende Untergrund, denn ein vernünftiges Tempolauftraining läßt sich nun einmal am besten auf der Laufbahn durchführen. Aber für den Dauerlauf beispielsweise gibt es keine Beschränkung. Je nach Umgebung und Geographie kommen Straße, Laufbahn, Wald usw. in Frage. Einige Athleten (z. B. Ingrid Kristiansen, die immer noch amtierende Marathon-Weltrekordlerin) legen sogar einen Teil ihres Dauerlaufprogrammes (im norwegischen Winter!) auf dem Laufband zurück.

Diese Unabhängigkeit trägt natürlich zur Faszination des Laufens bei. Welche andere Sportart erfordert einen so geringen Aufwand an Material und Ausstattung und läßt sich so problemlos überall durchführen?

In diesem Zusammenhang möchte ich auch auf die noch weit verbreitete Angst vor dem Laufen auf Asphalt und ähnlichem Belag eingehen. Bei orthopädisch einwandfreiem Bewegungsapparat, sauberem Laufstil und guten Laufschuhen bedeutet der harte, ebene Untergrund kein erhöhtes Verletzungsrisiko. Im Gegenteil, der Fuß kann immer sauber geradlinig aufgesetzt werden, es drohen also weder Fehlbelastungen noch Bandverletzungen durch Umknicken. Viele Spitzenathleten trainieren gern auf der Straße, weil man dort gefahrlos schneller laufen kann. (Natürlich müssen die Straßen verkehrsberuhigt sein.) Laufen in weichem Sand hingegen bietet zwar einen hohen Effekt für die Verbesserung der lokalen Muskelausdauer, der Kraftausdauer und der Kreislauffunktionswerte, kann auf Dauer aber zu einer Verschlechterung der Schnellkraft führen und stellt zudem eine hohe Belastung, beispielswei-

se der Achillessehnen, dar. Aus langjähriger Erfahrung heraus plädiere ich daher für regelmäßige und häufige Abwechslung bei der Auswahl des Trainingsgeländes.

Physiologische Grundlagen des Lauftrainings

Wirkungsweise des Trainings

Die Wirkungsweise des Trainings erklärt sich folgendermaßen:
Jegliche Leistungsanforderung (z. B. Training, aber auch ein Wettkampf oder schwere körperliche Arbeit) bedeutet für die einzelne Zelle und den Gesamtorganismus eine sogenannte katabole Stoffwechsellage (katabol, griech.: abbauender Stoffwechsel). Das heißt, daß durch Abbau bestimmter chemischer Strukturen (vorwiegend Kohlenhydrat- und Fettverbindungen) Energie gewonnen wird, die man beispielsweise zum Laufen benötigt. Nach Beendigung des Trainings wird der Organismus auf die anabole Phase (anabol, griech.: aufbauender Stoffwechsel) umprogrammiert, um jene soeben entleerten Speicher wieder aufzustocken und sich auch auf andere Weise auf die nächste Belastungsphase vorzubereiten.

Erfolgt die Belastungsanforderung nämlich regelmäßig und wird jeweils eine gewisse Belastungsschwelle überschritten, so kommt es zu morphologischen (die körperliche Struktur betreffenden) und funktionellen (den Ablauf der Stoffwechselvorgänge betreffenden) Anpassungserscheinungen, die den Trainingseffekt ausmachen und mit dem Begriff Superkompensation charakterisiert werden (s. Abb. S. 36). Da die Anpassungseffekte der einzelnen Systeme mit sehr unterschiedlicher Geschwindigkeit ablaufen (z. B. Flüssigkeitsauffüllung in Minuten, Kohlenhy-

Training

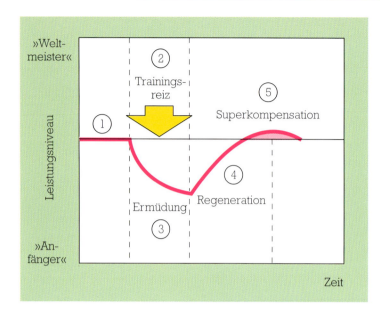

Theoretischer Verlauf der individuellen Leistungsfähigkeit in Belastung und Regeneration.

dratregeneration in Stunden, Eiweißsynthese in Tagen bis Wochen), handelt es sich bei dem abgebildeten Modell um eine grobe Vereinfachung sehr komplexer Zusammenhänge.

Anpassungseffekte durch aerobes Ausdauertraining
(nach J. STIPPIG, A. BERG, J. KEUL)

Dämpfender Einfluß des vegetativen Nervensystems	↑
Ausschüttung von Streßhormonen	↓
»Dünnflüssigkeit« des Blutes (Thromboseschutz durch verstärkte fibrinolytische Aktivität)	↑
Herzfrequenz	↓
Blutdruck	↓
Sauerstoffverbrauch des Herzmuskels	↓
Schlagvolumen des Herzens	↑
Aerobe Kapazität	↑
Sauerstoffausnutzung in der Muskelzelle	↑
Wirksamkeit von Insulin	↑
Wirksamkeit von Leistungshormonen	↑
Milchsäureproduktion und Übersäuerung	↓
Fettsäureverbrennung	↑
Blutspiegel von Cholesterin und Triglyzeriden	↓
Verhältnis von HDL/LDL-Fetten im Blut (Arterioskleroseschutz)	↑

Dennoch: Der Wechsel der beiden »Programme« *Leistung-Aktivität* auf der einen und *Ruhe-Erholung* auf der anderen Seite ist nicht allein die Grundlage für sportliches Training, er ist die unersetzliche Basis aller Lebensvorgänge. Ohne zu Funktion und Leistung angeregt zu werden, verkümmert jede organische Struktur (z. B. Muskelschwund nach drei Wochen Gipsruhigstellung eines Beines). Und was aus uns würde, wenn wir – einmal für ein paar Wochen ausschließlich »anabol programmiert« – nur im Bett liegen und lediglich Nahrung in uns hineinstopfen würden, kann man sich wohl unschwer ausmalen.

Andererseits wird man in Kenntnis der Stoffwechselabläufe auch verstehen, daß ebenso die anschließende Ruhepause (Regeneration) zum Training gehört. Nur dann kann sich der gewünschte Effekt einstellen. Bei zu häufigen, zu schnell aufeinanderfolgenden Belastungen läßt die Leistung nach einiger Zeit zwangsläufig nach, da der Körper nur noch »katabol programmiert« wird und ihm die Umstellung auf die regenerative Phase nicht mehr gelingt. Die Symptome sind Appetitlosigkeit, Schlafstörungen, Konzentrationsschwäche, Gewichtsabnahme u. a. Man nennt es vereinfachend »Übertraining«.

Auswirkungen des Ausdauertrainings auf Herz und Kreislauf

Während Kraft- und Schnelligkeitstraining lediglich Auswirkungen auf den Stoffwechsel der Muskelzellen haben, betreffen die Anpassungserscheinungen des Organismus an ein vielseitig

Zeichenerklärung

↑ = *steigt, nimmt zu*

↓ = *fällt, nimmt ab*

Physiologische Grundlagen des Lauftrainings

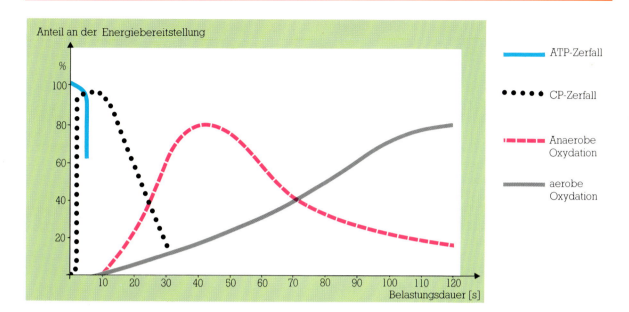

gestaltetes, ausdauerbetontes Lauftraining das Herz-Kreislauf-System, die autonomen Steuerungsmechanismen und den Stoffwechsel.

Die Kreislaufveränderungen werden bestimmt von der Erhöhung der aeroben (aerob, griech.: mit Luftsauerstoff) Kapazität, d. h. der Verbesserung des Verhältnisses von Sauerstoffangebot und Sauerstoffbedarf. Beispielsweise sinken der Blutdruck leicht, die Herzfrequenz deutlich. Das Herz kommt also mit weniger Schlägen pro Minute aus, braucht auch weniger Kraft aufzuwenden und spart dadurch Energie. Da die geförderte Blutmenge natürlich nicht vermindert ist, wird pro Herzschlag mehr Blut in Umlauf gebracht: das Schlagvolumen steigt an.

Der Herzmuskel wird kräftiger, so daß dem Ausdauertrainierten stets eine viel größere Leistungsreserve zur Verfügung steht als dem Untrainierten.

Man könnte folgenden Vergleich ziehen: Hier der großvolumige Motor einer Nobellimousine, der aus niedrigen Drehzahlen schon viel Kraft entwickelt; dort der Kleinwagenmotor, der hohe Touren benötigt, um Leistung zu bringen. Dadurch ist er auch deutlich verschleißanfälliger.

Durch Kapillarisierung (Erweiterung und Neubildung kleinster Blutgefäße) wird die Muskeldurchblutung gesteigert. Die Fließeigenschaften des Blutes verbessern sich. Das vegetative Nervensystem schüttet in Ruhe und bei submaximaler Belastung weniger Katecholamine (sogenannte Streßhormone) aus, der dämpfende Parasympathikus überwiegt.

Auf Stoffwechselebene dient eine prozentuale Zunahme der Fettverbrennung der Einsparung von Kohlenhydratreserven. Eine verbesserte Insulinwirkung sorgt dafür, daß Glukose (Traubenzucker) schneller aus dem Blut in die Zellen gelangen kann, wo sie zur Energiebereitstellung benötigt wird. In der Zelle selbst nehmen die Glykogenspeicher an Umfang zu, die Mitochondrien (Orte der Energieproduktion in der Zelle) werden größer und zahlreicher, es stehen mehr Enzyme der Atmungskette zur Verfügung, die die energieliefernden chemischen Prozesse steuern.

Energiebereitstellung für Ausdauerleistung

Der Energiebedarf für kürzere, intensive muskuläre Beanspruchungen wird durch sogenannte anaerobe (anaerob, griech.: ohne Luftsauerstoff) Vorgänge gedeckt. Bei den anaeroben Mechanis-

Anteil der verschiedenen energieliefernden Substrate an der Energiebereitstellung. Die energiereichen Phosphate (ATP, CP) haben zwar die höchste Flußrate, d. h. stehen am schnellsten zur Verfügung, reichen aber je nach Arbeitsintensität höchstens 10 Sekunden aus. Mit Belastungsbeginn wird jedoch auch schon Energie über die anaerobe Glykolyse bereitgestellt, die für Belastungen bis zu 1 Minute ausreicht. Die oxidativen Vorgänge (= aerobe Energiebereitstellung) kommen mehr und mehr zum Tragen und werden mit Fortdauer der Belastung zur fast ausschließlichen Energiequelle für die Muskelarbeit (Schema nach K<small>EUL</small>).

37

Training

Der Anteil der aeroben und anaeroben Kapazität an der Energiebereitstellung bei Maximalbelastungen unterschiedlicher Dauer: Auf der Abszisse ist logarithmisch die Belastungsdauer und als Beispiel die Übertragung auf entsprechende Laufstrecken eingezeichnet. Es ist erkennbar, daß bei Belastungen über 2 Minuten Dauer der aerobe Stoffwechsel zur dominierenden Energiequelle wird. Bei kurzfristigen Belastungen, insbesondere bei Belastungsformen, die einem 100-m- oder 200-m-Lauf oder aber Kraftarbeit entsprechen, wird der überwiegende Anteil des Energiebedarfs unmittelbar anoxidativ bestritten, sei es durch den Abbau der vorhandenen energiereichen Phosphatspeicher oder aber über die Glykolyse. Die Berechnungen beziehen sich auf Menschen mit hoher aerober und anaerober Kapazität.

men unterscheidet man lactazide (mit Milchsäureproduktion) und alactazide (ohne Milchsäureanfall). Die alactazide Energiebereitstellung wird durch die in der Zelle vorhandenen energiereichen Phosphate (ATP = Adenosintriphosphat, CP = Creatinphosphat) gedeckt und vermag sehr kurze Belastungen bis zu maximal etwa 10 Muskelkontraktionen zu unterhalten. Bei überschwelligen Belastungen von 0,3 Sekunden bis zu 2 Minuten Dauer dominiert die lactazide Energiebereitstellung, bei der Glukose bis zum Lactat (Milchsäure) abgebaut wird. Für die 400-Meter- und 800-Meter-Strecke ist dies die wichtigste Energiequelle, aber auch für den Spurt bei langen Strecken. Hohe Lactatspiegel bewirken im Muskel und im Gesamtorganismus eine Übersäuerung, die zum Abbruch der Belastung zwingen kann. Schnelligkeits- und Kraftübungen fördern fast ausschließlich diese Art der Energielieferung, wie auch gewisse Spiele (Squash, Tennis, Volleyball).

Bei weiterer Zunahme der Belastungsdauer – was natürlich gleichzeitig bedeutet, daß die Höhe der Belastung (sprich: Lauftempo) abnimmt – wird mehr und mehr auf aerobem Wege Energie zur Verfügung gestellt, d.h., die Glukose bzw. die Fettsäuren werden unter Verwendung von Sauerstoff bis zu den Stoffwechselendprodukten CO_2 (Kohlendioxid) und H_2O (Wasser) abgebaut. Da es nicht zur Anhäufung von Abbauprodukten kommt, kann die Belastung über einen sehr langen Zeitraum aufrechterhalten werden. Mit »Steady State« bezeichnet man ein Gleichgewicht von Energieverbrauch und aerober Energiegewinnung. Der Lactatspiegel kann auf einem konstanten Niveau gehalten werden. Jenseits des maximalen Lactat-Steady-States, in der Praxis gleichbedeutend mit der sog. aerob-anaeroben Schwelle, ist dies nicht mehr möglich. Die Belastung ist zu intensiv und führt zum weiteren Ansteigen des Lactatspiegels, der aufgrund der Übersäuerung zum Belastungsabbruch oder zumindest zur deutlichen Reduzierung der Belastung führt.

Als Maß für die organische Leistungsfähigkeit ausdauertrainierter Sportler hat sich die relative maximale Sauerstoffaufnahme durchgesetzt, die von praktisch allen wichtigen Funktionsgrößen des Herz-Kreislauf-Systems und des Energiestoffwechsels beeinflußt

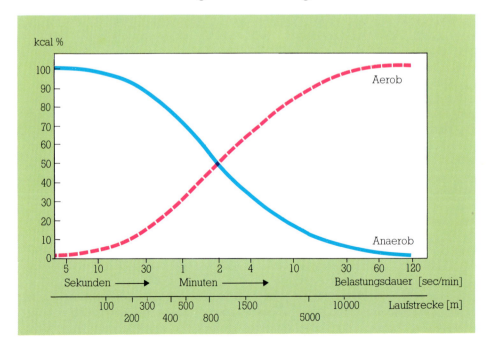

38

Pulsmessung

Pulsmeßsysteme bieten die praktikabelste Möglichkeit der exakten Intensitätssteuerung während des Trainings.

wird. Man versteht darunter die Sauerstoffmenge, die ein Sportler pro Minute auf einer maximalen Belastungsstufe über die Lungen ins Blut aufnehmen und in der Muskelzelle verwerten kann, bezogen auf sein Körpergewicht. Je höher die maximale Sauerstoffaufnahmefähigkeit ist, desto länger kann auf submaximalen Belastungsstufen auf den Einsatz der »teuren«, anaerob gewonnenen Energie verzichtet werden. Das bedeutet, daß eine eventuelle Übersäuerung später oder erst bei höherem Lauftempo einsetzt.

Bei Untrainierten liegt die maximale Sauerstoffaufnahme bei etwa 45 Milliliter pro Minute und Kilogramm Körpergewicht, bei Breitensportlern beträgt sie ca. 60 Milliliter pro Minute und Kilogramm. Spitzenathleten (wie seinerzeit Henry Rono aus Kenia beispielsweise) erreichen erstaunliche Werte von 85 Milliliter und mehr.

Pulsmessung

Die Messung der Herzfrequenz (Puls) ist die verläßlichste, dabei völlig problemlose Möglichkeit zur Überprüfung des Funktionszustandes unseres Herz-

Training

PC-gestützte Auswertung von Herzfrequenzmessungen.

Kreislauf-Systems. In Verbindung mit individuellen Testverfahren gelingt so die objektive Kontrolle über die Trainingsintensitäten als Voraussetzung für eine verläßliche Trainingsplanung.
Zur exakten Pulsmessung empfiehlt sich ein Pulsmeßsystem, welches die Herzaktionen registriert und drahtlos auf einen Empfänger in Armbanduhrgröße überträgt. Zur Messung werden entweder EKG-Klebeelektroden oder ein Brustgurt verwendet. Der Empfänger am Handgelenk ermöglicht die Anzeige der aktuellen Herzfrequenz, je nach Modell aber auch die Speicherung der Werte in Abständen bis zu 5 Sekunden (insgesamt 3000 Speicherplätze), die Registrierung von Zwischenzeiten und die Eingabe von Pulsober- und -untergrenzen, deren Überschreiten ein akustisches Signal auslöst. Nach dem Lauf lassen sich die Werte manuell abrufen oder mittels eines Interfaces auf einen Personalcomputer übertragen.

Formen des Lauftrainings

Dauerlauf

Der Dauerlauf stellt die Grundform jeglichen Lauftrainings dar. Er dient der Ausbildung der organischen Fähigkeiten (Verbesserung der aeroben Kapazität), die den Läufer erst in die Lage versetzen, intensives wettkampfspezifisches Lauftraining durchzuführen.
Es handelt sich um einen Lauf von längerer Dauer bei gleichmäßigem Tempo. Davon abhängig kann man eine grobe Einteilung in drei Kategorien vornehmen.
Der Steuerung der Belastungsintensität beim Dauerlauf kommt große Bedeutung zu. Die Wirkung eines ruhigen, entspannten Laufes von 45 Minuten und eines maximalen Marathonlaufes

Formen des Lauftrainings

auf den Organismus sind verständlicherweise sehr unterschiedlich. Abhängig von der Laufgeschwindigkeit (Belastungsintensität) lassen sich verschiedene Trainingsbereiche definieren. Solange jegliche Energie unter ausreichender Verfügbarkeit von Sauerstoff produziert wird, tritt keine Übersäuerung des Organismus ein. Der Lactatspiegel bleibt bei 2 mmol/l oder darunter. Die Dauerläufe in diesem langsamen Tempo werden als *Grundlagenausdauer 1 (GA 1)* bezeichnet.

Wird das Tempo forciert, kommt es zu einer leichten Übersäuerung, der Lactatspiegel liegt zwischen 2 und 4 mmol/l, kann aber über längere Zeit konstant gehalten werden. Man bezeichnet den entsprechenden Trainingsbereich als gemischt aerob-anaerob *(GA 2)*.

Bei noch höheren Laufgeschwindigkeiten überschreitet der Lactatspiegel zwangsläufig die aerob-anaerobe Schwelle. Trotz gleichbleibenden Tempos steigt der Lactatwert immer weiter an, bis die Übersäuerung dazu zwingt, die Belastung abzubrechen oder doch zumindest stark zu verlangsamen. Derartige, sehr schnelle Trainingseinheiten werden als *Tempodauerlauf* bezeichnet.

Die individuelle Kontrolle der Laufgeschwindigkeit gelingt in der Regel leider nicht – wie von erfahrenen Läufern oft behauptet – über das »Gefühl«. Letzteres ist nämlich von sehr vielen Faktoren abhängig, z. B. unserer Lebenseinstellung, Karrierebewußtsein (»A«-Typen laufen gern zu schnell!), Klima und Wetter, allgemeiner Stimmungslage, Tagesform usw.

Oft wird auch der Einzelne in einer Gruppe unbewußt stimuliert und somit manipuliert, da er sich den anderen anpaßt. Wenn eine Gruppe von 10 Läufern trainiert, laufen meist nur 1 oder 2 im richtigen Tempo, alle anderen zu schnell oder (seltener!) zu langsam. Die Bestimmung der Lactatwerte bei definierten Laufgeschwindigkeiten stellt eine verläßliche Möglichkeit zur Bestimmung der individuellen Trainingsberei-

che dar. Aus der Beziehung von Lactatwert, Herzfrequenz und Laufgeschwindigkeit ergibt sich der aktuelle, individuelle »Fingerabdruck« der eigenen Leistungsfähigkeit. Jedem Lactatwert entspricht ein Herzfrequenzwert, der mit Hilfe eines Pulsmeßsystems leicht kontrolliert werden kann.

Das Verfahren ist zwar vergleichsweise aufwendig, liefert aber verläßliche Hilfen zur Intensitätssteuerung des Ausdauertrainings.

Dauerlauf mit regenerativem Charakter

Das Tempo sollte hier so ruhig gewählt werden, daß eine unterschwellige Belastung vorliegt (Lactat < 2 mmol/l). Der Sinn eines solchen Laufes liegt in der Anregung von Kreislauf und Stoffwechsel, entweder um die Bereitschaft für eine erwartete hohe Belastung zu fördern (z. B. vor einem Wettkampf), oder um die Erholungsmechanismen nach harten Leistungsanforderungen anzuregen (aktive Erholung). Für einen fortgeschrittenen Läufer ist von einem einzelnen solchen Lauf kein hoher Trainingseffekt zu erwarten. In der Gesamtheit des Trainings stellen die ruhigen, eventuell auch längeren Dauerläufe jedoch eine unverzichtbare Basis dar und sollten stets etwa 25–75 % des Wochenumfanges ausmachen.

Anders ist die Situation für den Anfänger, dessen Training sich zunächst zum überwiegenden Anteil aus ruhigen Dauerläufen zusammensetzen sollte. Er kann beispielsweise diesen sehr ruhigen Dauerlauf in bestimmte Abschnitte aufteilen, die von Gehpausen oder Gymnastik unterbrochen werden, also eine Art Intervalldauerlauf als Zwischenlösung auf dem Wege, 30 bis 40 Minuten lang ohne Pause zu laufen.

Individuell angepaßter Dauerlauf

Abhängig von Trainingszustand und Alter, Jahreszeit, Wetter, Tagesform und diversen anderen Einflußgrößen ist dies sozusagen das Standardtraining des

Training

Ausdauersportlers. Das Tempo sollte hoch genug und die Strecke lang genug gewählt werden, um einen ausreichenden Trainingseffekt zu erzielen. Die Dauer eines solchen Laufes sollte nicht weniger als 40 Minuten betragen. Das optimale Trainingstempo läßt sich mittels Lactattest am genauesten ermitteln. Alternativ dazu gelingt es zumindest dem Anfänger, auch auf einfachere Weise zu akzeptablen Ergebnissen zu kommen:

1. Unterhalten Sie sich!
Wenn Sie beim Dauerlauf in der Lage sind, sich mit Ihrem/n Partner(n) flüssig zu unterhalten, ist das Tempo nicht zu hoch. Diese Erkenntnis beruht auf der

2. Atem-Schritt-Regel,
derzufolge 4 Schritte pro Atemzug (also: 4 Schritte einatmen, 4 Schritte ausatmen, ...) dem rein aeroben Trainingsbereich entsprechen. Können nur 3 Schritte pro Atemzug durchgeführt werden, bewegen Sie sich im gemischt aerob-anaeroben Bereich. Sind nur 2 Schritte pro Atemzug möglich, liegt Ihre Laufgeschwindigkeit vermutlich schon jenseits der aerob-anaeroben Schwelle.

3. Conconi-Test
Prof. Conconi aus Ferarra/ITA hat ein Testverfahren entwickelt, das auf Blutentnahmen verzichten kann. Die Methode beruht darauf, daß bei zunehmendem Lauftempo die Herzfrequenz (Puls) in Form einer geraden Linie ansteigt. Wenn die aerob-anaerobe Schwelle erreicht wird, flacht sich der Anstieg der Pulsfrequenz ab. Daraus lassen sich analog der Lactatbestimmung die individuellen Trainingsbereiche der Testperson ermitteln. Eigene Erfahrungen haben erwiesen, daß der Conconi-Test sich erst dann bewährt, wenn er von derselben Person mehrfach unter identischen Bedingungen durchgeführt wird (sog. Längsschnittverfahren). Ein einmalig absolvierter Test birgt eine relativ hohe Fehlerquote, da man sich zunächst an

den Testaufbau gewöhnen muß. In der Regel wird der Test auf dem Laufband (dann muß auf Freiluftbedingungen umgerechnet werden) oder im sogenannten »Feldtest« auf der Laufbahn durchgeführt. Dabei wird mit akustischem Signal eine stufenweise ansteigende Laufgeschwindigkeit (z. B. 6 km/h, 7 km/h, 8 km/h, ... für jeweils 200 m) vorgegeben. Für ein verläßliches Testresultat sollten mindestens ca. 10 Belastungsstufen erreicht werden.

Tempodauerlauf

Dieses Trainingsmittel eignet sich nur für Läufer, die an Wettkämpfen teilnehmen. Das Tempo sollte so hoch gewählt werden, daß es sich 15 bis 20 Minuten lang durchhalten läßt. Das heißt, man trainiert jenseits der aerob-anaeroben Schwelle.
Tempodauerläufe sind eine sehr gute Vorbereitung auf Straßenläufe und werden weltweit von fast allen guten Marathonläufern eingesetzt. Trainingsziel ist, ein gleichmäßig hohes Tempo (schneller als das Wettkampftempo) über eine Teilstrecke durchzuhalten.

Fahrtspiel (»Fartlek«)

Der Name bedeutet soviel wie »Spiel mit verschiedenen Lauftempi«. Diese Variante des Dauerlaufes wurde durch skandinavische Läufer populär gemacht (daher der Name »Fartlek«), hat aber heute einen festen Platz im Trainingsplan von Athleten auf der ganzen Welt gefunden. Es ist abwechslungsreicher als normaler Dauerlauf und gleichzeitig sehr wirkungsvoll.

»Schwedisches« Fahrtspiel

Bei dieser Urform des Fahrtspiels paßt sich der Läufer bei der Wahl der Laufgeschwindigkeit an die Gegebenheiten des Geländes an. Verständlicherweise eignen sich Wald- und Feldwege (idealerweise mit leicht hügeligem Charak-

Formen des Lauftrainings

Yobes Ondieki aus Kenia, der erste Mensch, der 10 km unter 27 Minuten lief, hier beim Tempodauerlauf.

43

Training

Beispiele für das Fahrtspiel

Trainingsform	Trainingsziele	Hinweise zur Durchführung
Fahrtspiel (pyramidenförmig)	aerobe und anaerobe Ausdauer	z. B. 10 Min. Einlaufen 2 Min.* – (2 Min.) – 3 Min.* – (3 Min.) – 4 Min.* – (4 Min.) – 6 Min.* – (4 Min.) – 4 Min.* – (4 Min.) – 3 Min.* – (3 Min.) – 2 Min.* 10 Min. Auslaufen
Fahrtspiel (Minutenläufe)	aerobe und anaerobe Ausdauer	z. B. 10 Min. Einlaufen 10mal 1 Min.* – (1 Min.) – 10 Min. Auslaufen

Die mit * gekennzeichneten Abschnitte sind in schnellerem, die in Klammern gesetzten in langsamerem Dauerlauftempo zurückzulegen.

ter) besser als eine schnurgerade, ebene Autostraße. Manche Passagen werden schneller, andere dazwischen in ruhigerem Tempo zurückgelegt. Der Gesamtumfang des Laufes ähnelt dem eines Dauerlaufes.

»Polnisches« Fahrtspiel

Die Anpassung an Geländeformen wird hier durch die Uhr ersetzt. Dadurch läßt sich diese Trainingsform auch problemlos in weniger abwechslungsreichem Gelände oder auf der Straße durchführen.

Nach einer Aufwärmphase wechseln schnellere und langsamere Teilstücke entsprechend einem vorher festgelegten Fahrplan. Die Abschnitte können von unterschiedlicher oder gleichbleibender Länge sein. Letzteres würde einem in den Dauerlauf integrierten extensiven Intervalltraining ähneln.

Bergtraining (Hügelläufe)

Diese Trainingsform ist als Alternative zum Training auf der Bahn bei vielen Athleten sehr beliebt. Sie bietet die

Formen des Hügeltrainings

Trainingsform	Trainingsziele	Hinweise zur Durchführung
Hügelläufe (extensive Intervallmethode)	anaerobe und aerobe Ausdauer, lokale Muskelausdauer, Kraftausdauer	z. B.: 15 Bergrunden, je 200 m flache Steigung und 400 m sanftes Gefälle, ohne Pause, Akzent bergauf setzen; je 10 Min. Ein- und Auslaufen
Hügelläufe (intensive Intervallmethode)	anaerobe und aerobe Ausdauer, lokale Muskelausdauer, Kraftausdauer	z. B.: 10 mal 400 m bergauf, Pausen 2 bis 2½ Min. Zurücktraben; je 15 Min. Aufwärmen + Gymnastik und Auslaufen
Hügelläufe (Wiederholungsmethode)	anaerobe Ausdauer, lokale Muskelausdauer, Kraftausdauer	z. B.: 5 mal 500 m bergauf (fast maximales Tempo), Pausen 6 bis 10 Min. Zurückgehen; 30 Min. Aufwärmen inkl. Koordinations- und Steigerungsläufen, 20 Min. Auslaufen

Formen des Lauftrainings

Links:
Hügeltraining zu dritt damals.

Unten:
Hügeltraining zu dritt heute –
10 Jahre später an gleicher Stelle
(still crazy after all these years).

Training

S = Serie
SP = Serienpause
TL = Tempolauf

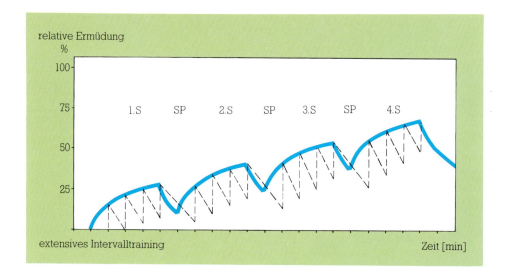

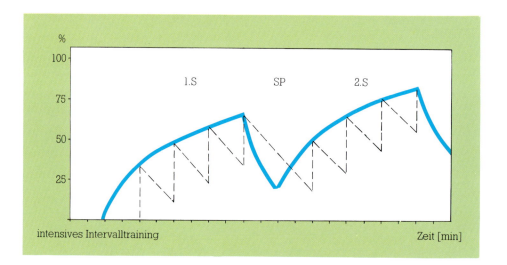

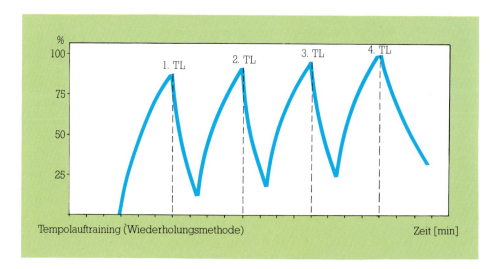

Trainingsmethoden zur Verbesserung der anaeroben Ausdauer.

Möglichkeit, im Gelände Trainingsprogramme von hoher Intensität durchzuführen, die verschiedene physiologische, veränderliche Größen beeinflussen. Je nach Alter, Leistungsstand, Jahreszeit und Trainingsziel kann das Bergtraining nach der Methode des extensiven oder intensiven Intervalltrainings oder nach der Wiederholungsmethode durchgeführt werden. Allen Trainingsformen gemeinsam ist die hohe Kreislaufbelastung. Gleichzeitig kommt es zu einer starken Beanspruchung der lokalen Muskelausdauer der Beine, wobei die Übersäuerung um so stärker ausgeprägt ist, je intensiver die Belastungen gewählt werden. Und nicht zuletzt wird beim Bergtraining die Kraftausdauer geschult.

Während sich die beiden ersten Beispiele der Tabelle auf S. 44 unten auch für Ausdauersportler eignen, die nur gelegentlich an Breitensportveranstaltungen teilnehmen (z. B. Volksläufe, Bergläufe), ist das Training am Berg nach der Wiederholungsmethode nur für den gut vorbereiteten Leistungssportler sinnvoll. Dieser setzt das Bergtraining vorwiegend in der zweiten Vorbereitungsphase ein, also im Frühjahr und Frühsommer. Allerdings kann auch das Grundlagentraining im Winter durch Bergtrainingseinheiten (nach dem Intervallprinzip) sowie die Wettkampfphase durch gelegentliches Bergtraining (nach dem Wiederholungsprinzip) aufgelockert werden.

Intervall- und Tempolauftraining

Bahntraining ist nur sinnvoll für den Sportler, der auch an Bahnwettkämpfen teilnehmen will. Es kann (wie das Kreistraining zur Schulung der Kraft und auch das Bergtraining) in drei Hauptgruppen eingeteilt werden: extensives Intervalltraining, intensives Intervalltraining, Tempolauftraining nach dem Wiederholungsprinzip.

Extensives Intervalltraining

Hierunter versteht man eine Trainingsform, bei der intensive und weniger intensive Abschnitte abwechseln und bei der die Belastungsintensität und -dauer der einzelnen Teilabschnitte lediglich so hoch gewählt wird, daß sie häufig – und von nur kurzen (Trab-) Pausen unterbrochen – wiederholt werden können. Der Sinn dieses Trainings besteht darin, phasenweise schneller als mit Wettkampftempo zu laufen und gleichzeitig einen hohen Gesamtumfang zu erzielen, ist also mit dem Fahrtspiel vergleichbar. Die Übersäuerung ist nur

Trainingsbeispiele für Bahntraining nach der extensiven Intervallmethode

Trainingsform	Trainingsziele	Hinweise zur Durchführung
Bahntraining (extensives Intervalltraining)	aerobe und anaerobe Ausdauer	z. B. für einen 5000 m-Läufer, Bestzeit 15:00 Min.: 15 mal 400 m, Ø 70 Sek., Pausen 1 bis 1½ Min. Traben; je 15 bis 20 Min. Aufwärmen und Auslaufen
Bahntraining (extensives Intervalltraining)	aerobe und anaerobe Ausdauer	z. B. für eine 10000 m- oder Marathonläuferin, Bestzeit 40:00 Min. bzw. 3 Std. 20 Min.: 10 bis 15 mal 600 m, Ø 2:15 Min., Pausen 2 bis 3 Min. Traben; je 15 bis 20 Min. Aufwärmen und Auslaufen

Training

Trainingsbeispiele für Bahntraining nach der intensiven Intervallmethode

Trainingsform	Trainingsziele	Hinweise zur Durchführung
Bahntraining (intensives Intervalltraining)	anaerobe und aerobe Ausdauer	z. B. für einen 5000-m-Läufer, Bestzeit 15:00 Min.: 6 mal 800 m, Ø 2:20 Min., Pausen ca. 4 Min. Traben; je 20 Min. Aufwärmen und Auslaufen
Bahntraining (intensives Intervalltraining)	anaerobe und aerobe Ausdauer	z. B. für eine 10000-m- oder Marathonläuferin, Bestzeit 40:00 Min. bzw. 3 Std. 20 Min.: 6 mal 800 m, Ø ca. 3:00 Min., Pausen ca. 4 Min. Traben; je 20 Min. Aufwärmen und Auslaufen

mäßig ausgeprägt, es handelt sich um ein Mischtraining, wobei die Verbesserung der aeroben *und* anaeroben Eigenschaften bezweckt wird.
Dieses Training kann in Variationen praktisch das ganze Jahr über durchgeführt werden.

Intensives Intervalltraining

Das Ziel dieses ebenfalls als Mischform angelegten Trainingsmittels liegt weitgehend in der Steigerung der anaeroben Kapazität, d. h., es wird eine höhere Übersäuerung als beim extensiven Intervalltraining erreicht. Das Lauftempo in den einzelnen Belastungsabschnitten wird höher, die anschließenden Pausen länger. Für viele Langstreckler stellt es schon die intensivste Form des Bahntrainings dar und wird dann als direkte Form der Wettkampfvorbereitung eingesetzt. Die Übergänge zum extensiven Intervalltraining auf der einen und zum Tempolauftraining nach dem Wiederholungsprinzip auf der anderen Seite sind je nach Art der Ausführung fließend.

Trainingsbeispiele für Bahntraining nach der Wiederholungsmethode

Trainingsform	Trainingsziele	Hinweise zur Durchführung
Bahntraining (Wiederholungsmethode)	anaerobe Ausdauer	z. B. für einen 5000-m-Läufer, Bestzeit 15:00 Min.: 3 mal 1000 m ca. 2:42 bis 2:45 Min., Pausen 6 bis 10 Min. Gehen/Traben; 30 Min. Aufwärmen inkl. Koordinations- und Steigerungsläufen, 20 Min. Auslaufen
Bahntraining (Wiederholungsmethode)	anaerobe Ausdauer	z. B. für eine 10000-m- oder Marathonläuferin, Bestzeit 40:00 Min. bzw. 3 Std. 20 Min.: 3 mal 1000 m ca. 3:30 bis 3:40 Min., Pausen 6 bis 10 Min. Gehen/Traben; 30 Min. Aufwärmen inkl. Koordinations- und Steigerungsläufen, 20 Min. Auslaufen

Tempolauftraining nach dem Wiederholungsprinzip

Eine Trainingsform für Leistungssportler, die vorwiegend bei Bahnläufern und nur kurzfristig in der Hochsaison angewendet wird. Der Athlet zielt darauf ab, maximale Übersäuerungswerte zu erreichen. Je kürzer die Wettkampfstrecke ist, desto wertvoller ist diese Trainingsmethode für den Athleten. Mittelstreckler (800 m/1500 m) trainieren häufiger und intensiver auf diese Weise als Langstreckler (5000 m und mehr). Es werden praktisch nur die anaeroben energieliefernden Prozesse angesprochen.
Die Trainingseinheit besteht aus einigen wenigen Läufen meist mittlerer Distanz, die in hohem bis sehr hohem Tempo absolviert werden. Die Länge der Pausen ist für das Ergebnis zweitrangig.

Trainingsplanung und -periodisierung

Wie bereits erwähnt, beruht die Wirkung von Training auf der Anpassung des menschlichen Organismus an wiederholte Belastungsreize. Für das Erwachsenenalter bedeutet das, daß Leistungssteigerung nur zu erzielen ist, wenn parallel dazu auch die Trainingsreize gesteigert werden. Um eine kontinuierliche Entwicklung zu gewährleisten und um Überlastungen oder gar gesundheitliche Schäden zu vermeiden, empfiehlt es sich, den Trainingsaufbau vorauszuplanen.

Trainingstagebuch

Für jede Vorausplanung ist in jedem Falle zunächst eine aktuelle Standortbestimmung notwendig, d. h., der derzeitige Trainingsumfang (gelaufene Kilometer pro Woche), die Trainingshäufigkeit (Trainingseinheiten pro Woche), die Trainingsintensität (z. B. Dauerlauftempo in Minuten pro Kilometer) und evtl. auch Wettkampfleistungen stellen den Ausgangspunkt dar.
Zu diesem Zweck sollten Sie ein Trainingstagebuch führen, in welchem alle diese Informationen verzeichnet sind, zusätzlich aber auch ein paar kurze Angaben zu persönlichem Befinden, Körpergewicht, Witterungsbedingungen usw. Derartige Aufzeichnungen sind besonders hilfreich, wenn nach einer gewissen Zeit die Zielsetzung und die real erreichten Ergebnisse miteinander verglichen werden sollen (detaillierte Anleitungen dazu auf S. 74 f.).
In der Trainingsplanung unterscheidet man lang-, mittel- und kurzfristige Perioden.

Langfristige Periodisierung (Makrozyklus)

Je länger ein Zeitraum ist, für den ein Plan aufgestellt wird, desto unflexibler wird er natürlich, kann also aktuelle Formschwankungen oder Leistungsentwicklungen nicht berücksichtigen. Langfristige Planungen, die Zeiträume von mehreren Jahren abdecken, dienen deshalb der Festlegung eines Orientierungs-Rahmens zur Vorbereitung auf einen bestimmten Wettkampf (z. B. Olympische Spiele) oder dem Erreichen eines individuellen Leistungszieles. Wenn sie beispielsweise Anfänger sind und das Lauftraining mit der Zielsetzung aufgenommen haben, einen Marathonlauf unter 3 Stunden zu absolvieren, sollten Sie im Rahmen eines mehrjährigen, stufenweise aufbauenden Trainingsplanes die auf Seite 51 erwähnten Trainingsanforderungen allmählich steigern.

Training

Modell der Formentwicklung im Jahreszyklus bei ein- und zweigipfliger Periodisierung.

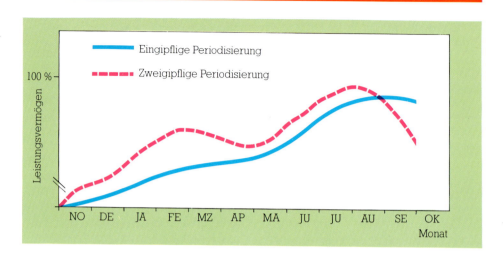

Mittelfristige Periodisierung (Mesozyklus)

Innerhalb der mittelfristigen Periodisierung (üblicherweise 1 Jahr) werden dann, erneut in Relation zu dem bisher absolvierten Training, die Aufgaben für die nächsten 12 Monate festgelegt. Als

Beispiel hierfür soll der Trainingsplan eines Langstreckenläufers dienen, der im Sommer an Bahnwettkämpfen teilnimmt und während dieser Zeit auch seinen Leistungshöhepunkt erreichen will.

Trainingsbeispiele für eine Woche in der Vorbereitungsperiode I (6 Trainingseinheiten)

Trainingsform	Trainingsziele	Hinweise zur Durchführung	Häufigkeit pro Woche
Dauerlauf	aerobe Ausdauer	ca. 1 Stunde, ruhiges bis mittleres Tempo anschließend Stretching	3mal
Fahrtspiel	aerobe und anaerobe Ausdauer	z. B.: 30 bis 40 Min. Kernprogramm, je 10 Min. Ein- und Auslaufen	1mal
oder: Bahntraining (extensive Intervallmethode) – am besten erst in der 2. Hälfte der Vorbereitungsperiode I)	aerobe und anaerobe Ausdauer	Tempo nicht zu hoch (z. B. 10000-m-Renntempo), Belastungsabschnitte noch nicht zu lang (z. B. 500 bis 1000 m), Pausen relativ kurz; 15 Min. Einlaufen, Steigerungsläufe; 15 Min. Auslaufen	1mal
Circuittraining (1mal Sprungserien, 1mal allgemeine Kräftigungsübungen)	allgemeine Kraft- und Ausdauerfähigkeiten	vorwiegend nach extensiver Intervallmethode; z. B.: 45 Min. Kernprogramm, je 15 bis 20 Min. Ein- und Auslaufen	2mal

Trainingsplanung und -periodisierung

Trainingsbeispiele für eine Woche in der Vorbereitungsperiode II (6 Trainingseinheiten)

Trainingsform	Trainingsziele	Hinweise zur Durchführung	Häufigkeit pro Woche
Dauerlauf	aerobe Ausdauer	ca. 1 Std., mittleres Tempo	3mal
Hügelläufe (extensive Intervallmethode)	aerobe und anaerobe Ausdauer, lokale Muskelausdauer, Kraftausdauer	z. B. 10 Runden auf 800-m-Bergrunde, davon ca. 300 m bergauf/500 m bergab (Akzent bergauf); je 10 Min. Ein- und Auslaufen	1mal
Hügelläufe (intensive Intervallmethode)	anaerobe und aerobe Ausdauer, lokale Muskelausdauer, Kraftausdauer	z. B.: 8 mal 400 m bergauf, zurück Traben (= 2 bis 3 Min. Pause); je 15 bis 20 Min. Aufwärmen und Auslaufen	1mal
Circuittraining	allgemeine Kraft- und Ausdauerfähigkeiten	intensive Intervall- oder Kontrollmethode; z. B.: 45 Min. Kernprogramm, ausgiebiges Ein- und Auslaufen	1mal

Vorbereitungsperiode I

Die Vorbereitungsperiode I (November bis Februar) dient in erster Linie der Verbesserung der organischen Grundlagen. Trainingsmittel mit hoher aerober Ausdauerkomponente stehen im Vordergrund (Dauerlauf, Fahrtspiel, extensives Intervalltraining). Gleichzeitig sollten durch regelmäßiges Circuittraining die allgemeine Kraft und insbesondere die Kraftausdauer gesteigert werden.

Mary Decker-Slaney, hier in Führung, war die dominierende Mittelstrecklerin der frühen 80er Jahre. Brigitte Kraus (Nr. 150) hält seit über 10 Jahren den Deutschen Rekord im 3000-m-Lauf.

51

Training

**Trainingsbeispiele für eine Woche in der Wettkampfperiode I
(5 Trainingseinheiten)**

Trainingsform	Trainingsziele	Hinweise zur Durchführung	Häufigkeit pro Woche
Dauerlauf	aerobe Ausdauer	ca. 45 Min., mittleres Tempo	2mal
Fahrtspiel	aerobe und anaerobe Ausdauer	z. B.: 20 bis 30 Min. Kernprogramm; je 10 Min. Ein- und Auslaufen	1mal
Bahntraining (extensives Intervalltraining)	anaerobe und aerobe Ausdauer	z. B.: Gesamtmenge der Belastungsabschnitte 5 bis 7 km, Tempo höher als 10000-m-Renntempo; Trabpausen; 10 Min. Einlaufen, Koordinationsläufe; 10 bis 15 Min. Auslaufen	1mal
Bahntraining (intensives Intervalltraining)	anaerobe (und aerobe) Ausdauer	z. B.: Gesamtmenge der Belastungsabschnitte 4 bis 6 km, höheres Tempo und längere Pausen als bei ext. Intervalltr.; 10 Min. Einlaufen, 15 Min. Koordinationsübungen; 15 Min. Auslaufen	1mal

Vorbereitungsperiode II

In der Vorbereitungsperiode II (März bis April) werden die Akzente leicht verschoben. Die Ausdauerkomponente bleibt bestehen, die Kraftausdauer wird durch regelmäßiges Bergtraining in spezieller, laufspezifischer Weise weiter gefördert. Gleichzeitig werden dabei auch die anaeroben Stoffwechselwege geschult.

Wettkampfperiode I

Die Wettkampfperiode I (Mai bis Juni) dient dem Einstieg in die Wettkampfsaison, wobei mit leichteren Aufbauwettbewerben begonnen werden sollte (siehe auch Wettkampf, S. 105 ff.). Diese gilt es natürlich durch entsprechende Trainingseinheiten auf der Laufbahn vorzubereiten. Der Gesamtumfang des Trainings kann schon leicht zurückgenommen werden.

Wettkampfperiode II

Während der Wettkampfperiode II (Juli bis September) werden in verstärktem Maße Wettkämpfe bestritten. Die Höchstform soll erreicht werden. Der Trainingsumfang und damit die Bedeutung der aeroben Ausdauer im Training geht weiter zurück (aber GA 1 nicht unter 25 %!), hochspezifische Trainingsmittel zur direkten Wettkampfvorbereitung gewinnen zentrale Bedeutung.

Regenerationsperiode

An diese Wochen mit Höchstbelastungen schließt sich die Regenerationsphase (September bis Oktober) an, die der Erholung dient und somit gleichermaßen der Vorbereitung auf das nächste Wintertraining.

*Seite 53:
Die Irin Sonia O'Sullivan (Nr. 495) ist die überragende Läuferin der 90er Jahre über 3000 m und 5000 m.*

Trainingsplanung und -periodisierung

Training

Kurzfristige Periodisierung (Mikrozyklus)

Die detaillierte Planung jeder einzelnen Trainingseinheit bleibt der kurzfristigen Periodisierung vorbehalten. In 3– bis 4 wöchigen Zyklen lassen sich kurzfristige Informationen und Einflußgrößen in das Training einbauen. Manche Athleten bevorzugen eine Steigerung von Umfang und Intensität in diesem Rhythmus, wobei die Woche der härtesten Belastungen stets von einer regenerativen Woche gefolgt wird. Andere bevorzugen ein langsames Ansteigen der Belastungen während der gesamten Trainingsperiode.

Natürlich ist auch ein solches Programm, wenn es einmal niedergeschrieben ist, kein Evangelium, nach dem es sich zu richten gilt, ganz gleich ob die Sonne scheint oder ein Orkan tobt. Je erfahrener der Sportler ist, desto eher wird er in der Lage sein, subjektive (Tagesform, Trainingsbereitschaft, Gesundheitszustand, Arbeitsbelastung) und objektive (Wetter, eventuell Lichtverhältnisse, Zustand des Trainingsgeländes) Informationen mit seinem zuvor aufgestellten Plan zu einem harmonischen Trainingsprogramm zu verarbeiten.
Auch die Zusammenarbeit mit einem persönlichen Trainer kann hier entscheidende Hilfestellung bieten.

Trainingsbeispiele für eine Woche in der Wettkampfperiode II (4 Trainingseinheiten)

Trainingsform	Trainingsziele	Hinweise zur Durchführung	Häufigkeit pro Woche
Dauerlauf	aerobe Ausdauer	ca. 40 Min., ruhiges Tempo	2mal
Fahrtspiel	aerobe und anaerobe Ausdauer	z. B.: 20 bis 25 Min. Kernprogramm bei intensiven Belastungsabschnitten und relativ langen Trabpausen; zusätzlich je 10 Min. Ein- und Auslaufen	1mal
oder: Bahntraining (intensives Intervalltraining)	anaerobe und aerobe Ausdauer	z. B.: 5 bis 8 Wiederholungen in relativ hohem Tempo, Pausen 3–4 Min.; 25 Min. Einlaufen und Koordinationsschulung; 15 Min. Auslaufen	1mal
Bahntraining (Tempoläufe nach dem Wiederholungsprinzip)	anaerobe Ausdauer	z. B.: 3 bis 4 Wiederholungen in sehr hohem Tempo, Distanzen 600 bis 2000 m; lange Pausen; 25 Min. Einlaufen und Koordinationsschulung; 15 Min. Auslaufen	1mal
oder: Tempodauerlauf (Kontrolllauf)	aerobe und anaerobe Ausdauer; dient in regelmäßigen Abständen zur Überprüfung des Trainingszustandes	z. B.: 15 Min. im 10 000-m-Renntempo; je 20 Min. Ein- und Auslaufen	1mal

Training im Kindes- und Jugendalter

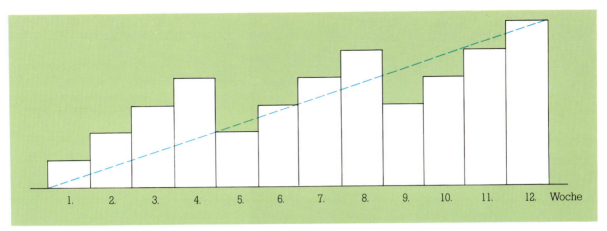

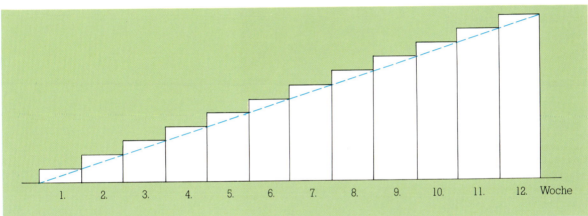

Wellenförmiges (oben) bzw. gleichförmiges (unten) Ansteigen der Trainingsbelastungen innerhalb einer Trainingsperiode.

Training im Kindes- und Jugendalter

Immer wieder liest man von sogenannten Wunderkindern, die bereits in zartem Alter Marathonläufe in erstaunlichen Zeiten absolvieren. Das, so wird behauptet, stelle für die Kinder kein großes Problem dar, da sie ohnehin im Spiel große Distanzen mühelos zurücklegten, anscheinend ohne zu ermüden. Es ist durchaus richtig, daß Kinder stundenlang in Bewegung sein können, ohne Erschöpfung zu verspüren. Bei genauer Betrachtung allerdings läßt sich feststellen, daß diese Bewegung nicht gleichmäßig, kontinuierlich abläuft, sondern mit häufigen Unterbrechungen, intervallartig also. Der Grund dafür liegt in der eingeschränkten aeroben Kapazität des kindlichen Organismus, der bis etwa zum 10. Lebensjahr nur in geringem Maße ausdauertrainierbar ist – eine Art Selbstschutz des kindlichen Organismus vor Überlastung des Herz-Kreislauf-Systems.

Hinzu kommt die Abneigung der Kinder gegen gleichförmig monotone Bewegungsformen. Ihrem Naturell entspricht es viel eher, ständig nach Abwechslung und neuen Impulsen zu suchen. Danach sollten Eltern, Lehrer und Trainer sich richten, wenn sie bei Kindern Neigung und Begabung zum Laufsport feststellen.

Kindertraining (bis etwa 14 Jahre)

Bis zum Alter von etwa 14 Jahren (also bis zum Abschluß der Pubeszenz, der

Training

Soviel Spaß es ihnen auch macht, sollten Kinder doch vorsichtig an längere Strecken herangeführt werden.

ersten Phase der Reifungszeit) sollte das Hauptaugenmerk im Training auf einer vielseitigen motorischen Grundausbildung liegen, insbesondere auf der Verbesserung von Flexibilität (Gelenkigkeit), Koordination (Zusammenwirken von Zentralnervensystem und Skelettmuskulatur bei einem gezielten Bewegungsvorgang), allgemeinen Kraftfähigkeiten und Schnelligkeit. Diese motorischen Grundeigenschaften können auch in jungen Jahren ohne Gefahren für Geist und Körper geschult werden, wenn sie in einem spielerischen, abwechslungsreichen Programm angeboten werden.

Hinzu kommt, daß Kinder und Jugendliche in diesen Bereichen besonders lernfähig sind und z. B. komplexe Bewegungsabläufe wesentlich schneller und genauer erfassen als Erwachsene (siehe Tennis).

Das einmal Versäumte kann später in vielen Fällen nicht mehr ausgeglichen werden, und daraus resultieren dann mangelhafte Grundschnelligkeit und schlechter Laufstil.

Verletzungen sind häufig eine Folge unvollkommener Technik bzw. fehlender athletischer Basis, das gilt für das Laufen ebenso wie für die meisten anderen Sportarten.

> Bis zum Alter von 14 Jahren sollten die Heranwachsenden mit folgenden *Trainingsformen und -zielen* vertraut gemacht werden:
> ☐ Allgemeine, umfassende gymnastische Grundschulung.
> ☐ Erlernen einfacher turnerischer Übungen.
> ☐ Breitgefächerte leichtathletische Grundausbildung (Sprung, Lauf, Wurf).
> ☐ Leichte Formen des Kreistrainings.
> ☐ Möglichst viele Spielsportarten als auflockerndes Element.

Wenn es schon frühzeitig zu einer Verbesserung der Kraftfähigkeiten der Kinder und Jugendlichen kommt, so ist dieser Effekt durchaus erwünscht. Die Kraft dient als wirksame Prophylaxe vor Haltungsschäden, darüber hinaus als Voraussetzung für die Entwicklung der übrigen motorischen Fähigkeiten.

Jugendtraining (ab etwa 14 Jahren)

Mit gezieltem Ausdauer- und Krafttraining kann in der Adoleszenz, der zweiten Phase der Reifungszeit (ab ca. 14 Jahre), allmählich begonnen werden. Abgesehen von der körperlichen Entwicklung sollte auch berücksichtigt werden, daß zu frühes und intensives Ausdauertraining häufig zu einer psy-

Training im Kindes- und Jugendalter

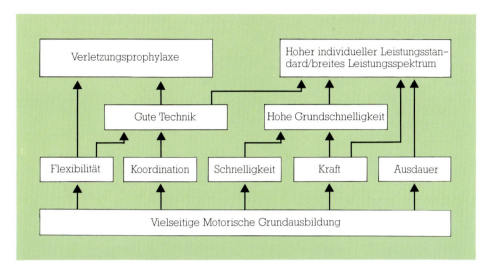

Entwicklung der motorischen Hauptbeanspruchungsformen im Kindes- und frühen Jugendalter.

Stereotypes Lauftraining sollte für Jugendliche erst nach der Adoleszenz zur dominierenden Trainingsform werden.

Training

Jugendtrainingspläne am Beispiel Mittelstreckenlauf (Langstreckenlauf)

Trainingsplan 1 (bis 12 Jahre)

Trainingsform	Trainingsziele	Hinweise zur Durchführung	Häufig-keit pro Woche
Gymnastisches Allroundtraining/Circuit-training	Flexibilität, Schnelligkeit, allgemeine Kraft- und Ausdauerfähigkeiten	z. B. nach intensiver Intervallmethode oder Kontrollmethode	1mal
Techniktraining	Erlernen komplexer Bewegungsabläufe/ Koordination	*Winterhalbjahr:* Geräteturnen, leichtathletische Grundschulung; *Sommerhalbjahr:* leichtathletische Disziplinen, z. B. Startübungen, Hürdenlauf, Sprünge, Würfe	1mal
Ballspiele	allgemeine Kraft- und Ausdauerfähigkeiten, Koordination, Schnelligkeitsausdauer	Basketball, Handball, Fußball, Volleyball	1mal

Trainingsplan 2 (12 bis 14 Jahre)

Trainingsform	Trainingsziele	Hinweise zur Durchführung	Häufig-keit pro Woche
Gemischtes Lauftraining	Schnelligkeit, Koordination	10 bis 15 Min. Einlaufen; Betonung von Sprint, Reaktionsschulung/ Starts, Lauftechnik;	1mal
anschließend: Gymnastisches Allroundtraining/ Circuittraining	Flexibilität, Schnelligkeit, allg. Kraft- und Ausdauerfähigkeiten	z. B. nach intensiver Intervallmethode oder Kontrollmethode	
Techniktraining	Erlernen komplexer Bewegungsabläufe/ Koordination	gemischtes Aufwärmprogramm (Einlaufen, Dehn- und Lockerungsgymnastik, evtl. Ballspiel oder Laufspiel); allgemeine und spezielle Technikschulung leichtathletischer Disziplinen aus Lauf, Sprung und Wurf	1mal
Gemischtes Lauftraining	Koordination, Schnelligkeit	10 bis 15 Min. Einlaufen; Laufschule, Startübungen, Sprungübungen, Zweckgymnastik;	1mal
anschließend: Ballspiele	allgemeine Kraft- und Ausdauerfähigkeiten, Koordination, Schnelligkeitsausdauer	Basketball, Handball, Fußball, Volleyball	

Training im Kindes- und Jugendalter

Trainingsplan 3 (15 bis 17/18 Jahre)

Trainingsform	Trainingsziele	Hinweise zur Durchführung	Häufigkeit pro Woche
Gemischtes Lauftraining anschließend: gymnastisches Allroundtraining/ Circuittraining	Schnelligkeit, Schnelligkeitsausdauer/Stehvermögen allgemeine Kraft- und Ausdauerfähigkeiten	15 bis 20 Min. Einlaufen; Betonung von Sprint, kurzen Intervall- oder Tempoläufen; z. B. intensive Intervallmethode, Kontrollmethode	1mal
Techniktraining	Erlernen und Vervollkommnen komplexer Bewegungsabläufe	15 bis 20 Min. gemischtes Aufwärmprogramm; besondere Berücksichtigung der individuellen Vorlieben/Begabungen	1mal
Gemischtes Lauftraining anschließend: Ballspiele	Koordination allgemeine Kraft- und Ausdauerfähigkeiten, Koordination, Schnelligkeitsausdauer	15 bis 20 Min. Einlaufen; Laufschule, Sprungübungen; Basketball, Handball, Fußball, Volleyball	1mal
Dauerlauf	Ausdauer (aerob)	30 bis 40 Min., ruhiges Tempo; evtl. anschließend Ballspiele	1mal

Trainingsplan 4 (über 17/18 Jahre)
Sommerhalbjahr

Trainingsform	Trainingsziele	Hinweise zur Durchführung	Häufigkeit pro Woche
Intensives Intervalltraining	Ausdauer (anaerob und aerob)	15 bis 20 Min. Aufwärmprogramm; Koordinationsläufe; intensives Intervalltraining; ausgiebiges Auslaufen	2mal
Dauerlauf	Ausdauer (aerob)	30 bis 50 Min., Stretching und Steigerungsläufe nach möglichst jedem Lauf	2–3mal
bis Mai: Circuittraining	allgemeine Kraft- und Ausdauerfähigkeiten	z. B.: intensive Intervallmethode/ Kontrollmethode	1mal

Training

Winterhalbjahr

Trainingsform	Trainingsziele	Hinweise zur Durchführung	Häufigkeit pro Woche
Circuittraining/ allgemeine gymnastische Trainingsprogramme	allgemeine Kraft- und Ausdauerfähigkeiten	15 bis 20 Min. Einlaufen; extensive/intensive Intervallmethode; Auslaufen oder Ballspiele	1mal
Krafttraining	verschiedene Kraftfähigkeiten (Maximalkraft, Schnellkraft, Kraftausdauer)	15 bis 20 Min. Aufwärmprogramm, Dehngymnastik; z. B. extensive/intensive Intervallmethode; anschließend einige Steigerungsläufe	1mal
Extensives Intervalltraining	Ausdauer (aerob und anaerob)	15 Min. Einlaufen, Koordinationsläufe; Auslaufen	1mal
Dauerlauf anschließend: Stretching	Ausdauer (aerob), Flexibilität	40 bis 60 Min. ruhiges bis mittleres Tempo	2–3mal

chischen Übersättigung des jungen Menschen führt, ehe er noch seinen Leistungshöhepunkt erreicht hat. Die wenigsten der deutschen Jugendmeister auf den Mittel- und Langstrecken schaffen auch bei den Männern oder Frauen den Durchbruch zur nationalen oder gar internationalen Spitze. Das sollte eigentlich zu denken geben. In diesem Sinne hat eine zu frühe Spezialisierung meines Erachtens erhebliche Nachteile.

*So macht Laufen Spaß!
Laufen als Gruppenerlebnis –
für viele Freizeitsportler von unersetzlichem Wert.*

Trainingshinweise für Gesundheitssportler

Mit diesem Abschnitt wende ich mich an die erfreulicherweise immer größer werdende Gruppe von Läufern, denen Zahlen und Zeiten nur Schall und Rauch sind. Ihnen geht es allein um die Gesundung bzw. Gesunderhaltung ihres Organismus. Sie wollen auf natürliche Weise einen Ausgleich zu den einseitigen, häufig rein psychisch belastenden Anforderungen im Berufsleben schaffen. Die Erkenntnis über die Bedeutung regelmäßiger körperlicher Aktivität hat sich in vielen Ländern, allen voran den USA, durchgesetzt. Bereits in vielen Betrieben und Unternehmen wird dort mit Förderung und Beteiligung der Geschäftsführung Sport aller Art betrieben. In Europa bieten vor allem Vereine und Betriebssportgruppen Möglichkeiten und Einrichtungen (Anlagen, Umkleideräume, Trainer), sich unter Anleitung und mit Gleichgesinnten sportlich zu betätigen. Und nicht zuletzt sei nochmals auf die Lauftreffs hingewiesen, die ein flächendeckendes Netz über Deutschland aufspannen und Fitneß-Sport ohne Zwang, gemeinsames Erlebnis ohne Bürokratie offerieren. Dem Anfänger ist zu raten, sich zunächst zweimal wöchentlich für 30 bis 40 Minuten zu belasten, wobei sehr langsames Traben und zügiges Gehen abwechseln sollten.

Der nächste Schritt im Trainingsaufbau ist die Bewältigung der gesamten Distanz ohne Gehpausen. Aber bitte seien Sie flexibel bei der Erfüllung Ihrer selbstgesetzten Ziele. Wir sind keine Maschinen, unsere körperliche Verfassung ist vielen Einflüssen unterworfen und schwankt daher ständig – beim einen mehr, beim anderen weniger. Legen Sie deshalb ruhig einmal eine Pause ein, wenn's schwerfällt dehnen und lockern Sie Arme und Beine, gehorchen Sie der »Stimme Ihres Körpers«, nicht dem Ehrgeiz. Und lassen Sie den anderen ruhig überholen, wenn er an diesem Tag »besser drauf ist«.

Die optimale Trainingshäufigkeit für den gesundheitsorientierten Läufer dürfte bei 3- bis 4 mal pro Woche (jeweils 40 Minuten) liegen. Und noch einmal: Langsames Laufen bringt (gesundheitlich) mehr! Messen Sie regelmäßig Ihre Herzfrequenz. Sie finden detaillierte Erläuterungen dazu auf Seite 39 ff.

Prinzipiell läßt sich ein vergleichbarer Trainingseffekt auch in anderen Sportarten erzielen, solange dynamische Bewegungsabläufe vorliegen und eine große Muskelmasse bewegt wird. Neben dem Laufen haben vor allem Rad-

Training

fahren, Schwimmen und Skilanglaufen einen hohen Stellenwert. Aufgrund der besseren Wirkung auf das vegetative Nervensystem ist eine gleichförmige Belastungsform einer intervallmäßigen vorzuziehen, daher sind Spielsportarten weniger effektiv.

Aber wechseln Sie einmal die Sportarten, wenn Sie Gelegenheit und Lust dazu haben. Denn Spaß und Gesundheit sind eng miteinander verbunden. Auch sollten Sie Gymnastik und Stretching nicht vernachlässigen, um Ihren Körper auf eine ausgewogene, vielseitige Weise zu belasten. Und vergessen Sie nicht: im Zweifel etwas langsamer!

Prinzipien des Trainingsaufbaues für Gesundheitssportler
- ☐ Langsamer Aufbau bis zur optimalen Trainingshäufigkeit.
- ☐ Individuell angepaßte Herzfrequenz beachten.
- ☐ Dynamische Sportarten mit kontinuierlicher Kreislaufbelastung bevorzugen.
- ☐ Es muß Spaß machen!

Trainingshinweise für Breitensportler und Volksläufer

Die Hinweise des vorausgegangenen Abschnittes gelten natürlich uneingeschränkt auch für Volksläufer. Nach entsprechender Trainingsvorbereitung kann auch der Gesundheitsläufer an Wettkämpfen teilnehmen, wenn er Freude daran hat. Mit dem Unterschied aber, daß das Training des Volksläufers von vornherein auf das Bestreiten von Rennen – Neigung und Leistungsstand entsprechend – ausgerichtet ist. Dadurch gewinnt der Leistungsaspekt für Planung und Aufbau des Trainingsprogrammes an Bedeutung.

Prinzipien des Trainingsaufbaues für Volksläufer
- ☐ Organische Basis.
- ☐ Gründliche Wettkampfvorbereitung.
- ☐ Altersgemäße Trainingsmethoden.
- ☐ Allgemeine Fitneß.

Die Grundregeln des Trainingsaufbaues treffen auf Hochleistungssportler ebenso zu wie auf Breitensportler, allerdings bestehen hinsichtlich der Wertigkeit einzelner Trainingsformen deutliche Unterschiede.

Organische Basis

Vorrangig ist wie bei jedem Langstreckenläufer die Steigerung der Organkraft des Herz-Kreislauf-Systems (GA 1, GA 2).

Die aerobe Energiebereitstellung ist der wichtigste Leistungsfaktor bei allen Läufen über eine Distanz von mehr als 1500 Meter. Außerdem sorgt sie für schnelle Erholung nach Belastungen, schafft also die Voraussetzung für ein intensiveres Intervalltraining.

Gründliche Wettkampfvorbereitung

Das Stehvermögen, d. h. die anaerobe Ausdauerfähigkeit, stellt den zweiten wichtigen Leistungsfaktor dar. Wie bereits erwähnt, ist sie um so wichtiger, je kürzer die zu bestreitenden Wettkampfstrecken sind. Wenn Sie also planen, lediglich an Volksläufen über 10 Kilometer und mehr teilzunehmen, ist ein Bahntraining nicht erforderlich. Sie sollten vielmehr durch geeignete Trainingseinheiten im Gelände und auf der Straße versuchen, Ihre Höchstform zu erreichen. Dazu zählen das Bergtraining, das Fahrtspiel und der Tempodauerlauf (siehe S. 40 ff.). Vor wichtigen Wettkämpfen werden Umfang und Intensität des Trainings reduziert.

Trainingshinweise für Breitensportler und Volksläufer

Altersgemäße Trainingsmethoden

Bei der Auswahl der Trainingsformen gilt es, neben der Zielsetzung noch einen anderen Faktor zu berücksichtigen: das Alter. Während der menschliche Organismus mit beispielsweise 70 Jahren immer noch ausdauertrainierbar ist, nehmen die trainingsbedingten Anpassungserscheinungen an anaerobe Belastungen etwa nach dem Ende der dritten Lebensdekade kontinuierlich ab. Dafür sind vor allem Veränderungen der Muskelstruktur verantwortlich, die

Auch »in den besten Jahren« lassen sich deutliche Trainingsfortschritte erzielen – ein wenig Geduld vorausgesetzt.

Training

sich auch durch ein noch so hartes Tempolauftraining nicht aufhalten oder gar umkehren lassen. Dieser Tatsache soll man bei der individuellen Trainingsplanung Rechnung tragen. Ein Bahntraining nach dem Wiederholungsprinzip für einen Mittfünfziger ist meiner Meinung nach nicht angebracht.

Selbst wenn das Laufen für Sie das Nonplusultra aller Sportarten darstellt, sollten Sie Ausgleichssportarten betreiben, um Ihren Bewegungsapparat vor Über- und Fehlbelastungen zu schützen. Besonders wichtig sind die Formen des Kreistrainings zur Erhöhung der allgemeinen Kraft und regelmäßiges Stretching, um den vollen Bewegungsumfang aller Gelenke zu gewährleisten (siehe S. 77 ff. und 86 ff.). Und bitte denken Sie daran, daß das Ausdauertraining mit Geduld betrieben sein will. Es dauert eine geraume Weile, bis sich Ihr Organismus dem erhöhten Belastungsniveau angepaßt hat. Sie sollten ihm und sich dafür Zeit geben und Ihr Trainingspensum nur in kleinen Schritten steigern: jedes Jahr maximal um 30 bis 40 Wochenkilometer.

Von der Atmosphäre der unvergleichlichen Altstadt lebt der »Grand Prix« in Bern.

Trainingshinweise für Breitensportler und Volksläufer

Trainingsbeispiel für einen 40 jährigen Volksläufer

Er nimmt an Wettkämpfen zwischen 10 und 25 Kilometer teil; er trainiert durchschnittlich viermal in der Woche und legt dabei 40 bis 60 Kilometer zurück.

Aufbauphase (Winterhalbjahr)

Trainingsform	Trainingsziele	Hinweise zur Durchführung	Häufigkeit pro Woche
Dauerlauf	aerobe Ausdauer	ca. 10 km, mittleres Tempo; anschließend 15 Min. Stretching	1mal
Dauerlauf	aerobe Ausdauer	ca. 15 bis 20 km, ruhiges Tempo; anschließend Wannenbad, Schwimmen	1mal
Fahrtspiel, individuelle Gestaltung (»schwedisch«) oder:	aerobe und anaerobe Ausdauer	ca. 12 bis 15 km, davon Gesamtheit der Belastungsabschnitte 15 bis 20 Min.; anschließend 15 Min. Stretching	1mal
Hügelläufe nach extensiver oder intensiver Intervallmethode	allgemeine aerobe und anaerobe Ausdauer, lokale Muskelausdauer Kraftausdauer	Belastungsabschnitte 300 bis 600 m, bergab Trabpausen; je 20 Min. Ein- und Auslaufen inklusive Dehngymnastik	1mal
Circuittraining	allgemeine Kraft- und Ausdauerfähigkeiten	15 Min. Aufwärmen; z. B.: nach extensiver Intervallmethode, relativ lange Belastungsabschnitte/kurze Pausen; 30 Min. ruhiges Auslaufen	1mal

Wettkampfphase (Sommerhalbjahr)

Trainingsform	Trainingsziele	Hinweise zur Durchführung	Häufigkeit pro Woche
Dauerlauf	aerobe Ausdauer	10 bis 12 km ruhiges bis mittleres Tempo; anschließend 15 Min. Stretching und Steigerungsläufe	2mal
Fahrtspiel, Gestaltung nach der Uhr (»polnisch«)	aerobe und anaerobe Ausdauer	Gesamtheit der forcierten Abschnitte 10 bis 15 Min.; anschließend Stretching	1mal
Tempodauerlauf	anaerobe und aerobe Ausdauer	15 bis 20 Min., etwa im 10 km-Renntempo; je 15 Min. Ein- und Auslaufen, anschließend Stretching	1mal

Training

Trainingsbeispiele von Weltklasseathleten

Trainingsbeispiele von Weltklasseathleten

Für die Steigerung der Wettkampfleistungen im Spitzenbereich der internationalen Leichtathletik gibt es verschiedene Ursachen. Sicherlich sind Akzeleration (steigende Entwicklungsschnelligkeit und Durchschnittsgröße der Bevölkerung in Zivilisationsländern) und verbesserte material-technische Voraussetzungen (Schuhe, Bodenbeläge) wichtige Faktoren. Vorrangige Bedeutung kommt meines Erachtens jedoch den Fortschritten auf dem Gebiet der Trainingsgestaltung zu. Basierend auf trainingswissenschaftlichen und leistungsphysiologischen Erkenntnissen wird heute gezielter, umfangreicher und intensiver trainiert als je zuvor. Wo die Grenzen sind, vermag niemand mit Bestimmtheit zu sagen. Fest steht wohl nur, daß die heutigen Spitzenathleten sich mit dem, was sie auf sich nehmen, an der Grenze des zur Zeit körperlich und seelisch zu Verkraftenden bewegen. Aufgrund der engen Gratwanderung zwischen einem Zuviel und einem Zuwenig an Training wird die Saisonvorbereitung oft zu einem Glücksspiel. Nicht alle Einflußgrößen lassen sich exakt erfassen, und nur geringe Schwankungen des Gesundheitszustandes beispielsweise können das labile Formgleichgewicht außer Balance geraten lassen. Zur Orientierung – weniger zur Nachahmung – haben wir einige Trainingsprogramme von Weltklasseathleten aufgenommen. An dieser Stelle soll sicherlich keine Diskussion über Pro und Kontra des Leistungssports in seiner heutigen Ausprägung erfolgen, jedoch belegen die folgenden Beispiele, daß zumindest in diesem Bereich ein uraltes Sprichwort noch seine Gültigkeit besitzt: Ohne Fleiß kein Preis.
Würde man die Trainingsmethoden verschiedener leistungsmäßig in der gleichen Kategorie einzustufender Spitzenathleten vergleichen, so wären bei aller Übereinstimmung in den grundlegenden Prinzipien doch erhebliche individuelle Differenzen festzustellen. Jeder einzelne hat sein persönliches Programm, das auf die eigenen Stärken und Schwächen, Neigungen und Antipathien, aber auch auf Klima- und Umweltbedingungen abgestimmt ist. Des-

Seite 66:
Eine Ausnahmeerscheinung unter den Langstrecklern: Dieter Baumann.

Grete Waitz (November 1981) Basistraining

	1. Trainingseinheit	*2. Trainingseinheit*
Montag	11 km mittlerer Dauerlauf: 43 Min.	ca. 4 km Warmlaufen 6 mal 1000 m in 3:10–3:15 Min. (1½ Min. Pause) im Parkgelände ca. 4 km Auslaufen
Dienstag	13 km mittlerer Dauerlauf	ca. 5 km ruhiger Dauerlauf anschließend leichtes Krafttraining
Mittwoch	11 km mittlerer Dauerlauf	ca. 4 km Warmlaufen 8 mal 500 m (1½ Min. Pause) im Parkgelände ca. 5 km Auslaufen
Donnerstag	13 km mittlerer Dauerlauf	11 km mittlerer Dauerlauf
Freitag	11 km mittlerer Dauerlauf	ca. 5 km Warmlaufen 15 mal 100 m Koordinationsläufe ca. 5 km Auslaufen
Samstag	11 km sehr ruhiger Dauerlauf	
Sonntag	11 km mittlerer Dauerlauf	13 km mittlerer Dauerlauf

Grete Waitz/NOR gewann zwischen 1978 und 1985 siebenmal den New-York-Marathon und hielt über Jahre die Marathon-Weltbestzeit.

Training

Grete Waitz (Januar 1985) Straßenlaufvorbereitung

	1. Trainingseinheit	2. Trainingseinheit
Montag	10 km mittlerer Dauerlauf	10 km mittlerer Dauerlauf
Dienstag	13 km mittlerer Dauerlauf	
Mittwoch	4 km Warmlaufen 3 Serien 3 mal 300 m (jeweils ruhig – mittel – schnell) 5 km Auslaufen	6,5 km ruhiger Dauerlauf
Donnerstag	11 km ruhiger Dauerlauf	
Freitag	10 km mittlerer Dauerlauf	
Samstag	5 km Warmlaufen 10 km Straßenlauf: 32:44 Min. Auslaufen	
Sonntag	14,5 km sehr ruhiger Dauerlauf	

Thomas Wessinghage (März 1982) Vorbereitungsperiode II

	1. Trainingseinheit	2. Trainingseinheit
Montag	11,4 km Dauerlauf: 41:50 Min. unterwegs 5 mal 150 m Berglaufen (dazw. Pause: 150 m Traben) Stretching	10 km Fahrtspiel: 33:51 Min. (Warmlaufen, 10 mal 1 Min. schnell/1 Min. langsam, Auslaufen) Stretching, Sprungübungen, Steigerungsläufe
Dienstag	11,4 km Dauerlauf: 40:37 Min. unterwegs 5 mal 150 m Berglaufen (dazw. Pause: 150 m Traben) Stretching, Sprungübungen, Steigerungsläufe	10 km Fahrtspiel: 32:51 Min. (Warmlaufen, 9 mal ½ Min. schnell/2 Min. langsam, Auslaufen) Stretching, Sprungübungen, Steigerungsläufe
Mittwoch	11,4 km Dauerlauf: 40:27 Min. unterwegs 5 mal 150 m Berglaufen (dazw. Pause: 150 m Traben) Stretching, Sprungübungen, Steigerungsläufe	3,5 km Warmlaufen 10 mal 300 m: 43 Sek. (Pause 2 Min. Traben) Sprungübungen, 3,5 km Auslaufen
Donnerstag	4 km Warmlaufen, Stretching, Steigerungsläufe 3 mal 2000 m: 5:36 Min. (dazw. Pause 5 Min. Traben) 4 km Auslaufen	
Freitag	10 km Fahrtspiel: 33:02 Min. (Warmlaufen, 8 mal 1 Min. schnell/2 Min. langsam) Stretching	11,4 km Dauerlauf: 39:29 Min. unterwegs 5 mal 150 m Berglaufen (dazw. Pause: 150 m Traben) Stretching, Sprungübungen, Steigerungsläufe
Samstag	8 km ruhiger Dauerlauf: 30:00 Min. Stretching, Sprungübungen	4,5 km Warmlaufen 12 mal 120 m bergauf und Treppe 4,5 km Auslaufen
Sonntag	13 km ruhiger Dauerlauf: 50:00 Min. Stretching, Sprungübungen, Steigerungsläufe	

Trainingsbeispiele von Weltklasseathleten

Thomas Wessinghage (August 1982) Wettkampfperiode II

	1. Trainingseinheit	2. Trainingseinheit
Montag	9,5 km Dauerlauf: 32.00 Min. Stretching, Steigerungsläufe	4,5 km Warmlaufen Stretching, Steigerungsläufe 2 mal 600 m: 82 Sek., 1 mal 300 m: 38 Sek. (Pause je 5 Min. Traben) 5 km Auslaufen
Dienstag	15 km Dauerlauf: 53:20 Min.	15 km Dauerlauf: 52:45 Min. Stretching, Steigerungsläufe
Mittwoch	9,5 km lockerer Dauerlauf: 35:10 Min. Stretching, Steigerungsläufe	4,5 km Warmlaufen Stretching, Steigerungsläufe 2000 m: 5:14,5 Min. (6 Min. Pause), 3 mal 200 m: 24,5 Sek. (je 4½ Min. Pause) 5 km Auslaufen
Donnerstag	15 km lockerer Dauerlauf: 57:00 Min. Stretching, Steigerungsläufe, Sprungübungen	
Freitag	15 km Dauerlauf: 55:30 Min. Stretching, Steigerungsläufe	4,5 km Warmlaufen Stretching, Steigerungsläufe 3 mal 300 m: 37,5 Sek. (Pause 4 Min. Traben) 5 km Auslaufen
Samstag	14,5 km lockerer Dauerlauf: 52:30 Min. Lockerungsgymnastik	
Sonntag	10 km ruhiger Dauerlauf: 37:15 Min. Stretching, Sprungübungen, Steigerungsläufe	9,5 km lockerer Dauerlauf: 33:40 Min. Stretching, Steigerungsläufe

Neben Großereignissen wie Olympischen Spielen und Weltmeisterschaften haben die Internationalen Meetings (wie das ASV-Sportfest in Köln) nach wie vor die höchste Anziehungskraft auf Athleten (und Zuschauer).

Training

halb wird man auch nicht durch die Kopie seines Trainingsplanes (was ohnehin schier unmöglich ist) zu einem zweiten Sebastian Coe.

Alberto Cova Wettkampfphase

Während der letzten Phase der Vorbereitungen auf die Europameisterschaften 1986 in Stuttgart, bei denen Alberto Cova über 10 000 Meter (Zweiter) und über 5000 Meter (Finalteilnehmer) an den Start ging, wurden innerhalb von 15 Tagen folgende 5 Bahntrainingseinheiten absolviert, dazwischen jeweils 2 bis 3 Tage lang nur ruhiger Dauerlauf, Stretching sowie aktive Regenerationsmaßnahmen eingeschoben. Auch Covas Trainer Giorgio Rondelli ist der Meinung, daß das Grundkonzept des Trainings der weltbesten Langstreckenläufer heutzutage prinzipiell übereinstimmt.
Gewisse Nuancen bestehen hinsichtlich der Quantität und Qualität der einzelnen Programme.

Alberto Cova (rechts, links Gianni de Madonna) war der erfolgreichste 10 000-m-Läufer der frühen 80er Jahre. 1982 wurde er Europameister in Athen, 1983 Weltmeister in Helsinki und 1984 Olympiasieger in Los Angeles. Damit endete bis auf weiteres die Dominanz der Läufer weißer Hautfarbe auf dieser Distanz.

1. Trainingseinheit	20 mal 400 m: durchschnittlich. 60 Sek. (je 50 Sek. Pause)
2. Trainingseinheit	2 mal 3000 m: ca. 8:06 Min. (je 8 Sek. Pause) anschließend 3 mal 1500 m: ca. 3:58 Min. (je 6 Min. Pause)
3. Trainingseinheit	6 mal 1000 m: ca. 2:30 Min. (je 5 Min. Pause)
4. Trainingseinheit	1 mal 800 m: 1:57 Min. (je 3 Min. Pause) 4 mal 200 m: ca. je 27 Sek. (je 30 Sek. Pause) 1 mal 1000 m: ca. 2:30 Min. (je 5 Min. Pause) 4 mal 300 m: ca. je 43 Sek. (je 30 Sek. Pause) 1 mal 600 m: ca. je 87 Sek. (5 Min. Pause) 4 mal 200 m: ca. je 27 Sek. (je 30 Sek. Pause)
5. Trainingseinheit	1 mal 2000 m: 5:14 Min., letzte 800 m: 1:57 Min. (8 Min. Pause) 1 mal 1500 m: 3:50 Min., letzte 800 m: 71 Sek. (8 Min. Pause) 2 mal 800 m: je 1:56 Min., letzte 300 m: 40 Sek. (8 Min. Pause)

Die cubanische 800-m-Läuferin Anna Fidelia Quirot (Nr. 252) fand 1995 nach schwerem Unfall wieder zur alten Klasse.

Trainingsbeispiele von Weltklasseathleten

Training

Höhentraining

Generationen von Kurgästen nutzten seit jeher die Reizfaktoren alpiner Klimagebiete.

Seit geraumer Zeit ist auch vielen Ausdauerathleten (Läufern, Ruderern, Radfahrern, Skilangläufern) die leistungssteigernde Wirkung eines Höhenaufenthaltes bekannt. Wenn die medizinischen Lehrmeinungen sich nicht nahtlos mit den Erfahrungen der Sportler decken, also möglicherweise ein Teil des Höheneffektes psychologischen Momenten zugeschrieben werden muß, so kommt es wohl kaum von ungefähr, daß man in den bekanntesten hochgelegenen Trainingsorten Jahr für Jahr die weltbesten Athleten trifft. Am berühmtesten sind St. Moritz und Davos in der Schweiz, Font Romeu in Frankreich, Boulder/Colorado und Flagstaff/Arizona in den USA sowie Eldoret in Kenia, früher auch Mexiko-City.

Der menschliche Organismus wird in Höhenlagen ab etwa 1000 Meter über dem Meeresspiegel zu Anpassungsvorgängen gezwungen, die vorwiegend vom dort herrschenden Sauerstoffmangel ausgelöst werden. Diese betreffen in erster Linie die Atmung, das Herz-Kreislauf-System und das Blut. Bei längerdauerndem Höhenaufenthalt in dem für ein Training günstigen Bereich zwischen 1500 Meter und 2200 Meter über Meereshöhe kann nach etwa 3 Wochen mit einer nachweisbaren Höhenakklimatisation gerechnet werden.

Der Anpassungsprozeß geht auf zwei Ebenen vor sich. Durch eine Aktivierung von Atmung, Herz-Kreislauf und Blut wird der Organismus trotz des verminderten atmosphärischen Sauerstoffdruckes mit genügend Sauerstoff versorgt. Die größte Bedeutung kommt dabei wohl der Vermehrung der roten Blutkörperchen zu. Zusätzlich ändern die Zellen ihre Funktionsweise und produzieren mehr Energie auf anaerobem Wege, d. h. ohne Verwendung von Luftsauerstoff.

Anpassungseffekte des Organismus an höhenbedingten Sauerstoffmangel (nach BARBASHOVA)

Organebene
☐ Erhöhte Zahl roter Blutkörperchen.
☐ Verstärkte Atmung.
☐ Vermehrter Blutstrom.
☐ Veränderungen im Säure-Basen-Gleichgewicht des Blutes.
☐ Veränderte Aktivität der Blutenzyme.

Zellebene
☐ Zunahme des Myoglobin.
☐ Änderung der Aktivität der Zellenzyme.
☐ Verbesserte Sauerstoffausnutzung.
☐ Verminderter Sauerstoffverbrauch.
☐ Zunahme anaerober Energiebereitstellung.
☐ Zunahme der Widerstandskraft der Zellen gegen Sauerstoffmangel.

Für den Läufer bedeutet das, daß allein schon der Aufenthalt in der Höhe einen leichten Trainingseffekt darstellt und daß die dort durchgeführten Trainingseinheiten eine intensivere Wirkung als im Flachland entfalten. Das muß man berücksichtigen, um der recht großen Gefahr einer Überbeanspruchung aus dem Wege zu gehen. Es ist also nicht ratsam, das gewohnte Trainingsprogramm in Intensität und Umfang unverändert in der Höhe weiterzuführen. Während der ersten 3 Tage nach Ankunft sollte man bewußt ruhig und auch nicht zu umfangreich trainieren. Häufig tritt eine gewisse Euphorie auf, die durch die anfangs besonders deutlich spürbare hormonelle Gegenregulation (erhöhtes Kreislauf- und Stoffwechselniveau) ausgelöst wird und das wahre Maß der Gesamtbelastung verschleiern kann. Lassen Sie sich dadurch nicht zur Unvorsichtigkeit verleiten. Wenn Sie danach beginnen, den Trainingsumfang allmählich zu erhöhen, helfen Ihnen vielleicht folgende Anhaltspunkte, die sich aus mehrjährigen Erfahrungen verschiedener Athleten herauskristallisiert haben.

☐ Das durchschnittliche Dauerlauftempo sollte gegenüber dem Flachland reduziert werden. Hin und wieder können Sie einen flotten Dauerlauf einstreuen, jedoch nicht vor Ablauf einer Woche.

☐ Beim Intervalltraining sollten die Pausen verlängert und eventuell auch die Anzahl der Wiederholungen leicht vermindert werden. Kürzere Läufe bis etwa 500 Meter können dann etwa in der gleichen Intensität wie im Flachland absolviert werden, wogеgen bei längeren Läufen das Tempo reduziert werden sollte.

Ich möchte noch einmal betonen, daß dies die Ergebnisse individueller Erfahrungen sind, mit denen sich die Ihren nicht unbedingt in jedem Fall decken müssen.

Das Höhentraining steckt nach wie vor im Versuchsstadium. So wird von einigen Trainingsgruppen z. B. das »Sleeping high–Training low« erprobt. Leben und Schlafen in der Höhe, Training in tieferen Regionen (um die Belastungsintensitäten auf hohem Niveau halten zu können). Wissenschaftlich belegt ist die erhöhte Organbelastung in den ersten 3 Tagen und am siebten bzw. achten Tag. Sie müssen zudem bei einem Höhenaufenthalt damit rechnen, daß sich eventuell leichte Schlafstörungen einstellen. Der Appetit und der Flüssigkeitsbedarf sind erhöht, die Infektionsgefahr ist in der Höhe größer. Zum richtigen Verhalten gehört also auch, ausreichend zu trinken und zu essen. Darüber hinaus sind zusätzliche Vitamin- (besonders Vitamin C) und Eisengaben empfehlenswert.

Eine weitere wichtige Frage für den Sportler stellt die Terminierung des ersten Wettkampfes nach dem Höhentraining dar. Hier sind die Ansichten noch unterschiedlicher.

Meine persönlichen Erfahrungen gehen dahin, nicht direkt am ersten oder zweiten Tag nach Rückkehr aus der Höhe einen Wettkampf zu bestreiten, sondern im Gegenteil während der ersten 3 Tage im Flachland ebenfalls nur leicht zu trainieren. Danach kann ein leichter Testwettkampf eingeschoben werden. Man muß aber damit rechnen, etwa nach Ablauf einer Woche bis 10 Tagen eine Leistungseinbuße zu verspüren. Deshalb würde ich ein besonders wichtiges Rennen erst knapp 2 Wochen nach der Rückkehr vom Höhentraining einplanen. Natürlich halten die leistungssteigernden Effekte eines Aufenthaltes in der Höhe nicht ewig vor. Man kann aber davon ausgehen, daß noch ca. 4 bis 6 Wochen danach positive Effekte zu verspüren sind, und seien sie auch nur – und das ist durchaus nicht abwertend gemeint – psychologischer Natur.

Trainingstagebuch

Praktisch alle Athleten der Weltklasse und nationalen Spitze führen ein Trainingstagebuch. Die Gründe, die sie dazu bewegen, gelten auch für Breitensportler, die – und sei es auch nur gelegentlich – an Wettkämpfen teilnehmen wollen.

Anhand regelmäßiger Aufzeichnungen läßt sich der Weg zur persönlichen Bestleistung, zum erfolgreich bestrittenen Wettkampf wie auch zum Mißerfolg nachvollziehen. Die daraus gezogenen Schlüsse und Lehren können dazu dienen, in Zukunft Fehler zu vermeiden oder aber erfolgreiche Trainingsmaßnahmen regelmäßiger und gezielter einzusetzen. Viele Athleten greifen in der Vorbereitung auf wichtige Rennen gern auf bewährte Programme zurück, die ihnen schon einmal zu guten Wettkampfleistungen verholfen haben.

Das von mir verwendete, nachstehend abgedruckte Schema erlaubt es, anhand verschiedener Kategorien die Informationen zu den absolvierten Trai

Training

ningseinheiten in übersichtlicher Form zusammenzufassen, so daß eine schnelle Orientierung gewährleistet ist. Jeweils eine Doppelseite steht für die Trainingsaufzeichnungen eines Monats zur Verfügung.

Die erste Spalte ist als fortlaufender Kalender gestaltet, in den Sie die entsprechenden Wochentage selbst eintragen können. Daneben finden sich sechs schmale Spalten, die dafür gedacht sind, den subjektiven Anstrengungsgrad, also den »Einsatz« zu vermerken, den Sie bei den einzelnen Trainingseinheiten aufwenden mußten. Die Skala reicht von »1« (sehr leicht) bis »6« (sehr anstrengend). Gleichzeitig läßt sich in demselben Schema durch Verwendung verschiedener Farben kennzeichnen, welchem Zweck die jeweilige Trainingseinheit vor allem gedient hat. Folgende sechs Kategorien werden dabei unterschieden:

Blau: Ausdauertraining (Dauerlauf, aerobe Belastung).
Violett: Stehvermögen (Intervalltraining, Hügelläufe, Fahrtspiel, anaerobe Belastung).
Rot: Schnelligkeit (Sprinttraining, Steigerungsläufe, Koordinationsschulung).
Gelb: Aktive Erholung (regenerativer Dauerlauf, Schwimmen usw.).
Grün: Kraft und allgemeine Kondition (Krafttraining, Circuittraining, Ersatzsportarten, Gymnastik).
Schwarz: Wettkampf.

Beispielsweise würde demnach ein leichter Dauerlauf mit der Farbe blau, Anstrengungsgrad z. B. 3 gekennzeichnet, ein hartes Intervalltraining mit der Farbe violett, Anstrengungsgrad z. B. 5. Zusätzlich kann der durchschnittliche Belastungspuls verwertet werden.

Darüber hinaus findet sich in diesem Trainingstagebuch Platz für weitere Informationen. Die Tages- und Wochen-Kilometer lassen sich in getrennten Rubriken aufführen, Trainingsort und -zeit können vermerkt werden wie auch die äußeren Bedingungen (Temperatur, Regen, Sonne, Wind usw.).
Eine weitere Spalte gibt die Möglichkeit, das persönliche Befinden zu beschreiben, eventuelle Erkrankungen, Verletzungen oder andere individuelle Einflußgrößen auf das Training.
In ähnliche Richtung zielen die Spalten für Ruhepuls und Körpergewicht. Erstere soll, um annähernd gleiche Meßbedingungen zu schaffen, stets morgens früh vor dem Aufstehen, also gleich nach dem Erwachen, gemessen werden. Das Körpergewicht ebenfalls am Morgen bestimmen, noch nüchtern

Monat *Mai*

Tag	Anstrengung						km		Ort/Zeitpunkt	Training – Gelände, Art, Zeiten, Pausen – Training
	1	2	3	4	5	6	T	W		
Di 1			∎				10		Köln, 18⁰⁰	Flaches Parkgelände, ruhiger DL, 10 km, 45 Minuten
Mi 2					∎		13		Köln, 16⁰⁰	Ein-/Auslaufen 8 km; 5 mal 1000 m, im Durchsc...
Do 3	∎						8		Hürth, 18⁰⁰	ruhiger, regenerativer DL, 8 km, 38 Min.
Fr 4				∎			12		Mechernich, 18³⁰	lockerer DL, 12 km, Gymnastik, Steigerung
5										
6										

Trainingstagebuch

und am besten »netto«, also unbeklei-
det. Übrigens liefern Balkenwaagen,
wie man sie zum Beispiel in Kranken-
häusern findet, zuverlässigere Werte als
die gebräuchlichen Spiralwaagen.
Auf den letzten Seiten findet sich im
Trainingstagebuch noch Platz, nähere
Angaben zu den absolvierten Wettkämpfen festzuhalten. Außerdem bietet
eine Jahresübersicht die Möglichkeit,
eine »Fieberkurve« der pro Woche ge-
laufenen Kilometer sowie des durch-
schnittlichen Körpergewichts zu erstellen. Darüber hinaus kann die Anzahl
der Trainingseinheiten pro Woche –
aufgeschlüsselt nach den oben beschriebenen Kategorien Ausdauer,
Stehvermögen, Schnelligkeit, aktive Erholung, Kraft/allgemeine Kondition,
dazu Wettkampf – vermerkt werden.
Auch Phasen, in denen Erkrankungen
oder Verletzungen vorlagen, lassen sich
festhalten.
In knapper und doch übersichtlicher
und informativer Weise können so die
wichtigsten Informationen dokumentiert werden, die für den regelmäßig
trainierenden Sportler von Interesse
sind.

Jahresübersicht

Woche	1	2	3	4	5	6	7	8	9	10	11	12	13	14
Gelaufene Kilometer 130														
120														
110	X		X											
100	X		X											
90														
80														
70														
Ausdauer	4	5	4	3										
Stehvermögen	2	–	1	–										
Schnelligkeit	–	–	1	1										
Regeneration	1	–	1	–										
Allg. Kondition	–	2	–	–										
Wettkampf	–	–	–	1										
Körpergewicht in Kilogramm 72														
71														
70	X			X										
69		X	X											
68														
Krankheit			X											
Verletzung														
Menstruation														

*Unten: Muster eines Trainingstage-
buches.*

	Belastungs-puls Ø	Wetter	Ge-wicht	Ruhe-puls	Befinden (Krankheiten, Verletzungen usw.)
	142	sonnig, mild	70	46	gut, locker
2:50 Min. (2 Min. Pause)	183	sonnig, mild	69	45	gut
	130	mild, windig	69	46	müde von Tr. am Vortag
	144	bedeckt	70	46	gut

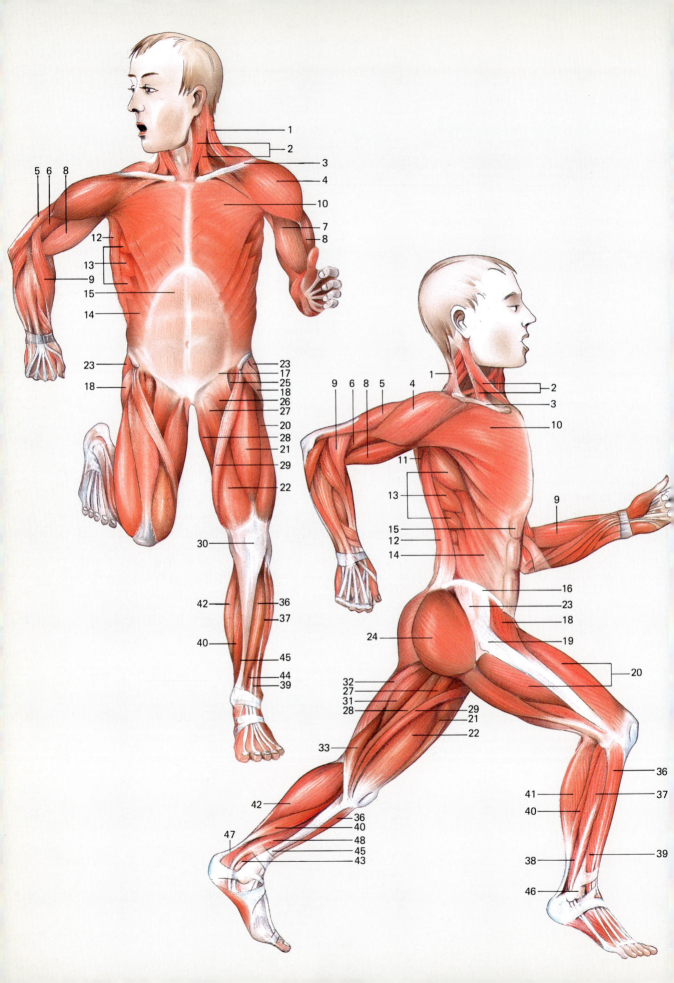

Körperschule

» Laufen lernt man nur durch Laufen!« heißt ein Satz, der in seiner Banalität sicherlich einige wichtige Grundregeln der Trainingslehre vereinfachend zusammenfaßt. Richtig ist aber auch: »Schnelles Laufen lernt man nicht allein durch Laufen!«
Alle Spitzenathleten von heute trainieren nach komplexen Programmen, die neben den natürlich zentralen Laufelementen verschiedene flankierende Trainingsmaßnahmen beinhalten. Diese dienen, individuell abgestimmt, der Beseitigung der persönlichen Schwächen sowie der Förderung der eigenen Stärken. Zusätzlich kommt ihnen aber noch hohe Bedeutung im präventiven Bereich zu, also zur Verhütung von Verletzungen, die durch einseitiges, hoch dosiertes Lauftraining entstehen könnten. Derartige Erfahrungen der Spitzenathleten können sich auch Gesundheits- und Breitensportler zunutze machen. Die in diesem Kapitel beschriebenen Maßnahmen zielen sämtlich auf die Muskulatur des Sportlers ab, ganz gleich, ob sie nun gedehnt oder gekräftigt werden soll, ob ihr Zusammenspiel besser koordiniert ablaufen oder ob sie sich entspannen soll. Zur leichteren, wenn auch fraglos oberflächlichen Orientierung sollen die beiden auf Seite 76 stehenden Grafiken dienen, die die Muskulatur des Läufers in Aktion zeigen. Und zwar ohne schützende aber auch verschleiernde Hüllen von Haut und Unterhautfettgewebe.

Dehngymnastik, Stretching

Dehn- und Lockerungsübungen der Muskulatur müssen heute unverzichtbarer Bestandteil des Trainingsprogrammes eines jeden Läufers sein. Für Spitzenathleten ist regelmäßiges Stretching selbstverständlich, genauso sollte aber auch der Freizeit- oder Gesundheitssportler eine Auswahl von Übungen mehrmals wöchentlich durchführen. Durch Lauftraining wird unsere Skelettmuskulatur belastet, denn nur ein entsprechender Trainingsreiz kann auch den gewünschten Effekt nach sich ziehen. Einseitige Belastungen können zu einer funktionellen Verkürzung der Muskulatur führen, was wiederum über Ausweichbewegungen und Fehlbelastungen eine Überbeanspruchung anderer Strukturen (Bänder, Sehnen, benachbarte Muskelgruppen) zur Folge haben kann.
Stretching dient dem Zweck, die normale Grundspannung der Muskulatur wieder herzustellen und somit Verletzungen vorzubeugen. Dabei ist zu be-

1 M. trapezius	10 M. pectoralis major	20 M. vastus lateralis	32 M. semitendinosus	41 M. gastrocnemius, Caput laterale
2 M. sternocleido-mastoideus	11 M. teres major	21 M. rectus femoris	33 M. semimembra-nosus	42 M. gastrocnemius, Caput mediale
3 Clavicula = Schlüsselbein	12 M. latissimus dorsi	22 M. vastus medialis	34 M. biceps femoris, Caput longum	43 M. tibialis posterior
4 M. deltoideus	13 M. serratus anterior	23 M. glutaeus medius	35 M. biceps femoris, Caput breve	44 M. extensor hallucis longus
5 M. triceps brachii	14 M. obliquus exter-nus abdominis	24 M. glutaeus maximus	36 M. tibialis anterior	45 Tibia = Schienbein
6 M. brachialis	15 M. rectus abdominis	25 M. iliopsoas	37 M. peronaeus longus	46 Fibula = Waden-bein/Außenknöchel
7 M. biceps brachii, Caput breve (kurzer Kopf)	16 Crista iliaca = Beckenkamm	26 M. pectineus	38 M. peronaeus brevis	47 Tendo calcaneus = Achillessehne
8 M. biceps brachii, Caput longum (langer Kopf)	17 Ligamentum ingui-nale = Leistenband	27 M. adductor longus	39 M. extensor digitorum longus	48 M. flexor digitorum longus
9 M. brachioradialis	18 M. tensor fasciae latae	28 M. gracilis	40 M. soleus	
	19 Tractus iliotibialis	29 M. sartorius		
		30 Patella = Kniescheibe		
		31 M. adductor magnus		

Körperschule

achten, daß die Dehnfähigkeit jedes Menschen von Natur aus unterschiedlich ist. Folglich ist es auch unsinnig, sich z. B. an der Dehnbarkeit von Turnerinnen zu messen. Vielmehr sollten Sie versuchen, durch regelmäßiges, richtig durchgeführtes Stretching die eigene Dehnfähigkeit in einem vernünftigen Rahmen langsam zu verbessern oder gegebenenfalls auch nur zu erhalten. Kalte Muskeln sind schlecht dehnbar und besonders verletzungsanfällig. Aus diesem Grund sollten Sie sich durch ruhiges Traben bzw. Dauerlauf mindestens etwa 10 Minuten lang aufwärmen, bevor Sie mit dem eigentlichen Programm beginnen.

Beim Dehnen wird zwischen dynamischem Dehnen (Dehngymnastik) und statischem Dehnen (Stretching) unterschieden. Falsch sind die früher häufig betriebenen heftig wippenden und reißenden Bewegungen, die einerseits die Gefahr von Zerrungen und Rissen mit sich bringen und andererseits sogar eine Verminderung der Dehnfähigkeit bewirken. Kurzzeitige, sehr kräftige Dehnbewegungen aktivieren die Eigenreflexbögen der Muskulatur. Die Dehnung der Muskelspindeln führt zur Kontraktion desselben Muskels, eine maximale Dehnung ist daher auf diese Weise nicht möglich. Zu hohe Spannungen der so belasteten Muskulatur können sogar Verletzungen fördern. In der Praxis hat sich die Kombination von dynamischen und statischen Dehnübungen bewährt.

Dynamisches Dehnen

Die hier gezeigten 4 Übungen stellen lediglich eine Auswahl dar, die durchaus durch einige weitere Übungen Ihrer Wahl ergänzt werden können. Sie sorgen für eine Auflockerung und leichte Vordehnung der Muskulatur. Unmittelbar im Anschluß an das Aufwärmen oder den Dauerlauf bieten sie die Möglichkeit der aktiven Erholung, zur Beruhigung von Atmung und Kreislauf vor dem eigentlichen Stretching. Zugleich dienen sie bei sauberer Ausführung der Schulung koordinativer Fähigkeiten sowie der Aktivierung der Muskulatur bei Schnellkraftübungen (z. B. Absprung). Sie sollen mit betonter Lockerheit durchgeführt werden, weich, nicht abrupt.

① *Armschwingen parallel*

② *Rumpfdrehen*

Dehngymnastik, Stretching

Übungsbeispiele

① Armschwingen parallel
Leichter Grätschstand, die Füße leicht außenrotiert. Aus der aufrechten Haltung des Oberkörpers mit erhobenen Armen (die Wirbelsäule sollte dabei nicht zu stark nach hinten überstreckt werden) werden die Arme sanft nach vorn fallengelassen. Kräftig ausatmen, die Arme weit nach hinten schwingen, dabei in den Kniegelenken weich federn. Zur Entlastung der Wirbelsäule wird der Rücken unter leichter Spannung der Rückenstreckmuskulatur gerade gehalten. Der Rundrücken (Übungsform »Holzhacken«) würde eine hohe Belastung der unteren Lendenwirbelsäule verursachen, gegebenenfalls bis hin zu Bandscheibenschädigungen. Beim Aufrichten wieder einatmen.
Es kommt zu einer Auflockerung der Schultergürtelmuskulatur, gleichzeitig wird die Atmung wirksam unterstützt.

② Rumpfdrehen
Leichte Grätschstellung, Füße leicht außenrotiert. Die Arme werden horizontal gehalten und zuerst nach rechts, dann nach links geschwungen, wobei sich Oberkörper, Schultergürtel und Kopf mitdrehen.
Die Schultergürtel- und Rumpfmuskulatur wird gedehnt, zusätzlich die Wirbelsäule mobilisiert.

③ Rumpfseitbeugen
Leichte Grätschstellung, Füße parallel. Die Arme werden hinter dem Kopf verschränkt und der Oberkörper zur Seite geneigt. Der Rumpf sollte dabei nicht verdreht werden. Es kommt zur Dehnung der seitlichen Rumpfmuskulatur und der Muskulatur des Schultergürtels, außerdem zur Mobilisierung der Lenden- und Brustwirbelsäule.

④ Armschwingen gegengleich
Ausgangsstellung wie unter ①, Oberkörper und Kopf werden aufrecht gehalten. Beide Arme schwingen gegengleich parallel neben dem Körper weit nach vorn und hinten, die Rumpfspannung bleibt gewahrt, in den Kniegelenken weich rhythmisch federn.

③ *Rumpfseitbeugen*

④ *Armschwingen gegengleich*

Körperschule

Antagonisten-Anspannungs-/ Entspannungsdehnen

Am Beispiel der Oberschenkelbeugemuskulatur (ischiocrurale Muskulatur) soll das aktive Dehnen mittels Anspannen und Entspannen der Antagonisten (Gegenspieler) demonstriert werden (s. Seite 85). In Rückenlage wird ein Oberschenkel in eine senkrechte Stellung gebracht, die Hüfte ist rechtwinklig gebeugt. Das gegenseitige Bein wird gestreckt auf die Unterlage gedrückt, die Fußspitzen werden angezogen.
Aus dieser Position heraus erfolgt die aktive Streckung des gebeugten Kniegelenkes, bis die Dehnung auf der Oberschenkelrückseite hemmend spürbar wird (gerade noch kein Schmerz!). Nach wenigen Sekunden nachlassen, das Knie beugen und erneut aktiv strecken. Ausführung ca. zehnmal, wobei eine zunehmende Dehnung der Oberschenkelbeugemuskulatur zu verzeichnen sein sollte.

Statisches Dehnen (Stretching)

Den eigentlichen Kern des Dehnungsprogrammes stellen die statischen Übungen dar. Die nachstehende Auswahl erfaßt alle für den Läufer wichtigen Muskelgruppen des Körpers. Es soll betont langsam und kontinuierlich gedehnt werden, ohne zu wippen oder nachzufedern, pro Übung und ggf. Körperseite etwa 20 Sekunden. Auf keinen Fall sollten Sie die Übungen mit Gewalt durchführen. Ein anfängliches Spannungsgefühl sollte mit zunehmender Dauer der Übungen eher nachlassen, Schmerz in keinem Stadium auftreten. Die Atmung soll auch hier ruhig, gleichmäßig und entspannt sein, nie gepreßt. Ähnlich wie beim Yoga ergänzen sich bei richtiger Durchführung des Stretching körperliche und seelische Entspannung in harmonischer Weise. Auch das ist, sicherlich nicht zuletzt, ein Grund dafür, daß Stretching zu einem wichtigen Teil des trainings- und wett-

Dehngymnastik, Stretching

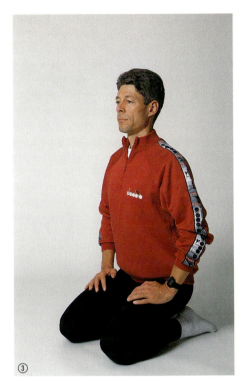
③

④

kampfspezifischen Aufwärmprogrammes so vieler internationaler Spitzenathleten geworden ist.

Übungsbeispiele

① **Unterschenkel Zwillingswadenmuskel (M. gastrocnemius)**
In Schrittstellung werden die Hände an einer Wand, Zaun o. ä. etwa in Schulterhöhe abgestützt. Die Füße stehen parallel. Das vordere Kniegelenk wird gebeugt, das hintere aktiv gestreckt, so daß von den Schultern bis zur Ferse eine gerade Linie entsteht. Der Körper wird so weit abgesenkt, daß die hintere Ferse sich gerade noch nicht vom Boden abhebt.

② **Unterschenkel Schollenmuskel (M. soleus)**
In der Ausgangsstellung wie bei der vorhergehenden Übung wird der hintere Fuß ca. eine Fußlänge nach vorn geschoben, das Gesäß leicht zurückverlagert, dann das hintere Knie so weit wie möglich gebeugt.

③ **Unterschenkel vorderer Schienbeinmuskel (M. tibialis anterior)**
Im Kniestand wird das Gesäß langsam auf die Fersen abgesenkt. Es kommt zur Dehnung des vorderen Schienbeinmuskels auf der Unterschenkelstreckseite (M. tibialis anterior). Gegebenenfalls können kleine Kissen unter dem Gesäß bzw. dem Sprunggelenk als Polster verwendet werden.

④ **Oberschenkel Kniestreckmuskulatur (M. quadriceps)**
Im Einbeinstand wird das Knie des Spielbeines aktiv so weit wie möglich gebeugt, dann erst wird die Ferse mit Hand zum Gesäß nachgezogen. Das Hüftgelenk wird vollkommen gestreckt, Becken und Wirbelsäule durch Anspannen der Bauchmuskulatur stabilisiert. Das Standbein wird im Kniegelenk leicht gebeugt. Die Dehnung betrifft den vierköpfigen Kniestreckmuskel (M. quadriceps), insbesondere den M. rectus femoris. Sie dient als wichtige Vorbeugung gegen Kniescheibenbeschwerden (sog. Chondropathia patellae/Patellaspitzensyndrom).

Körperschule

⑤ Sauberer ausführbar ist die gleiche Übung in Bauchlage. Dabei kann eine ideale Hüftstreckung erreicht werden, indem das Becken während der gesamten Übungsausführung kräftig auf die Unterlage gedrückt wird. Auch hier sollte die Dehnung durch aktive Beugung des Kniegelenkes eingeleitet werden.

⑥ **Oberschenkel Kniebeugemuskulatur (ischiocrurale Muskulatur)**
Die wichtige Dehnung der Kniebeugemuskulatur gelingt im Stand, indem das Standbein leicht gebeugt, das Spielbein im Halbschritt nach vorn gestreckt aufgesetzt wird. Durch Anspannen der Rückenstreckmuskulatur wird die untere Lendenwirbelsäule mit dem Becken verriegelt, so daß durch Vorneigen des Oberkörpers (Lendenlordose/Hohlkreuz bleibt erhalten!) das Becken nach vorn gekippt wird. Die Oberschenkelrückseite wird gedehnt, die Wirbelsäule und die Bandscheiben werden durch das Muskelkorsett geschützt (siehe auch Übungsausführung im Liegen S.160 ③).

⑦ **Oberschenkelinnenseite (Adduktoren/M. gracilis)**
Grätschstellung, ein Knie gebeugt, das andere gestreckt. Der Rumpf wird langsam, ohne auszuweichen, über den in der Hüfte abstützenden Arm zur Seite des gestreckten Beines geneigt. Der gegenseitige Arm wird über dem Kopf gehalten und verstärkt die Flankendehnung. Dehnung vor allem der Adduktoren (M. gracilis) auf der Innenseite

Dehngymnastik, Stretching

des Oberschenkels (wichtig zur Beckenstabilisierung, beim Laufen auf unebenem Boden und als Hilfsmuskulatur beim schnellen Lauf).

⑧ **Leistenregion/Hüftbeugemuskulatur (M. iliopsoas)**
Im Ausfallschritt wird der nur leicht aufgerichtete Oberkörper mit der Hand abgestützt. Durch langsames Verschieben des Beckens nach vorn wird die Dehnung des Darmbeinlendenmuskels (M. iliopsoas) erreicht. Vorsicht: Zur Entlastung des gebeugten vorderen Kniegelenkes (Menisken!) sollte der Ausfallschritt weit nach vorn gezogen werden (rechter Winkel).

⑨ **Gesäßmuskulatur (M. glutaeus medius/minimus)**
In Rückenlage wird das in Hüfte und Knie gebeugte Bein durch den gegenseitigen Arm in Richtung Körpermitte gezogen. Der gleichseitige Arm wird abgespreizt. Der Rücken bleibt möglichst flach auf der Unterlage, wird also nicht stark verdreht.

⑩ **Schultergürtel/großer Brustmuskel (M. pectoralis major)**
Auch Läufer leiden unter Problemen der Hals- und Brustwirbelsäule. Gegen den Rundrücken, in den uns der oft verkürzte große Brustmuskel zieht, wirkt die entsprechende Dehnübung. Der Oberarm wird über die Horizontale gehoben und gegen Baum, Pfahl, Türrahmen o. ä. gehalten. Durch Weiterdrehen des Rumpfes und Kopfes kommt es zur Dehnung. Gleichzeitig sollte die Schulterblattmuskulatur angespannt werden.

83

Körperschule

Beispiel für postisometrisches Dehnen

Adduktorendehnung

Im Sitz werden die Fußsohlen gegeneinander gelegt und die Füße recht weit zum Körper herangezogen. Die Hände greifen die Sprunggelenke, die Ellbogen stützen sich an den Kniegelenken ab. Jetzt wird gegen den Widerstand der Ellbogen etwa 5 Sekunden lang versucht, die Kniegelenke einander anzunähern. Während der anschließenden Entspannung drücken die Oberarme die Kniegelenke langsam und kontinuierlich zentimeterweise auseinander (ohne zu federn!). Dadurch erreicht man eine neue Ausgangsstellung mit weiter gespreizten Beinen, aus welcher der Vorgang wiederholt wird.

Diese Dehnweise ist sehr effektiv, aber auch nicht ungefährlich, weshalb sie sehr vorsichtig angewendet werden sollte. Bei auftretendem Schmerz sollte die Übung auf jeden Fall beendet werden. Nicht alle Muskelgruppen lassen sich ohne Hilfsperson nach dieser Methode dehnen. Der Partner muß jedoch sehr vorsichtig vorgehen und keinesfalls versuchen, den Muskelwiderstand mit Gewalt zu überwinden.

Postisometrisches Dehnen der Oberschenkelinnenseite (Adduktoren).

Dehngymnastik, Stretching

Intermittierendes Dehnen.

Intermittierendes Dehnen

Während nach Einführung des Stretching (*statisches* Dehnen) jegliche Bewegungen beim Dehnen verpönt waren, haben in jüngster Zeit verschiedene Studien gezeigt, daß auch *dynamisches* Dehnen, also das wiederholte Anspannen und Entspannen einzelner Muskeln oder Muskelgruppen, deren Dehnfähigkeit sehr wohl verbessern kann. Das sog. »Intermittierende Dehnen« ist mit dem Agonisten-Antagonisten-Dehnen (siehe S. 80) vergleichbar, greift also in die neuromuskulären Regelkreise der Muskulatur ein. Bei der Ausführung sollte auf weiche, sanfte Bewegungen geachtet werden.

Körperschule

Krafttraining

Das für Ausdauerleistungen notwendige Kraftniveau ist vergleichsweise gering. Ausdauerleistungen sind primär Kreislauf- und Stoffwechselleistungen. Dennoch ist ein gutes Kraftniveau auch für den Ausdauersportler unverzichtbar, sowohl zur Leistungsoptimierung (mehr Kraft bedeutet höhere Laufökonomie, größere Leistungsreserven) als auch im besonderen zur Verletzungsvorbeugung (Vermeiden von Ausweichbewegungen, Fehlbelastungen).
Trainingseffekte sind stets spezifisch. Auf die Muskulatur bezogen bedeutet das: Kraft verbessert man nicht durch Ausdauertraining, sondern durch Reize, die eine viel höhere Muskelspannung erfordern.
Krafttraining beinhaltet die nötigen Belastungsreize und regt den Muskel dadurch zu Anpassungserscheinungen (Kraftzuwachs, evtl. Dickenwachstum) an.

Physiologische Grundlagen

Der Anteil der Muskulatur am Gesamtgewicht des menschlichen Körpers beträgt bei Frauen ca. 25 bis 30 %, bei Männern ca. 40 bis 50 %.
Der einzelne Skelettmuskel besteht aus einer Vielzahl von Muskelfasern, die ihrerseits wiederum von Hunderten von Muskelfibrillen gebildet werden. Innerhalb dieser Fibrillen stellen die Eiweißstrukturen Actin und Myosin die sogenannten kontraktilen Elemente dar, sind also für die Fähigkeit des Muskels verantwortlich, seine Länge zu verkürzen. Der »Befehl« für diese Verkürzung (Kontraktion) wird von den motorischen Zentren der Hirnrinde, des Hirnstammes oder des Kleinhirns gegeben und über die sogenannte Pyramidenbahn des Rückenmarks sowie die motorischen Nerven an den Muskel übermittelt. Die einzelne Nervenfaser und die Muskelfasern, die sie versorgt, werden unter dem Begriff »motorische Einheit« zusammengefaßt. Man unterscheidet drei Arten von Muskelfasern, die schnellen (weißen), die langsamen (roten) und einen Intermediär (Zwischen-)typ. Die schnellen Fasern können sich schneller verkürzen als die langsamen Fasern, ermüden dafür aber auch früher. Sie sind für schnellkräftige Bewegungen verantwortlich und beziehen ihre Energie vorwiegend aus anaeroben Stoffwechselwegen, während die langsamen Fasern für Ausdauerleistungen zuständig sind und besonders gut mit aerob gebildeter Energie versorgt werden. Die Fasern des Intermediärtyps liegen mit ihren Eigenschaften dazwischen. In einem Muskel finden sich stets alle drei Fasertypen, ihr Verhältnis zueinander ist allerdings verschieden. Es scheint zunächst vom Erbmaterial bestimmt zu werden. D. h., durch Vererbung werden die muskelphysiologischen Voraussetzungen für das geschaffen, was wir als Talent bezeichnen. Durch die Form der Beanspruchung läßt sich das Verteilungsmuster allerdings bis zu einem gewissen Grade verändern. Wahrscheinlich sind es die Fasern des Intermediärtyps, die z. B. durch entsprechendes Training in die eine oder andere Richtung hin transformiert werden können. Da mit zunehmendem Lebens-

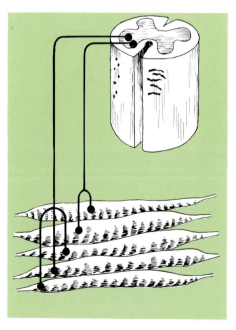

Darstellung von zwei motorischen Einheiten.

Krafttraining

alter ohnehin der relative Anteil der langsamen Fasern zunimmt, scheint es prinzipiell einfacher zu sein, bei guter Sprintveranlagung eine passable Ausdauerleistungsfähigkeit zu erreichen als umgekehrt.

Formen der Kraft

Die Kraft steht mit Schnelligkeits- und Ausdauerfähigkeit in enger Wechselwirkung. Dadurch entstehen Mischformen.
Während der Sprinter auf Maximalkraft und Schnellkraft angewiesen ist, benötigt der Langstreckenläufer ein insgesamt geringeres Kraftniveau, das jedoch für einen längeren Zeitraum. Man spricht von Kraftausdauer. Dementsprechend muß das Krafttraining des Ausdauersportlers auf dessen spezifische Anforderungen abgestimmt sein. Eine extreme Steigerung der Maximalkraft wie bei Bodybuildern oder Gewichthebern brächte für den Langstreckler keine Vorteile, sondern ganz im Gegenteil erhebliche Nachteile (höheres Körpergewicht, schnellere Ermüdbarkeit der Muskulatur) mit sich.
Ein Kraftzuwachs kann prinzipiell durch eine Muskelhypertrophie (Dickenzunahme) erzielt werden. Hohe, insbesondere aber auch lange und wiederholte Muskelanspannungen führen am ehesten zur Hypertrophie. Hingegen wird auch ohne Umfangszunahme der Muskulatur durch eine optimierte inter- und intramuskuläre Koordination mehr Kraft freigesetzt. Unter *inter*muskulär versteht man das Zusammenwirken verschiedener Muskeln, mit anderen Worten eine Verbesserung der Technik des Bewegungsablaufes. *Intra*muskulär betrifft die (prozentuale) Zahl von motorischen Einheiten (Nerv und Muskelfasern), die innerhalb eines Muskels gleichzeitig erregt werden können. Ohne Training liegt die Rate nur bei etwa 20 %, Spitzenathleten in Kraftsportarten können kurzzeitig fast alle Fasern synchronisieren, also nahezu 100 %. Bestimmte Formen des Krafttrainings schulen diese Qualitäten, ohne zu nennenswerter Umfangszunahme der Muskulatur zu führen. So z. B. ein Schnellkrafttraining mit kurzzeitigen Muskelanspannungen, schnellstmöglicher Ausführungsgeschwindigkeit und langen Pausen.

Messung der Kraft

Zur Messung und graphischen Darstellung von Muskelkraft hat sich die Verwendung isokinetischer Kraftmeßsysteme bewährt. Mit Adaptoren werden die Bewegungen der großen Gelenke in verschiedenen Ebenen vorgegeben. Der Proband bewegt entweder das betreffende Gelenk aktiv (sog. konzentrische Kontraktionsform), dabei ist der durch

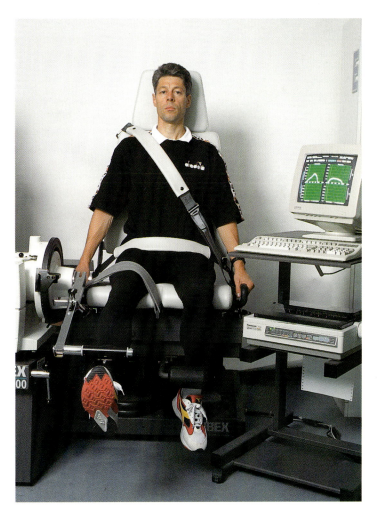

Isokinetische Kraftmessung.

Körperschule

das Gerät erbrachte Widerstand variabel, nie jedoch größer als die aufgewendete Kraft. Diese wird gemessen und aufgezeichnet. Die Bewegungsgeschwindigkeiten können frei gewählt werden.

Alternativ wird der Hebelarm durch das Gerät bewegt. Der Proband versucht, diesen Bewegungen einen Widerstand entgegenzusetzen, also quasi eine Bremsbewegung auszuführen (exzentrische Kontraktionsform).

Dosierung und Methoden des Krafttrainings

Die Dosierung des Krafttrainings läßt sich am besten über die jeweiligen Zielvorgaben steuern. Je höher die bewegten Gewichte, desto höher auch der Anteil der Maximalkraft. Je höher die (dank niedrigerer Gewichte) Anzahl der möglichen Wiederholungen, desto höher der Effekt in bezug auf die Kraftausdauer.

Als besonders geeignete Organisationsform bietet sich das *Kreistraining* an, bei dem an verschiedenen Stationen unterschiedliche Muskelgruppen angesprochen werden und je nach Trainingsmethode unterschiedliche Kraftqualitäten betont werden.

Wie beim Lauftraining so wird auch beim Krafttraining unter anderem eine extensive und eine intensive Intervallmethode unterschieden. Die *extensive Form* ist gekennzeichnet durch eine hohe Anzahl von Wiederholungen einer speziellen Übung (bis zu 30), kurze

Pausen und relativ geringe Lasten. Der eigene Körper und leichte Gewichte (Sandsack, Reckstange) reichen als Widerstand aus. So lassen sich alle wichtigen Muskelgruppen des Körpers ansprechen. Aufgrund des hohen Umfanges wird ein breites Fundament gelegt, wobei die Kraftausdauer im Vordergrund steht. Die Anpassung, d. h. der Kraftzuwachs, wird langsamer erzielt, ist aber auch stabiler. Sie bildet sich also weniger schnell wieder zurück, wenn das Krafttraining periodenweise unterbrochen wird. Diese Trainingsmethode eignet sich vorzüglich für Kinder und Jugendliche sowie für Breitensportler und phasenweise auch für Leistungssportler im Ausdauerbereich.

Bei der *intensiven Intervallmethode* werden pro Station weniger Wiederholungen (bis zu 12) mit höheren Gewichten bewältigt, wodurch die Organisation des Trainings etwas aufwendiger wird (Kraftraum, Fitneßcenter). Da sich diese Form des Krafttrainings besonders zur Verbesserung der Schnellkraft eignet, kommt es in jeder Phase auf eine explosive Bewegungsausführung an. Daher sollen die Pausen zwischen den Übungen lang genug und die Wiederholungszahlen nicht zu hoch gewählt werden. Die beiden soeben beschriebenen Trainingsmethoden sind als Sonderformen des Kreistrainings unter der Bezeichnung »*Circuittraining*« (Zirkeltraining) bekannt geworden.

Eine sehr anspruchsvolle Trainingsform stellt die *Kontrollmethode* dar. Ein Kreis von beispielsweise 8 Stationen wird aufgebaut, jede Übung wird 30 Sekunden lang durchgeführt, anschließend wer-

Ziel	Wiederholungen	Serien	Serienpausen
Maximalkraft	2–4	1–2	sehr lang
starke Hypertrophie (Bodybuilding)	8–12	2–3	lang
milde Hypertrophie (Bodyshaping)	14–18	2–3	mittel
Kraftausdauer	25–40	2–4	kurz

Krafttraining

den 45 Sekunden Pause für den Wechsel zum nächsten Gerät eingehalten. An jeder Station wird versucht, eine maximale Anzahl von Wiederholungen zu erreichen. Nach einem Durchgang werden die Punktzahlen addiert, wodurch sich eine einfache Kontrollmöglichkeit des Leistungsvermögens ergibt. Belastungszeit und Pausen sollen sich ungefähr wie 1:1,5 oder 1:2 verhalten. Diese Trainingsform ermöglicht bei entsprechender Ausführung eine gleichzeitige Steigerung von Maximalkraft, Schnellkraft und Kraftausdauer. Zur lokalen tritt eine allgemeine Ermüdung auf; die Trainingswirkung betrifft also auch den Kreislauf. Allerdings stellt diese Methode sehr hohe physische und vor allem auch psychische Anforderungen, so daß bei einem mehrjährigen Trainingsaufbau phasenweise nach weniger anspruchsvollen Methoden gearbeitet werden soll.

Krafttraining erfordert längere Erholungszeiten als Ausdauertraining. Tägliches Krafttraining ist daher nicht sinnvoll, schon gar nicht für Läufer. Zwei- bis dreimal pro Woche sollte ein individuelles Kräftigungsprogramm ins Training eingebaut werden, und das am besten blockweise (zwei- bis dreimal für vier bis sechs Wochen im Jahr). Nur bei erheblichen Beschwerden des Bewegungsapparates, die z. B. auf einen Mangel an Muskelkraft zurückzuführen sind, sollte dem Krafttraining ein noch größerer Raum im Jahreszyklus gegeben werden. Dann aber nur bei gleichzeitiger Reduzierung des Lauftrainings.

Periodisierung des Krafttrainings

Beim Krafttraining ist es vorteilhaft, regelmäßig die Art und Intensität der Belastungen zu wechseln, also nicht jahraus, jahrein zweimal wöchentlich die gleichen Übungen zu absolvieren. Man kann für die Trainingsplanung des Krafttrainings die gleiche Periodisierung wie für das Lauftraining (siehe S. 49 ff.) zugrunde legen. Folgender Aufbau

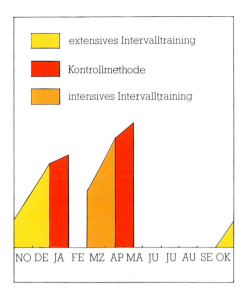

Beispiel für die Periodisierung des Krafttrainings für Läufer im Verlauf eines Trainingsjahres.

wäre sinnvoll (Trainingshäufigkeit ein- bis zweimal wöchentlich): Von Anfang November, also dem Beginn der Vorbereitungsperiode I, bis Ende Dezember wird zunächst ein Grundlagentraining nach der extensiven Intervallmethode durchgeführt. In den darauffolgenden eineinhalb Monaten wird nach der Kontrollmethode (mit anderen Übungen als vorher) trainiert. Nach einer Pause von etwa 4 Wochen wird während der Vorbereitungsperiode II von Mitte März bis Anfang Mai die intensive Intervallmethode angewendet, um daran anschließend noch einmal für etwa 4 Wochen nach der Kontrollmethode zu arbeiten. Innerhalb der einzelnen Phasen soll ebenfalls versucht werden, entsprechend der jeweiligen Methode entweder die Anzahl der Wiederholungen (extensive Intervallmethode), die Gewichte (intensive Intervallmethode) oder die Zahl der Wiederholungen pro Zeiteinheit (Kontrollmethode) kontinuierlich zu steigern.

Dem Einfallsreichtum des Sportlers sind bei der Zusammenstellung seiner persönlichen Programme keine Grenzen gesetzt. Im folgenden werden verschiedene Hilfsmittel nur beispielhaft angedeutet, die jeweils Übungen für sämtliche wichtigen Muskelgruppen ermöglichen. Dazu sind allerdings eine Reihe von Trainingsmitteln notwendig,

Körperschule

die in der Regel am besten von Sportvereinen zur Verfügung gestellt werden können.

Geräte für Übungen mit dem eigenen Körpergewicht
Sprungseil, Kletterstangen, Klettertau, Sprossenwand, Treppen, Reck, Ringe, Barren, Turnbank, Kasten.

Übungen mit leichten Widerständen
Partnerübungen, Medizinball, Sandsack, Kurzhantel, Reckstange, Hantelstange, Langhantel, Jochhantel, verschiedene Kraftmaschinen.

Krafttraining im Jugendalter

Der Wert des Krafttrainings für den jugendlichen Bewegungsapparat ist unbestritten. Die Zeit des Heranwachsens ist prädestiniert zur Verbesserung von Schnelligkeit, Beweglichkeit und zum Erlernen schwieriger Bewegungsabläufe. Als beste Grundlage für diese Fähigkeiten wie auch für ein späteres Ausdauertraining dient eine allgemeine, gut ausgebildete Muskelkraft. Zudem schützt sie gerade den heranwachsenden Bewegungsapparat vor Überlastungen und Fehlbeanspruchungen. Dazu ist kein spezielles, hochdosiertes Maximalkrafttraining nötig, im Gegenteil, es gefährdet nur Sehnenansätze, Gelenkknorpel und Wirbelsäule. Vielmehr sollen sämtliche großen Muskelgruppen des Körpers umfassend geschult werden – z. B. mit Circuittraining nach der extensiven Intervallmethode. Zur Steigerung der Schnellkraft bietet sich auch die Kontrollmethode an, die jedoch nur phasenweise eingesetzt werden sollte. (Zu den einzelnen Methoden siehe S. 88.) Beide Methoden eignen sich zur allgemeinen Stärkung des Bewegungsapparates und zur Erhöhung seiner Widerstandskraft. Kinder und Jugendliche sollen jedoch erst nach einer ärztlichen Voruntersuchung an regelmäßigem Krafttraining teilnehmen.

Insbesondere dürfen Statik, Funktion und (röntgenologisches) Erscheinungsbild der Wirbelsäule keine schwerwiegenden krankhaften Veränderungen aufweisen. Die Wirbelsäule und auch die Wachstumszonen sind – vor allem in den Wachstumsschüben – besonders gefährdet. Bei Entwicklungsverzögerungen bzw. der Scheuermann-Krankheit ist diese Empfindlichkeit noch erhöht. Fehlbildungen, statische Fehlbelastungen (z. B. Beinlängendifferenzen), Aufbaustörungen (z. B. Schlatter'sche Erkrankung) und sonstige krankhafte Veränderungen des Bewegungsapparates müssen rechtzeitig erkannt werden, um ihnen wirksam begegnen zu können.

Krafttraining an Geräten

Das Training an Geräten bietet einen wesentlichen Vorteil gegenüber jeder anderen Form des Krafttrainings – den der exakten Dosierbarkeit und Reproduzierbarkeit. Sämtliche Trainingsprogramme lassen sich bezüglich Umfang (Gesamtzahl der bewegten Gewichte), Serien und Wiederholungen der Einzelgewichte aufzeichnen. Sogar die Reizdichte (Anzahl der Wiederholungen pro Zeiteinheit) an jedem Gerät kann genau dokumentiert werden.
Ein weiterer Vorteil, besonders für den Anfänger, liegt in der Tatsache, daß viele Geräte dabei helfen, fehlerhafte Bewegungsmuster zu vermeiden – solange sie richtig, also auf Körpergröße, Hebelverhältnisse und Bewegungsachsen des Benutzers eingestellt sind. Die freie Hantel hingegen erfordert viel höhere koordinative Fähigkeiten. Dennoch ist auch am bzw. im Gerät darauf zu achten, daß grundlegende Haltungsprinzipien nicht vernachlässigt werden (Kopf aufrecht, Schultern zurücknehmen, Rücken gerade, Rumpfmuskulatur anspannen etc.).

Krafttraining

Eine Trainingseinheit nach der *intensiven Intervallmethode* könnte wie folgt aufgebaut sein: 3 Serien mit je 8 bis 12 Wiederholungen pro Station. Recht lange Serienpausen (z. B. 5 Minuten). Ziel: Hypertrophietraining

Wenn nach der *extensiven Intervallmethode* trainiert werden soll, sind die Gewichte geringer, die Umfänge höher;
Beispiel:
3 Serien mit je 25 bis 40 Wiederholungen pro Station. Recht kurze Serienpausen (z. B. 1 bis 2 Minuten). Ziel: Kraftausdauertraining

① **Beinpresse (Funktionsstemme)**
Vorzugsweise in Rückenlage oder im Halbsitz wird ein Gewicht (Fußplatte) durch Streckung der Beine bewegt. Dabei arbeiten sowohl die Hüftmuskeln (M. glutaeus maximus), die Kniestrecker (M. quadriceps) als auch die Wadenmuskulatur (M. gastrocnemius, M. soleus). Die Gelenke sollten während des gesamten Übungsablaufes in einer Achse gehalten werden (vor allem Kniegelenke stabilisieren!). Die Lendenwirbelsäule wird durch Anspannung der Bauchmuskulatur entlastet. Die Kniebeugung sollte einen rechten Winkel nicht überschreiten.

Diese wie auch andere Übungen sollten einbeinig ausgeführt werden, um eine exakte, separate Überprüfung der Kraftfähigkeiten beider Beine zu gewährleisten (Seitendifferenz?).

② **Kniebeuger**
Im Sitz wird der Hebelarm nach unten gedrückt, das Kniegelenk gegen Widerstand gebeugt. Auf gerade Rückenhaltung ist zu achten. Gekräftigt wird die Oberschenkelrückseite (Kniebeugemuskulatur/ischiocrurale M.).

91

Körperschule

③ Leg Raise
Im Stand liegt der Rumpf auf der Auflagefläche des Gerätes. Das Hüftgelenk des Spielbeines wird gegen Widerstand gestreckt. Die Kräftigung betrifft vor allem die Gesäßmuskulatur (M. glutaeus maximus). Rumpfstabilisierung durch Anspannung der Bauchmuskulatur. Wichtig: Die Oberkörperauflage muß bei leichter Beugung des Standbeines in Höhe der Bewegungsachse des Hüftgelenkes liegen.

④ Hüfttrainer
Im Einbeinstand wird das Spielbein gegen Widerstand abgespreizt. Stabilisierung des Standbeines, des Beckens und des Rumpfes sowie Ausweichbewegungen vermeiden. Kräftigung der Gesäßmuskulatur (M. glutaeus medius, minimus).
⑤ Beim Anspreizen des Spielbeines (gegenläufige Bewegung) wird die Muskulatur auf der Oberschenkelinnenseite (Adduktoren/M. gracilis) gekräftigt.

⑥ Seilzug Trapezius
Das Seilzuggerät stellt die wohl vielseitigste Möglichkeit zum Gerätetraining dar. Durch Verstellen des Anlenkpunktes, Variieren der Gewichte und Veränderung der Körperposition und der Fixierungspunkte lassen sich alle großen Muskelgruppen trainieren. Bewegungen können frei im Raum in allen Ebenen ausgeführt werden.
Zur Haltungs- und Schulterstabilisation eignet sich die Trapeziusübung (sog. Kapuzenmuskel). Die Arme werden außenrotiert, um die Schulterblattmuskeln zu aktivieren und aus der Vorhalte

Krafttraining

nach hinten unten gezogen. Dabei ist auf eine stabile, aufgerichtete Haltung des Rumpfes zu achten (Becken nach vorn kippen, Lendenlordose (»Hohlkreuz«) muskulär fixieren, Schultern zurücknehmen, Kopf anheben).

⑦ **Schulterstabilisator**
Gegen Rundrücken, Halswirbelsäulenprobleme und Kopfschmerzen als Folge von Fehlhaltung und einseitiger (sitzender!) Tätigkeit wirkt die Kräftigung der Schulterblattmuskulatur. Die Oberarme werden in der Horizontalen aus der Vorhalte gegen Widerstand zurückgeführt. Dadurch werden die Schulterblattstabilisatoren (Rautenmuskeln, Schulterblattheber) gekräftigt, die Brustmuskulatur leicht gedehnt.

⑧ **Kniebeugen mit der freien Hantel**
Die Hantel ruht auf den Schultern (Abpolsterung mit Handtuch oder Verwendung einer Jochhantel).
Die Füße stehen schulterbreit und leicht außenrotiert, die Knie werden achsengerecht (d. h. kein Ausweichen nach außen oder nach innen!) geführt, das Gesäß betont nach hinten gestreckt:

muskulär fixierte Lendenlordose (»Hohlkreuz«). Der Kopf wird aufrecht gehalten. Die folgende Kniebeuge muß mit geradem Rücken durchgeführt werden. Jede Krümmung der Wirbelsäule

93

Körperschule

nach vorne birgt erhebliche Verletzungsgefahren. Um übermäßige Belastungen der Kniegelenke, insbesondere der Kniescheiben, zu vermeiden, sollte die Kniebeuge lediglich bis zur rechtwinkligen Stellung der Kniegelenke ausgeführt werden.

Low-dose-Krafttraining

Auch ohne aufwendige Kraftmaschinen läßt sich ein für die Zwecke des Ausdauer- oder Gesundheitssportlers ausreichend dosiertes Krafttraining durchführen.

Als kleines aber feines Trainingsgerät, das dazu noch in jeder Sport- oder Reisetasche Platz hat, hat sich das Thera-Band bewährt. Es handelt sich um reine Latexbänder in verschiedenen, farblich markierten Stärken. Auch bei starker Vordehnung steigt der Widerstand des Bandes nur langsam an – ein großer Vorteil bei Übungen mit großem Bewegungsausmaß.

Die Dosierung kann über die Anzahl der Wiederholungen (z. B. 3 Serien mit jeweils 15–40 Wiederholungen pro Station) oder die Belastungsdauer (z. B. 3 Serien mit jeweils 20–40 Sekunden Belastung und 40–60 Sekunden Pause pro Station) gesteuert werden.

① Grundstellung

Ausgangsstellung für viele gymnastische Übungen sowie ideale, muskulär stabilisierte Standposition. Die Füße stehen etwas mehr als hüftbreit, leicht außenrotiert. Die Kniegelenke sind leicht gebeugt, Hüftgelenke, Kniescheiben und Füße bilden eine Achse. Das Becken ist nach vorn gekippt, das entstehende (natürliche!) Hohlkreuz wird durch die Bauch- und Rückenstreckmuskulatur gesichert und sollte nach oben bis in die Mitte der Brustwirbelsäule reichen. Die Schultern werden zurückgenommen, die Schulterblattmuskulatur angespannt. Die Oberarme werden waagerecht gehalten, die Unterarme senkrecht. Der Kopf wird angehoben, der Blick ist geradeaus gerichtet.

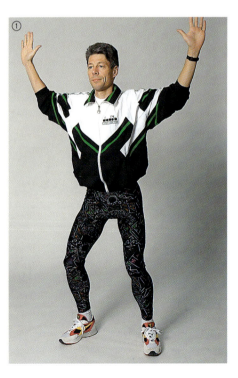 

Krafttraining

② **Haltungsstabilisatoren**
Aus der Grundstellung heraus werden die Oberarme gegen den Widerstand des Thera-Bandes weiter zurückgeführt, bis sich die Innenkanten der Schulterblätter zu berühren scheinen. Durch diese Übung werden der Ellbogenstrecker (M. triceps brachii) sowie die sog. Haltungsstabilisatoren gekräftigt (Muskulatur zwischen den Schulterblättern, vor allem der Schulterblattheber, M. levator scapulae, und die Rautenmuskeln, Mm. rhomboidei). Eine effektive Übung, dem durch ständiges Sitzen hervorgerufenen Rundrücken entgegenzuwirken.

③ **Schulterkräftigung, Haltungsstabilisierung**
Im Sitz bei leicht abgespreizten und außenrotierten Beinen, nach vorn gekipptem Becken, betonter Lendenlordose (»Hohlkreuz«), zurückgenommenen Schultern und erhobenem Kopf werden die Arme gegen den Widerstand des Bandes abgespreizt (sog. Abduktionsbewegung). Die Haltung wird verbessert, der Deltamuskel in wesentlichen Anteilen sowie der Obergrätenmuskel (M. supraspinatus) des Schulterblattes werden gekräftigt. In geringem Maße auch der Biceps (M. biceps brachii).

④ **Bauchmuskelkräftigung**
In Rückenlage werden die Oberschenkel senkrecht und die Unterschenkel

waagerecht gehalten (rechtwinklige Beugung von Hüft- und Kniegelenken). Durch Anspannung der Bauchmuskulatur wird zunächst die Lendenwirbelsäule auf die Unterlage gedrückt. Dann wird der Rumpf angehoben, aber nur so weit, bis sich die Schulterblätter vom Boden gelöst haben. Der Kopf wird in der Verlängerung des Rumpfes gehalten, Blickrichtung nach oben. Die Arme werden außenrotiert, die Handflächen zeigen also nach oben.

Körperschule

⑤ **Beckenstabilisation 1 (Abduktoren)**
Bei jedem Schritt wird das Becken auf der unbelasteten Seite durch Anspannung der Gesäßmuskulatur des Standbeines (mittlerer/kleiner Gesäßmuskel, M. glutaeus medius, minimus) angehoben. Dadurch erhält das Spielbein genug Raum, frei unter dem Körper hindurchzuschwingen. Zur Kräftigung dieser sog. Hüftabspreizer (Hüftabduktoren) wird zunächst die Grundstellung eingenommen (s. o.). Das Spielbein wird gegen den Widerstand des Thera-Bandes nach außen-hinten bewegt. Das Kniegelenk des Standbeines ist gebeugt, das des Spielbeines hingegen gestreckt, die Fußspitze angezogen. Die Bewegung gleicht der des Abstoßens beim Skilanglauf-Skating, Eisschnellaufen, Roller-Blading. Neben der Kräftigung der Gesäßmuskulatur dient diese Übung auch in hervorragender Weise der Kräftigung des Standbeines (Unterschenkelmuskulatur, Kniestabilisation).

⑥ **Beckenstabilisation 2 (Adduktoren)**
Die Adduktoren (schlanke Muskelgruppe auf der Innenseite der Oberschenkel) dienen dem Heranführen des abgespreizten Beines, helfen aber auch der Beckenstabilisation, indem sie den Körperschwerpunkt auf das jeweilige Standbein ziehen. Bei schlechten Abduktoren und guten Adduktoren »schnürt« der Läufer (Übersetzen des Standbeines über eine gedachte Mittellinie). Ihrer Kräftigung dient die im Setup mit der vorherigen fast identischen Übung. Allerdings wird das abgespreizte Bein gegen den Widerstand des Thera-Bandes an den Körper herangezogen und vor dem Standbein überkreuzt.

⑦ **Kniestabilisation, Hüftstreckung**
Die wohl wichtigste Muskelgruppe zur Kniegelenksstabilisation und gleichzeitigen Entlastung der Kniescheibe ist die sog. ischiocrurale Muskulatur (vom Sitzbein/Os ischii zum Unterschenkel/Crus) auf der Oberschenkelrückseite. Sie kann ohne Gerät sehr effektiv durch die hintere Brücke (Bridging) gekräftigt werden, am besten einbeinig. Dazu wird ein Fuß mit der Ferse kräftig gegen den Boden gedrückt, das gegen-

Krafttraining

seitige Bein angehoben. Die Arme sind auf der Brust verschränkt. Das Gesäß wird durch Anspannen der ischiocruralen Muskulatur angehoben. Vorsicht: Oft ist diese Muskelgruppe relativ schwach und neigt zur Verkrampfung. Als »Rettungsanker« dient in diesem Falle die entsprechende Dehnübung (siehe S. 160 ③).

Quasi nebenbei wird auch noch der große Gesäßmuskel (M. glutaeus maximus) gestärkt, der das Hüftgelenk streckt und damit den Körperschwerpunkt beim Laufen hoch hält (wer beim Laufen »sitzt«, hat in der Regel einen zu schwachen Glutaeus max.!).

Gefahren des Krafttrainings

Krafttraining ist nicht ungefährlich – je schwerer die Gewichte insbesondere beim Hanteltraining sind, desto größere Gefahr droht sowohl der Muskulatur als auch den Knochen, Bändern und Sehnen.

Die Hauptgründe für Verletzungen liegen einerseits in einer falschen Technik, andererseits darin, daß ohne entsprechende Vorbereitung zu hohe Belastungen eingegangen werden. Wenn einige wenige grundsätzliche Verhaltensregeln befolgt werden, können – einen gesunden Bewegungsapparat vorausgesetzt – gravierende Schäden weitgehend ausgeschlossen werden.

1. Die Belastungen beim Krafttraining dürfen nur allmählich gesteigert werden.
2. Insbesondere bei Jugendlichen, aber auch bei Erwachsenen soll eine vielseitige konditionelle Grundausbildung jedem Training mit Gewichten vorausgehen, mit anderen Worten: zunächst allgemeines, dann spezielles Krafttraining.
3. Bei jeder Übung stellt das Erlernen der richtigen Technik die Grundvoraussetzung für Verletzungsfreiheit wie auch für den gewünschten Erfolg des Trainings dar.
4. Ohne gründliches Aufwärmen soll ein Krafttraining nie durchgeführt werden. Zwischen den einzelnen Übungen bzw. Serien soll die Muskulatur gelockert und warmgehalten werden.
5. Bitte wählen Sie Ihre Trainingsbelastungen so aus, daß sie Ihrem Alter, Trainingszustand und technischen Fähigkeiten angemessen sind. Jugendliche sollen beispielsweise mit Hanteltraining frühestens nach dem 14. oder 15. Lebensjahr beginnen, um Schädigungen des noch nicht ausgereiften Bewegungsapparates zu vermeiden (Abrisse am Sehnenansatz, aseptische Knochennekrosen, Gefügelockerungen, Wirbelsäulenschäden). Regelmäßige orthopädische Kontrolluntersuchungen sind auf jeden Fall ratsam.

Körperschule

Koordinationsschulung

Das Laufen, wenn es auch die natürlichste Sache der Welt ist, stellt einen sehr komplexen Bewegungsablauf dar. Es ist also durchaus keine primitive Angelegenheit, wie manchmal ketzerisch behauptet wird. Fast sämtliche Muskeln des Körpers sind in die Bewegung integriert, und es bedarf schon eines sehr guten Bewegungsgefühles, um wirklich alle Kraft zielgerichtet für die Vorwärtsbewegung einzusetzen. Überflüssige Bewegungen kosten nur unnötige Energie, führen zu Verkrampfungen und vorzeitiger Ermüdung.

Natürlich kann nicht jeder so laufen wie Sebastian Coe oder Steve Cram, die großartigen britischen Mittelstreckler, zu unterschiedlich sind allein schon die anthropometrischen Voraussetzungen (Körpermaße). Aber selbst wenn es den idealen Laufstil nicht geben kann, so weisen doch die absoluten Spitzenläufer gewisse grundlegende Gemeinsamkeiten auf, an denen man sich orientieren kann, die Vorbild und Ansporn zur Verbesserung des eigenen Laufstils sein können.

Übungsbeispiele zum Koordinationstraining

Zu diesem Zwecke werden hier exemplarisch einige wenige Koordinationsübungen vorgestellt, die ihren festen Platz im Trainingsprogramm vieler erfolgreicher Läufer haben. Regelmäßig durchgeführt dienen sie der Verbesserung des Bewegungsgefühls speziell für den Lauf sowie der Bewußtmachung einzelner Phasen des Bewegungsablaufes, beispielsweise des Fußabdruckes (Abstoßbewegung), des Kniehubs, der Flugphase und des Fußaufsetzens.
Die Übungen sollen in regelmäßigen, nicht zu großen Abständen (ideal zwei- bis dreimal pro Woche) durchgeführt werden. Ein leichtes Aufwärmen soll vorausgehen, nicht aber ein ermüdendes Training, wodurch die Aufnahmebereitschaft und Reaktivität der wichtigen neuromotorischen Zentren beeinträchtigt würde.

① **Skippings klein (Fußgelenksarbeit)**
Aufrechte Haltung von Kopf und Rumpf, Augen schauen geradeaus, Schultern entspannt, nicht hochgezogen, Arme schwingen parallel; bei hoher Frequenz reicht ein knapper Bewegungsumfang; bei Vor- und Rückschwingen sollte stets ein rechter Winkel im Ellbogengelenk eingehalten werden. Hände locker in angedeuteter Fausthaltung, nicht verkrampft.
Hüfte und Lendenwirbelsäule gestreckt. Füße parallel aufsetzen; der jeweils vordere setzt zunächst mit dem Ballen auf, dann in der Stützphase berührt auch die Ferse den Boden. Geringer Raumgewinn pro Schritt, ca. eine halbe Fußlänge. Wichtig ist das Ausnützen des gesamten Bewegungsumfanges im oberen Sprunggelenk (Beugen und Strecken des Fußes). Der Impuls zum Abdrücken stärkt die Wadenmuskulatur.

Auch Marc Nenow, Markus Ryffel und Christoph Herle wissen um die Bedeutung regelmäßiger Koordinationsübungen.

Koordinationsschulung

Zunächst saubere Ausführung, dann Frequenz kontinuierlich erhöhen.

② **Kniehebelauf**
Beim Kniehebelauf führt der Läufer praktisch forcierte Skippings aus, wobei jetzt das Knieheben bis zur Horizontalen wichtiger ist als die Frequenz. Kopf und Rumpf sind aufrecht mit ganz leichter Vorneigung. Die Augen schauen geradeaus. Schultern, Arme und Hände wie bei den Skippings geführt. Die Hüfte ist gestreckt. Nach »weichem« Beginn wird der Abdruck des Stand-(Stütz-)beines bis zur Horizontalen intensiviert.
Wichtig ist die aufrechte Haltung von Hüfte und Gesäß, das Becken muß gleichsam nach vorn »gedrückt« werden, um ein sauberes Treffen des Schwerpunktes zu ermöglichen. Nicht »sitzen«! Auch hier zunächst nur mit geringem Raumgewinn von etwa einer Fußlänge pro Schritt laufen. Man kann diese Übung allerdings abschließen, indem man die Vorneigung des Rumpfes (Hüfte weiterhin gestreckt!) verstärkt, die Schritte allmählich vergrößert und so in einen kontrollierten Sprint übergeht.

③ **Hopserlauf**
Diese Übung ist von spielenden Kindern bekannt, die den Bewegungsablauf auch problemlos imitieren können. Erwachsene haben bisweilen anfangs mit dem Schrittwechsel (links – links, rechts – rechts, . . .) Probleme.

Körperschule

Aufrechte Haltung von Rumpf und Kopf. Augen schauen geradeaus. Die Schultern sind entspannt. Die Arme schwingen parallel; kräftiger Einsatz der Oberarme bis zur Waagerechten in Vor- und Rückschwung, der rechte Winkel im Ellbogengelenk wird weitgehend beibehalten.

Lendenwirbelsäule und Hüfte sind aufrecht, gestreckt. Die Füße setzen parallel auf, zuerst mit der Ferse, dann Abrollen über den ganzen Fuß und Abdruck über die Zehenballen (Vorfuß). Das Schwungbein wird kräftig eingesetzt, der Oberschenkel bis zur Waagerechten gehoben. Dabei hängt der Unterschenkel entspannt, im oberen Sprunggelenk wird ein rechter Winkel eingehalten. Kein Anfersen! Der Schrittrhythmus beinhaltet jeweils ein »Hop – Step«, d. h. auf einen betonten Hopser mit demselben Bein (»Hop«, z. B. links – links) folgt ein unbetonter Schrittsprung mit Überwechseln auf das andere Bein (»Step«, z. B. links – rechts).

Wichtig ist der kräftige, sauber koordinierte Abdruck zum »Hop« aus dem ganzen Bein und Rumpf, vergleichbar dem Stemmen beim Weitsprung, unterstützt durch den verstärkten Armeinsatz.

Zunächst Kontrolle sauberer Ausführung, dann betonter Einsatz mit möglichst hoher (»Hop-«)Flugphase.

④ **Seitsprünge**
Seitlich ausgeführte Sprünge kräftigen sowohl die zum Abspreizen (Abduktoren/M. glutaeus med./min.) als auch die zum Heranziehen (Adduktoren/Mm. adductores) benötigten Muskelgruppen und dienen daher der Verbesserung der Beckenstabilisierung beim Laufen.

⑤ **Sprunglauf (Schrittsprünge)**
Die Bewegung langsam, elastisch beginnen. Der Kopf ist aufrecht, die Augen schauen geradeaus. Der Rumpf ist leicht nach vorn geneigt, Lendenwirbelsäule und Hüfte sind gestreckt. Die Füße setzen parallel auf. Nach der Stützphase kräftig über den Vorfuß abdrücken. Das Knie des Schwungbeines wird mit aktivem Einsatz bis zur Waagerechten gebracht, Unterschenkel und Fuß hängen während der Flugphase entspannt (kein Anfersen!). Das Standbein wird in der Abstoßphase voll gestreckt. Die Schultern sind entspannt; die Arme werden parallel kräftig geführt (Schwungholen und Balance).

Regenerationsmaßnahmen

Wichtig ist der aktive Abdruck vom Boden, wobei zusätzlich zu Koordination und Balancegefühl das ideale Treffen des Körperschwerpunktes geschult wird. Nach verhaltenem Beginn soll bei intensiverem Einsatz auf eine lange und hohe Flugphase geachtet werden. Anschließend bietet sich auch die Möglichkeit, durch Erhöhung der Frequenz in einen aktiven, sauber koordinierten Lauf zu fallen.

⑥ **Steigerungslauf**
Alle Koordinationsübungen, wie auch alle anderen Übungen, sollen lediglich helfen, den Lauf zu optimieren. Folglich sollte auch ein Programm wie das obige mit einigen Läufen abgeschlossen werden.
Man beginnt verhalten, langsam genug, um sämtliche Funktionen (Kopf- und Armhaltung, Fußabdruck usw.) kontrollieren zu können. Dann wird die Geschwindigkeit forciert, um auf den letzten 20 Metern einer etwa 90 bis 120 Meter langen Laufstrecke in einem submaximalen Sprint zu enden. Stets dabei auf Lockerheit achten, auch im Sprint sauber koordiniert laufen!

Wie bereits an anderer Stelle (siehe S. 35 f.) erwähnt, gehört zum Training auch die anschließende Ruhephase, in der sich der Organismus erholen kann und neue Reserven aufbaut. Schon der Volksmund weiß, daß man nur »so lange aus dem Brunnen schöpfen kann, bis er trocken ist«. Dem Versiegen der Quelle rechtzeitig vorzubeugen und die Erholungszeit zu verkürzen, ist das Ziel einiger einfacher regenerationsfördernder Maßnahmen.

Ausreichende Regeneration beginnt mit einer größtmöglichen Gleichförmigkeit im täglichen Wechsel von Aktivität und Ruhe. Je regelmäßiger Essen (zur Bedeutung ausgewogener Ernährung siehe S. 114 ff.) und Arbeit, Training und Schlaf im Tagesrhythmus eingehalten werden, desto besser kann sich der Körper darauf einstellen. Das individuelle Schlafbedürfnis ist sehr unterschiedlich, mit zunehmendem Alter nimmt es generell ab. Acht Stunden am Tag kommen als Richtwert dem Durchschnitt bei Berufstätigen zwischen 25 und 55 Jahren sicherlich sehr nahe, im Einzelfall können aber deutliche Abweichungen davon auftreten. Das Schlafzimmer sollte gut belüftet, abgedunkelt und geräuschgedämpft sein, die Matratze fest, das Kopfkissen flach.

Daß der Schlaf vor Mitternacht wertvoller sei, ist wohl nur eine Fehlinterpretation der Tatsache, daß ein regelmäßiges Zubettgehen zur gleichen Zeit einen tieferen Schlaf garantiert.

Die häufig wechselnden Beanspruchungen, denen der Mensch im heutigen Berufsleben zunehmend ausgesetzt ist, tragen hingegen zur schnelleren Erschöpfung der Reserven und zusätzlich zum Auftreten von körperlichen und seelischen Störungen bei. Neben der körperlichen Erholung ist auch das Wiedererlangen der geistigen Spannkraft notwendig. Dieses Ziel wird am schnellsten und gründlichsten erreicht, je bes-

Körperschule

ser die sogenannte psycho-vegetative Entkopplung gelingt, d. h., je weiter Sie sich von allen belastenden Problemen freimachen können, die Sie vielleicht bedrücken. Der Schlaf wird tiefer, die Einschlafphase kürzer, und Sie wachen erfrischt auf. In Phasen hoher körperlicher und nervlicher Belastung kann dieser Regenerationsprozeß gestört sein, wenn sich die Gedanken einfach nicht beruhigen wollen. Viele Menschen, unter ihnen auch zahlreiche Sportler, haben sich durch Methoden konzentrativer Entspannungsübungen helfen können, wie beispielsweise autogenes Training, die progressive Muskelrelaxation nach Jacobson, Yoga oder ähnliche Meditationstechniken. Man darf hierbei nicht den schnellen Erfolg innerhalb weniger Tage erwarten, aber langfristig lassen sich auf diesem Wege nervliche Überreizung und Schlafstörungen tiefgreifender als durch Medikamenteneinnahme behandeln, dazu noch ohne gesundheitsschädliche Nebenwirkungen.

Auslaufen

Das Aufwärmprogramm (siehe S. 108 ff.) dient der Vorbereitung des Bewegungsapparates auf die Beanspruchung von Training und Wettkampf. In gleicher Weise stellt das Auslaufen als aktive Regenerationsmaßnahme nach einer Belastung die wirksamste Form der Durchblutungssteigerung und somit Regenerationsförderung dar. Um funktionelle Verkürzungen der ermüdeten Muskulatur möglichst zu verhindern, sollen auch Dehnübungen (siehe S. 77 ff.) in das Auslaufen integriert werden, um die normale Grundspannung der Muskulatur wiederherzustellen. Insbesondere die häufigen Verhärtungen von Oberschenkelbeugern und Wadenmuskulatur lassen sich auf diese Weise schon im Ansatz bekämpfen. Auf Seite 41 ist bereits auf die Bedeutung des regenerativen Dauerlaufes hingewiesen worden, der das ideale Gegengewicht zu den zweifellos unverzichtbaren intensiven Trainingseinheiten darstellt.

Massage

Die diversen Formen der Massage (Bindegewebs-, Lockerungs-, Knet- oder Streichmassagen) wirken lockernd und durchblutungsfördernd. Dadurch können Muskelverhärtungen behandelt bzw. ihrem Entstehen frühzeitig vorgebeugt werden. Vor der Massage sollte die Muskulatur durch ein heißes Bad, Heißluft, Fangopackungen oder noch besser durch 15 bis 20 Minuten leichtes Traben aufgewärmt werden.

Allerdings bin ich nicht der Meinung, daß es zur wirksamen Verletzungsprophylaxe ausreicht, sich einfach ein- oder zweimal pro Woche massieren zu lassen – unabhängig davon, ob zuvor eher locker oder bewußt hart trainiert oder sogar ein Wettkampf bestritten worden ist. Gerade Massagen sind Regenerationsmaßnahmen, die gezielt eingesetzt werden sollten. Nicht in jedem Falle reagiert eine überanstrengte, ermüdete Muskulatur positiv, wenn sie direkt im Anschluß an die Belastung noch hart geknetet wird.

Als sehr wirksam bei Muskelverhärtungen haben sich Unterwassermassagen erwiesen. Der Einfluß des warmen Wassers bewirkt während der Behandlung eine optimale Muskelentspannung, die eine besonders tiefgreifende Massagewirkung zur Folge hat. Die Intensität der Massage läßt sich über die Stärke des Druckstrahles variieren.

Bäder

Eine ebenfalls intensive, tiefgehende Anregung der Durchblutung wird durch heiße Wannenbäder (Temperatur 37 bis 40 °C, Dauer 15 bis 20 Minuten) erreicht. Empfehlenswert sind entspannungsfördernde Badezusätze wie Heublumen, Fichtennadel, Melisse. Zusätzlich wird eine entspannende Wirkung auf die Psyche erreicht. Genauso wertvoll ist auch Schwimmen im Thermal- oder Solebad (Wassertemperatur zwischen 30 und 33 °C). Noch stärker läßt sich die Gefäßmotorik (Weit- und

Engstellung der Blutgefäße) durch Wechselduschen oder Wechselbäder sowie Kneippanwendungen anregen. Zum Beispiel ein Teilbad der Unterschenkel mit dreimaligem Wechsel von heiß (jeweils 5 Minuten) und kalt (jeweils 1 bis 2 Minuten). Stets mit dem kalten Bad aufhören! Der Effekt der Sauna ist ähnlich, allerdings sind die Auswirkungen auf den Gesamtorganismus (Anregung von Kreislauf und Stoffwechsel) viel höher. Regelmäßig angewendet (wenigstens einmal wöchentlich), dient auch die Sauna der Regeneration und Entschlackung, kann aber keinesfalls ein Training ersetzen und auch das Körpergewicht nicht abbauen, da nur Flüssigkeit verlorengeht.

Ausgleichs- und Ersatzsportarten

Sportarten, die in Ergänzung oder auch anstatt des Lauftrainings betrieben werden, haben aus verschiedenen Gründen Wert für den Läufer.
Für die athletische Durchbildung des *gesamten* Körpers stehen verschiedene Formen des Krafttrainings, Gymnastik oder Schwimmen an erster Stelle. Damit können Fehl- und Überbelastungen durch zu einseitiges Lauftraining vermieden werden. (Zum Krafttraining finden Sie detaillierte Erläuterungen ab Seite 86).
Diese Sportarten stellen sämtlich eine gute Ergänzung zum Lauftraining dar. Flexibilität und Koordination sowie auch Kraftfähigkeiten werden erhöht und damit die Verletzungsgefahr beim Laufen selbst verringert, ansonsten vernachlässigte Muskelgruppen werden angesprochen.
Andererseits können Verletzungen, die das Laufen nicht ratsam erscheinen lassen oder gar unmöglich machen, eine andere Form von Ausdauertraining verlangen. Am geeignetsten dafür sind Radfahren, Skilanglaufen und Schwimmen/Aqua-Jogging. Hierbei wird ein

hoher Kreislauftrainingseffekt erzielt, der Bewegungsapparat jedoch geschont. Die Verletzungsgefahr bei diesen Sportarten ist ausgesprochen gering. Um eine Atrophie (Abbau) der Muskulatur zu vermeiden, ist auch hier ein ergänzend durchgeführtes Krafttraining sehr wertvoll. Viele Athleten haben Verletzungspausen auf diese Weise so effektiv überbrückt, daß sie nach Ausheilung der Beschwerden sehr bald wieder ihr Lauftraining in vollem Umfang durchführen konnten.
Die negativen Auswirkungen einer Zwangspause lassen sich so auf ein Minimum reduzieren.
Es kann aber auch einfach darum gehen, für eine psychische (und auch physische) Abwechslung vom manchmal monoton erscheinenden Lauftraining zu sorgen. Gruppenerlebnisse oder Wettkampfmotivation werden am ehesten in Spielsportarten, durch Basketball oder Fußball bzw. Tennis, Tischtennis oder Badminton geboten.
Die Trainingswirkung auf den Kreislauf ist bei den meisten Spielen allerdings trotz aller subjektiv empfundener Anstrengung recht gering. Außerdem möchten wir zu bedenken geben, daß die meisten Spielsportarten, insbesondere Fußball, Handball, ebenso Basketball, Volleyball und auch Tennis und Squash ein relativ hohes Verletzungsrisiko beinhalten, vor allem für Läufer, die diese Sportarten seltener betreiben und deshalb über die technischen Fähigkeiten vielleicht nicht in vollkommener Form verfügen. Wenn Sie also Lust haben, in der Feierabendmannschaft »mal so richtig draufzuhauen«, tun Sie's mit etwas Bedacht – und erbitten Sie Vorsicht auch von Ihren Mit- und Gegenspielern.

Wettkampf

Wettkampf

Für den Leistungssportler ist der Wettkampf das Wichtigste überhaupt, das Ziel allen Trainings und all seines Einsatzes. Aber auch viele Breitensportler nehmen regelmäßig an Wettkämpfen teil, obwohl sie wissen, daß sie niemals optimal vorbereitet an den Start gehen können. Für sie geht es dabei nicht um die absolute Höchstleistung, die bestenlistenreife Superzeit. Für sie zählt vielmehr die eigene, relative Leistung, verglichen mit früheren Resultaten, mit denen des Trainingspartners und stets in Relation zum eigenen Trainingsaufwand. Manchmal ist ein Wettkampf einfach eine Abwechslung zum regelmäßigen Training und ein besonderes Erlebnis mit Gleichgesinnten. Der Wettkampf hat viele Aspekte, die ihn reizvoll machen. Das Streben nach Leistung, der Wunsch, sich zu verbessern und andere zu überflügeln, ist Teil der menschlichen Natur. Im Rennen bietet sich die Gelegenheit, diese Bedürfnisse auszuleben und Spannungen freizusetzen, die natürlich im täglichen geregelten Miteinander unserer zivilisierten Gesellschaft unterdrückt oder anderweitig verarbeitet werden müssen. Der friedliche Wettstreit mit anderen Läufern oder gegen die Uhr ist immer auch ein Ringen mit uns selbst. Er führt uns an Grenzen, die uns normalerweise verschlossen bleiben, und eröffnet uns dadurch eine eigentlich uralte, neue Lebensqualität. Im Wettkampf mischen sich körperliche und seelische Empfindungen von höchster Intensität. Freude und Niedergeschlagenheit, Zufriedenheit und Enttäuschung gewinnen dadurch bisher unbekannte Dimensionen. Dabei spielt das Niveau der Leistung eine untergeordnete Rolle. Das Glücksgefühl nach einem Marathonlauf in $3^1/_2$ Stunden kann für einen Freizeitsportler genauso vollkommen sein wie die Befriedigung eines Leistungssportlers über eine Zeit, die um eine Stunde

Bei internationalen Großereignissen werden die Langstrecken mittlerweile von den afrikanischen Läufern – insbesondere aus Kenia und Äthiopien – fast nach Belieben beherrscht.

schneller ist. Leistungen können ohnehin nicht absolut gesehen werden, sondern immer nur in Relation zu den Bedingungen, unter denen sie zustande gekommen sind.

Wettkampf-planung

Um einen Wettkampf zu einem möglichst erfolgreichen Erlebnis werden zu lassen, soll man keinesfalls unvorbereitet an den Start gehen.

Das beginnt damit, frühzeitig die Ziele und Höhepunkte für das bevorstehende Wettkampfjahr zu bestimmen. Mit Hilfe eines Rahmenplanes sollen Schwerpunkte festgelegt werden, weitmaschig genug, um noch Spielraum zu haben, falls der eine oder andere Aufbauwettkampf kurzfristig hinzukommt.

Zur vernünftigen Wettkampfplanung gehört es auch, nicht von vornherein Abstumpfung und Übersättigung dadurch vorzuprogrammieren, daß man zuviele Wettkämpfe einplant oder immer nur über die gleiche Distanz startet. Abwechslung ist hier ebenso wichtig wie im Training, und wer sich die geistige Frische zu bewahren weiß, wird auch leichter körperlich frisch und leistungsbereit bleiben.

Während Marathonläufer der Spitzenklasse zwei, höchstens drei Rennen pro Jahr über die Spezialdistanz bestreiten, unterscheiden Mittel- und Langstreckler eine ein- bzw. zweigipflige Periodisierung. Eingipflig bedeutet, daß die beste Wettkampfform nur einmal im Jahr für einen begrenzten Zeitraum erreicht werden soll. Zweigipflig hingegen ist ein Wettkampfaufbau, der auf zwei (evtl. unterschiedlich gewichtete) Höhepunkte abzielt, z. B. eine Crosslaufsaison im Winter und eine Straßenlaufsaison im Sommer. Für welche Art der Planung man sich entscheiden mag, hängt von individuellen Faktoren ab. Wer lieber häufig startet als monatelang ohne einen Wettkampf zu trainie-

ren, sollte eher zweigipflig planen. Andere Läufer brauchen die Wettkampfabstinenz im Herbst und Winter, um sich für das nächste Jahr zu regenerieren.

Physische Wettkampf-vorbereitung

Der bedeutende Wettkampf sollte eine Ausnahmesituation für den Sportler darstellen, auf den er im Training hinarbeitet. Er ist also nicht nur eine andere Form von Training, sondern verlangt eine von der üblichen Routine abweichende Form körperlicher und geistiger Vorbereitung.

Der Trainingsumfang wird rechtzeitig so weit reduziert, daß man ausgeruht und im Vollbesitz seiner Kräfte an den Start gehen kann. Gerade vor einem Wettkampf soll man im Zweifelsfalle eher weniger trainieren. Es ist nicht sinnvoll zu versuchen, durch zusätzliche Einheiten in letzter Minute das Gewissen zu beruhigen. Ein paar kürzere Trainingseinheiten, in denen etwas mehr als gewöhnlich auf die Schnelligkeit Wert gelegt wird, dienen oft als gute Einstimmung auf das höhere Tempo im Wettkampf.

Ansonsten soll die gewohnte Gleichmäßigkeit des Lebensrhythmus jedoch weitgehend beibehalten werden, um den Körper nicht zusätzlich zu belasten. Das betrifft vor allem auch den Schlaf und die Ernährung.

Mentale Wettkampf- vorbereitung

Parallel zur physischen Vorbereitung soll man sich auch geistig vorbereiten. Nahezu täglich und in den verschiedensten Sportarten wird dem aufmerksamen Betrachter vor Augen geführt, wie entscheidend die psychischen Qualitäten eines Wettkämpfers seine Leistung mitbestimmen. Fast widersprüchlich erscheinen die Eigenschaften, die als richtige Wettkampfeinstellung gefordert sind: motiviert, aber nicht verbissen, gleichzeitig erwartungsfroh gespannt und doch gelassen entspannt, nur auf das Wesentliche konzentriert und doch wach und aufnahmebereit.

Voraussetzung dafür ist eine den Wettkampf bejahende, leistungsmotivierte Grundeinstellung, die von gesundem Selbstbewußtsein geprägt ist. Das bevorstehende Rennen darf keine Ängste hervorrufen, sondern soll dem Bestimmen und Unter-Beweis-Stellen der eigenen Leistungsfähigkeit dienen – und nicht zuletzt Spaß machen.

Die Einstellung auf das bevorstehende Rennen soll frühzeitig einsetzen, wobei natürlich die letzten 24 Stunden die wichtigsten sind. Erfahrene Wettkämpfer beschreiben in stets ähnlicher Form, wie sich ihre Gedanken in dieser Zeit mehr und mehr um das Rennen drehen, es einkreisen, eben: sich konzentrieren. Diese geistige Einstimmung zieht auch eine körperliche nach sich. Die vegetativen Funktionen werden allmählich auf »Leistung« programmiert. Der Appetit wird geringer, die Verdauungsfunktionen zunächst noch forciert, der Kreislauf zunehmend angeregt. Eine allgemeine Spannung beginnt sich auszubreiten, die man vielfach als lästige Nervosität abtut, die jedoch zur Leistungsvorbereitung notwendig ist. Durch Visualisieren von Wettkampfsituationen kann man sich in dieser Phase sehr gut auf das bevorstehende Rennen einstimmen, indem man sich markante Abschnitte der Strecke (z. B. den Start, eine harte Steigung, den Zieleinlauf) immer wieder vorstellt und damit stets ein erfolgreiches eigenes Abschneiden verbindet. »Positive Thinking« nennen es die Amerikaner, von denen wir in puncto Wettkampfeinstellung einiges lernen können. Auf diesem Weg lassen sich Nervosität und Beklemmungen abbauen, wenn es gelingt, Gedanken wie »Versagen« oder »schlechte Leistung« nachhaltig zu verdrängen. Durch derartige mentale Übungen wird die eigene Psyche »konditioniert«, d. h. man kann

Eingipflige Periodisierung	Zweigipflige Periodisierung
Übergangsperiode	
Vorbereitungsperiode I (allgemein)	Vorbereitungsperiode I (allgemein)
	Vorbereitungsperiode II (speziell)
Vorbereitungsperiode II (speziell)	Wettkampfperiode I
Wettkampfperiode I (formbringend)	Vorbereitungsperiode II (allgemein und speziell)
Wettkampfperiode II (formhaltend)	Wettkampfperiode II

Ein- und zweigipflige Periodisierung im Jahreszyklus (var. nach LETZELTER).

Wettkampf

Optimale Entspannungshaltung zur Beruhigung von Psyche und Kreislauf nach dem Wettkampf.

sich nach einiger Zeit in die Lage versetzen, gewisse Dinge aus einem bestimmten, hier positiven Blickwinkel zu sehen. Viele Athleten bedienen sich dieser Form der Wettkampfvorbereitung bzw. benutzen die Methode auch, um gefährliche Phasen während des Rennens zu überstehen. Einer der besten deutschen Marathonläufer berichtete, er habe sich schon vor dem Wettkampf eine Antwort für jede Frage zurechtgelegt, die sich ihm unterwegs eventuell stellen könnte (z. B. »Warum machst Du das überhaupt?« »Warum bleibst Du nicht einfach stehen?«).

Verhalten am Wettkampftag

Viele Straßenläufe, vor allem in den USA, werden sehr früh morgens zwischen 7 und 10 Uhr gestartet. Dadurch beginnt der Wettkampftag eigentlich schon am Tag vorher. In einem solchen Falle sollte man eine umfangreiche, kohlenhydratreiche Mahlzeit am späten Nachmittag oder frühen Abend einnehmen und relativ früh – aber auch nicht direkt nach dem Essen – zu Bett gehen. Am Wettkampfmorgen stehen die Läufer üblicherweise mindestens 3 bis 4 Stunden vor dem Start auf, um dem

Organismus genügend Zeit zu geben, langsam in Schwung zu kommen. Durch einen kleinen Spaziergang oder kurzes Traben sowie ein paar Dehn- und Lockerungsübungen kann dieser Prozeß wirksam unterstützt werden. Außerdem empfiehlt es sich, ein leichtes Frühstück zu sich zu nehmen – als letzten Kohlenhydratschub und gleichzeitig, um das unangenehme Leeregefühl im Magen zu beseitigen. Dabei sollte man auf gewohnte, leicht verdauliche Speisen zurückgreifen, also z. B. keinen kalten Orangensaft oder starken Kaffee zu sich nehmen, wenn man ansonsten nur Tee trinkt.

108

Verhalten am Wettkampftag

Findet der Wettkampf am Nachmittag oder – wie viele internationale Leichtathletiksportfeste – am späten Abend statt, können die gewohnten Zeiten für das Zubettgehen, das Aufstehen und die Mahlzeiten weitgehend beibehalten werden. Fast alle Langstreckenläufer lockern sich am Wettkampftag nach dem Frühstück etwas auf, ein regenerativer Lauf von ca. 15 bis 20 Minuten wird mit Stretchingübungen und einigen leichten Steigerungsläufen abgerundet. Ebenso ruhen die meisten Athleten nach der letzten Mahlzeit (4 bis 6 Stunden vor dem Lauf) noch etwas aus. Man sollte aber darauf achten, daß man nicht zu lange schläft ($1/2$ bis 1 Stunde) und auch mindestens $2 1/2$ Stunden vor dem Lauf wieder auf den Beinen ist. Andernfalls ist das Rennen vielleicht schon vorbei, ehe man wieder richtig »in Fahrt« ist.

Das eigentliche Aufwärmprogramm beginnt eine Stunde bis 40 Minuten vor dem Start. Bei berühmten Marathonläufen mit hoher Teilnehmerzahl (wie New York, Berlin, London) muß man schon sehr frühzeitig im Startbereich erscheinen, um einen guten Platz zu ergattern. Dadurch wird man natürlich gezwungen, entsprechend eher mit dem Warmlaufen anzufangen. Außerdem ist es häufig sehr schwierig, den Effekt des Aufwärmens zu konservieren, wenn man noch eine halbe Stunde oder mehr auf einem Viertel Quadratmeter Straße ausharren muß. Da helfen dann nur ein paar Übungen auf der Stelle (leichte Skippings, Hopser, Dehnübungen), Geduld und vor allem ein »Lächeln«. Heben Sie sich Ihre Aggressionen für das Rennen auf. Beim Aufwärmen halten sich heute fast alle Spitzenläufer an folgendes Grundmuster: Sie beginnen mit ruhigem Traben von 10 bis 20 Minuten. Anschließend folgen Stretchingübungen 5 bis 15 Minuten lang, die auch von Traben unterbrochen sein können. Abschließend sollen, wenn möglich, einige Steigerungsläufe im Renntempo oder knapp darüber durchgeführt werden. Danach verbleiben noch etwa 15 Minuten, um sich umzuziehen, vielleicht noch einmal zur Toilette zu gehen und dann den Startplatz einzunehmen. Wichtig ist, daß das Aufwärmen nicht unter Zeitdruck steht und die vorher begonnene Konzentration auf den Wettkampf nicht unterbricht, sondern sinnvoll abrundet. Deshalb ist es für viele Läufer besser, sich allein einzulaufen.

Die Übungen des Stretchings eignen sich hervorragend, um die Gedanken nochmals zu sammeln. Während der Steigerungsläufe kann probeweise die aufgebaute Spannung in höhere Laufgeschwindigkeit umgesetzt werden. Nach dem Einlaufen sollte man ange-

Anders als die meisten Europäer laufen sich afrikanische Athleten gern in der Gruppe warm.

109

Wettkampf

regt und leistungsbereit, nicht aber in Schweiß gebadet und außer Atem am Start stehen. Von der vielfach geübten Praxis, das Aufwärmen durch hyperämisierende (durchblutungsfördernde) Substanzen zu unterstützen oder gar zu ersetzen, ist nur abzuraten. Die Mehrdurchblutung beschränkt sich auf die Hautgefäße, die Blutgefäße der tieferen Muskulatur hingegen bleiben unbeeinflußt. Bessere Erfahrungen bei extrem kalter Witterung haben wir mit einem dünnen Babyölfilm gemacht, der besonders bei nassem oder kaltem Wetter den Wärmeverlust verringern kann.

Strategie, Taktik

Grundvoraussetzung für die richtige Wettkampfstrategie ist die Kenntnis der eigenen Fähigkeiten, also eine möglichst objektive Selbsteinschätzung. Sie dient als Anhaltspunkt bei der Planung Ihres Verhaltens im bevorstehenden Rennen. Geht es darum, bestimmte Gegner zu besiegen, oder ist eine möglichst gute Zeit wichtig? Soll von vornherein auf Tempo gelaufen werden oder erst im Endspurt alle Kräfte mobilisiert werden? Ist die Wettkampfdistanz neu? Kennen Sie den Streckenverlauf? Wo sind erwartungsgemäß die kritischen Punkte, an denen man durch vorsichtigeres Laufen Kräfte sparen oder aber durch Aggressivität die Gegner vielleicht abschütteln könnte? Gibt es besondere Probleme durch Temperatur, Luftfeuchtigkeit oder Windverhältnisse? Manchem mag es liegen, jeden einzelnen Schritt so weit wie möglich vorauszuplanen. Anderen genügt ein eher grobes Verhaltensmuster, das noch Freiraum für spontane Entscheidungen läßt, wenn die Rennsituation es erforderlich macht. Im Wettkampf offenbart sich der Chrakter eines Läufers, der eine läuft eher abwartend-zurückhaltend, der andere forsch daraufflosgehend. So kommt es für jeden darauf an, die eigenen Stärken möglichst optimal auszuspielen, sich gleichzeitig aber so zu verhalten, daß die Schwächen nicht zu deutlich zutage treten.

Ein wunderschönes, dramatisches Beispiel für unterschiedliche Wettkampfstrategien bot der 3000-m-Hindernislauf bei den Europameisterschaften in Stuttgart im August 1986. Der Italiener Francesco Panetta, vom reinen Laufvermögen einer der stärksten, nicht aber spurtkräftigsten Läufer im Feld, wählte die Flucht nach vorn, um seinen Gegnern von vornherein den Mut zu nehmen oder sie durch das hohe Tempo zu zermürben. Außerdem wußte er, daß ihm als schlechtem Techniker an den Hindernissen ein Rennen im Läuferpulk viel größere Probleme als seinen technisch versierteren Mitkonkurrenten aufgeben würde. Da keiner der Favoriten Panettas scharfes Anfangstempo mitgehen mochte, betrug sein Vorsprung stellenweise über 50 Meter. Noch eineinhalb Runden vor dem Ziel sah es so aus, als würde ihn niemand mehr einholen können. Dann jedoch sah Patriz Ilg, daß er, wenn überhaupt, nur dann eine Chance hätte, Panetta noch einzuholen, falls er augenblicklich nachsetzte. Er entschloß sich, die Initiative zu ergreifen und das Hauptfeld heranzuführen, obwohl er damit seinen ursprünglichen Plan eines kürzeren Endspurtes aus 2. oder 3. Position heraus aufgab. Vielleicht erinnern Sie sich, daß es Patriz Ilg wirklich noch gelang, Panetta zu erreichen und zu passieren, aber Hagen Melzer aus der ehemaligen DDR war nun in der günstigeren Position, seinerseits auf den letzten 100 Metern aus

Seite 110:
Der schnellste Mittelstreckenläufer aller Zeiten: Nourredine Morceli/ALG (hier neben dem 1500-m-Olympiasieger von Barcelona, Fermin Cacho/ESP).

Zieleinlauf beim 3000-m-Hindernis-Finale der Europameisterschaften 1986 in Stuttgart; von links: Francesco Panetta (ITA), Patriz Ilg (BRD), Hagen Melzer (ehem. DDR).

Wettkampf

Innere Entspannung und Konzentration gehören zur unmittelbaren Wettkampfvorbereitung.

der Lauerstellung angreifen zu können. Patriz Ilg, der den Sieg schon vor Augen gehabt hatte, ließ verständlicherweise etwas nach und wurde von dem erstaunlichen Panetta noch einmal überholt.

Dieser Lauf mag als Beispiel dafür dienen, wie sehr taktisches Verhalten das Endresultat eines Rennens beeinflussen kann. Man kann unendlich viele Möglichkeiten des »Wenn« und »Hätte aber ...« durchspielen, Realität bleibt nur die eine gewählte. Der Wettkampf mit seinen vielgestaltigen Unwägbarkeiten, den oft unvorhersehbaren Schachzügen der Mitkonkurrenten erfordert häufig Entscheidungen, die in Sekundenbruchteilen getroffen werden müssen. Wer hier, unbeeinflußt von Nervosität und anderen Hemmnissen, mit klarem Verstand oder auch nur instinktiv richtig handelt, kann dadurch sehr wohl eine läuferische Unterlegenheit bis zu einem gewissen Grade ausgleichen.

Verhalten nach dem Wettkampf

Der Ausgang eines Rennens hat natürlich einen Einfluß auf das körperliche und seelische Befinden eines Läufers, nachdem er das Ziel passiert hat. Man kennt die Bilder, wo überglückliche Sieger gleich noch eine Ehrenrunde in kaum vermindertem Tempo anhängen, während der knapp geschlagene Gegner nach Atem ringend auf der Bahn liegt. Unsere Psyche gestattet es uns, in der Euphorie maximale körperliche Anstrengungen mit Leichtigkeit zu ertragen, andererseits kann sie eine Niederlage zu einer auch physisch sehr schmerzhaften Empfindung machen. Dennoch bleiben nach jedem Lauf gewisse unbestechliche, meßbare Parameter als Indikatoren für die hinter uns liegende Anstrengung bestehen. Die Kohlenhydratdepots sind entleert, die Abbauprodukte im Organismus (Milchsäure, Harnstoff) erhöht und auch die aktivitätsbestimmenden Hormonspeicher (Nebenniere, Hoden) teilweise entleert. Damit die Leistungsfähigkeit möglichst schnell wiederhergestellt wird, soll die Regeneration möglichst sofort nach Ende des Wettkampfes einsetzen.

Um den Kreislauf langsam auf das Ruheniveau zurückzuführen und gleichzeitig noch eine verbesserte Durchblutung der Peripherie, insbesondere der Beinmuskulatur zu gewährleisten, empfiehlt es sich, recht bald nach dem Rennen für etwa 15 bis 30 Minuten ganz langsam zu traben. So langsam, daß flüssiges Sprechen ohne Schwierigkeiten möglich ist. Auch Dehn- und Lockerungsübungen helfen, Verspannungen frühzeitig abzubauen.

Wer sich allerdings nach einem Rennen so ermüdet fühlt, daß er sich kaum noch auf den Beinen halten kann oder gar zusammenbricht, ruht sich am besten eine Weile in der optimalen Entspannungshaltung (Rückenlage, ggf. Hochlagerung der Unterschenkel) aus.

Verhalten nach dem Wettkampf

Legen Sie sich flach auf den Rücken, die Arme lang ausgestreckt neben dem Körper, die Unterschenkel horizontal auf einer erhöhten Unterlage, wodurch der venöse Rückstrom zum Herzen erleichtert wird. Versuchen Sie sich körperlich und seelisch völlig zu entspannen, atmen Sie tief, werfen Sie allen Ballast, Leistungsdruck, Wettkampfstreß, jegliche Belastung von sich ab. Eine weitere aktive Regenerationsmaßnahme, die ebenfalls der Durchblutungssteigerung und damit dem Abtransport der Stoffwechselprodukte dient, ist ein heißes Wannenbad. Belebende Badezusätze oder einfach eine Handvoll Salz können die Wirkung verstärken. Eine Lockerungsmassage oder ein Saunabesuch haben eine vergleichbare Wirkung, letzterer sollte aber nicht unmittelbar nach dem Rennen eingeplant werden.

Neben den Schritten, die sozusagen der »Entsorgung« dienen, müssen auch die entleerten Energiereservoirs wieder aufgefüllt werden. Auf das Ernährungsverhalten nach einem Wettkampf wird im folgenden eingegangen. Was man *nicht* zu sich nehmen sollte, sind große Mengen sehr kalter Getränke, die nach einem erschöpfenden Rennen verheerende Wirkungen (Magenschmerzen bis hin zur Kolik, Durchfälle, Kreislaufstörungen) haben können.

Ich wünsche Ihnen viel Erfolg bei Ihren Starts, vor allem aber, daß der Spaß nie dabei zu kurz kommen möge. Es gibt so viele ernste Dinge im Leben, daß in der Freizeit Freude und Vergnügen dominieren sollten.

Das Ziel ist erreicht – Zeit zur Regeneration.

Ernährung

Ernährung

Durch technische Errungenschaften und Arbeitszeitverkürzungen nimmt unsere berufsbedingte körperlich Belastung ständig ab. Ernährungsmäßig haben sich aber die meisten Menschen noch nicht auf den dadurch veränderten Bedarf des Körpers eingestellt. Sie essen wie Schwerarbeiter und dazu oftmals noch das Falsche. Ihre Nahrung ist zu fettreich, zu arm an Ballaststoffen und auch zu kalorienreich. Alle natürlichen Nahrungsmittel enthalten in prozentual unterschiedlicher Zusammensetzung prinzipiell die gleichen Grundbestandteile, und zwar: Kohlenhydrate, Fette, Proteine, Vitamine, Mineralstoffe und Spurenelemente sowie Flüssigkeit (Wasser). Pures Fett oder reiner Kristallzucker kommen in der Natur isoliert nicht vor und stellen sogenannte »leere Kalorien« dar. Leer aus dem einfachen Grunde, daß durch lebensmitteltechnische Aufbereitung sämtliche übrigen Inhaltsstoffe weggereinigt worden sind (weißes Mehl, weißer Reis). Übrig bleiben nur die Energielieferanten Kohlenhydrate und Fett. Leider nimmt der Verbrauch solcher Genußmittel immer noch zu und hat gleichsam eine Kettenreaktion zur Folge: Die fehlerhafte Ernährung führt zu einer Unterversorgung des Organismus mit lebenswichtigen Substanzen wie Vitaminen und Mineralien. Über ein vermehrtes Hungergefühl versucht der Körper, auf dieses Defizit hinzuweisen. Ein Mehr an Nahrung bedingt zwangsläufig ein Überangebot an Kalorien und somit Fettansatz und Übergewicht.

Ähnliches gilt für den Alkohol, über den die meisten Menschen heute schon ca. 10 % ihres Kalorienbedarfes decken. Auch hier handelt es sich um leere Kalorien. Hinzu kommt aber noch die direkt zellschädigende Wirkung, besonders auf die Leber, und die für einen Sportler sehr unangenehme Tatsache, daß der Alkohol dem Körper viel Flüs-

Zusammenhang zwischen Nährstoffgruppen und Lebensmittelgruppen (nach HAMM).

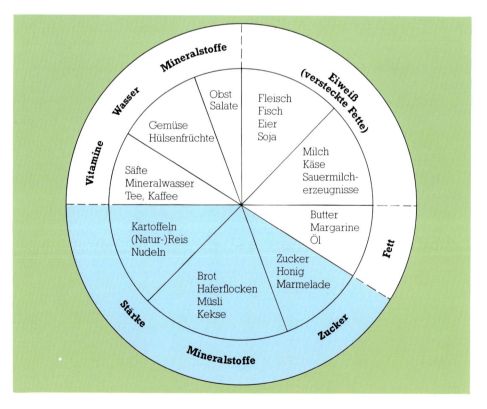

Die Nahrungsbestandteile

sigkeit entzieht (Nachdurst). Daraus folgt erstens, daß die für das Belastungsniveau täglich benötigte Kalorienmenge bekannt sein soll. Und zweitens folgt, daß diese Kalorien durch die richtigen, d. h. ernährungsphysiologisch wertvollen Nahrungsmittel zugeführt werden müssen.

Die Kalorie ist eine Maßeinheit aus der Wärmelehre. Vereinfacht versteht man darunter diejenige Wärmemenge, die nötig ist, um ein Gramm Wasser um ein Grad Celsius zu erhitzen. Seit dem 1.1. 1978 hat man dafür das Joule eingeführt, das als Maßeinheit für Energie, Arbeit und Wärmemenge auf der ganzen Welt gebraucht werden soll. 1 Kalorie entspricht ca. 4,2 Joule.

Der Tagesbedarf eines Menschen wird in Kilokalorien (1 kcal=1000 cal) oder Kilojoule gemessen. Er ist abhängig von Geschlecht, Alter und Tätigkeit sowie äußeren Faktoren wie Temperatur und Luftfeuchtigkeit. Darüber hinaus muß noch die individuelle Verwertung der Nahrung im Körper berücksichtigt werden. Ernährungspläne müssen also stets auf den einzelnen abgestimmt sein.

Bei aller Bedeutung, die einer gesunden, bedarfsgerechten Ernährung, insbesondere auch für den Sportler, zukommt, sind jedoch für sportliche Leistungen Talent und Training die wichtigsten Faktoren. Erst danach kommt die Ernährung. Sicherlich ist es übertrieben, aus dem Essen eine Ideologie machen zu wollen. So berechtigt oftmals die Kritik an bestimmten trend- oder modeabhängigen Ernährungsgewohnheiten sein mag, so gibt es andererseits doch viele höchst unterschiedliche und trotzdem richtige Wege, sich gesund zu ernähren.

Als Anhalt mögen folgende *Grundregeln* dienen:
- ☐ Abwechslungsreiche, gesunde Mischkost aus möglichst vollwertigen Nahrungsbestandteilen wählen.
- ☐ Übergewicht abbauen.
- ☐ Zuviel Fett und Cholesterin vermeiden, ungesättigte Fettsäuren bevorzugen.
- ☐ Ballaststoffreiche Nahrung bevorzugen (außer am Wettkampftag).
- ☐ Zuckeranteil verringern.
- ☐ Wenig Kochsalz verwenden.
- ☐ Reichlich trinken (aber wenig Alkohol).
- ☐ Einen möglichst großen Anteil der Nahrung roh verzehren.

Die Nahrungsbestandteile

Kohlenhydrate

Die Kohlenhydrate sind auf molekularer Ebene aus sogenannten Einfachzuckern (Monosacchariden) aufgebaut, deren bekannteste Traubenzucker (Glukose) und Fruchtzucker (Fruktose) sind. Verbinden sich zwei Einfachzucker zu einem Zweifachzucker (Disaccharid), so entstehen z.B. Rohr- bzw. Rübenzucker (Saccharose), Malzzucker (Maltose) oder Milchzucker (Laktose). Diese Verknüpfung kann beliebig lange fortgesetzt werden, so daß über Oligosaccharide (3 bis 10 Einfachzucker) endlich Polysaccharide entstehen, die bis zu mehreren 100 000 Grundbausteine (z.B. Glukosemoleküle) aufweisen können. Sie finden sich als Zellulose oder Stärke in der Pflanzenwelt. Beim Menschen und in der Tierwelt wird die entsprechende Speicherform der Glukose Glykogen genannt.

Die Glukose ist der wichtigste Energiespender im menschlichen Organismus.

115

Ernährung

Durch ihre Verbrennung kann sehr schnell Energie freigesetzt werden, viel schneller als es beispielsweise durch Fettabbau möglich ist. Außerdem ist der Wirkungsgrad bei der Kohlenhydratverbrennung am höchsten, d. h. der Abbau von Glukose setzt mehr Energie frei als die gleiche Menge Fett oder Eiweiß. Deshalb greift der Organismus zunächst auf die Kohlenhydrate zurück, erst später auf die anderen Energiespender. Ihr Mengenanteil im Blut (Blutzuckerspiegel, 80 bis 120 Milligramm Glukose pro 100 Milliliter Blut) muß durch eine Kopplung von Verbrauch und Freisetzung weitgehend konstant gehalten werden, da z. B. das Nervensystem auf eine ständige Versorgung mit Glukose angewiesen ist. Sinkt der Blutzuckerspiegel ab, kann das einen lebensbedrohlichen Zustand darstellen, der sich durch Schwindel, Schwarzwerden vor den Augen, Zittrigkeit, Kraftlosigkeit, kalten Schweißausbruch u. ä. äußert (sog. Hypoglykämie). Die wichtigsten Glykogenreservoirs im menschlichen Körper sind Leber und Muskulatur. Durch Ausdauertraining lassen sich die Muskeldepots erheblich vergrößern, etwa auf das Zwei- bis Dreifache.

Für den Sportler dienen die Kohlenhydrate als dominierende Energiequelle bei Belastungen, deren Dauer zwischen 8 Sekunden und etwa 40 Minuten liegt. Hierbei kann die Glukose unter Mithilfe von Sauerstoff verbrannt werden (aerob) oder unter Sauerstoffmangelbedingungen (anaerob) abgebaut werden. Im ersten Falle bleiben als Endprodukte nur Wasser und Kohlendioxid (H_2O und CO_2) zurück, die ohne Schwierigkeiten vom Körper restlos ausgeschieden werden können. Bei der anaeroben Energiegewinnung häuft sich im Organismus Milchsäure (Laktat) an, die ab einer gewissen Menge die Zellfunktion hemmt und damit leistungsbegrenzend wirkt (Übersäuerung).

Kohlenhydrate finden sich in unserer Ernährung überwiegend in Getreideprodukten, Kartoffeln, Obst, Gemüse und Süßwaren. Im Sinne einer gesunden Ernährung sollte dabei einer natürlichen Vollwertkost (Vollkornbrot, Naturreis, rohes Gemüse, Salate, Obst) vor den lebensmitteltechnisch aufbereiteten Produkten (Weißmehl, Weißzucker, polierter Reis) der Vorzug gegeben werden.

Fette und Lipide

Zu dieser Stoffklasse gehören fettlösliche Substanzen höchst unterschiedlicher chemischer Struktur, die im Organismus die verschiedensten Aufgaben erfüllen. So dienen sie u. a. als Energiespeicher, zur Wärmeisolierung, als schützendes Polster (Nierenlager) sowie als sogenannte Organfette z. B. im Zentralnervensystem. Auch für die Funktion von Hormonen, Vitaminen (A, D, E, K) und bei der Verdauung (Gallenfarbstoffe) spielen sie eine unerläßliche Rolle.

Die sogenannten Neutralfette bestehen aus Glycerin, an das jeweils 3 Fettsäuren angekoppelt sind. Je nach ihrer chemischen Struktur unterscheidet man kurz-, mittel- und langkettige Fettsäuren sowie gesättigte und ungesättigte. Letztere sind, ähnlich wie Vitamine, teilweise unersetzlicher Bestandteil unserer Nahrung, da der Organismus sie benötigt, aber nicht selbst herstellen kann.

Der Läufer ist auf die aus der Verbrennung von Fettsäuren gewonnene Energie in zunehmendem Maße bei Belastungen angewiesen, die über eine Dauer von 40 Minuten hinausgehen. Außerdem hilft ein durch Training gut eingespielter Fettsäureabbau schon im Anfangsstadium von langen Läufen, die ja nur begrenzt vorhandenen Kohlenhydrate einzusparen. Nicht zuletzt kommt mehrfach ungesättigten Fettsäuren eine Schutzfunktion vor Arteriosklerose (Gefäßverengung) zu. Fette sind die Träger der Geschmacksstoffe. Eine Ernährung ohne ausreichenden Fettanteil ist daher auf Dauer nicht tolerabel.

Die Nahrungsbestandteile

Die Fette in der Nahrung bergen aber auch Gefahren. Das Cholesterin, eigentlich ein wichtiger Membranbaustein sowie Vorstufe zu diversen Wirkstoffen im Körper, fördert eben jene Arteriosklerose und damit das Herzinfarktrisiko. Ein hoher Fettanteil in der Nahrung kann Darmkrebs begünstigen und setzt außerdem die Ausdauerleistungsfähigkeit herab.

Für die Nahrungsauswahl bedeutet das, daß Fett möglichst nicht mehr als zu 25 % in unserer Gesamtnahrung vorkommen soll, versteckte Fette und cholesterinhaltige Speisen (Eigelb, Ei- und Milchpulver, tierische Fette) nicht zu häufig auf den Speiseplan gesetzt werden, daß pflanzliche den tierischen Fetten vorzuziehen sind und auf einen ausreichenden Anteil von freien Fettsäuren geachtet werden sollte.

Proteine (Eiweiß)

Eiweißkörper sind die Grundbausteine aller lebenden Materie (protos, griech.: der Erste). Sie sind auf molekularer Ebene hauptsächlich aus Aminosäuren aufgebaut, von denen einige mit der Nahrung aufgenommen werden müssen (essentielle Aminosäuren), andere im Körper synthetisiert (d. h. hergestellt) werden können (nicht essentielle Aminosäuren).

In jeder Zelle findet sich eine Vielzahl von Proteinen, einmal in Form von Strukturelementen, zum anderen als Enzyme, die sämtliche biochemischen Vorgänge regulieren. Besondere Aufgaben übernehmen Proteine in der Muskulatur (Kontraktion), als roter Blutfarbstoff Hämoglobin (Sauerstofftransport) und als Trägersubstanz für Nährstoffe und Stoffwechselprodukte. Außerdem sind Proteine die Gerüstbausteine für »Haut und Haar«, Knochen und Sehnen. Nicht zuletzt sind sie für die Infektabwehr (weiße Blutkörperchen u. a.) verantwortlich.

Unsere Nahrung enthält pflanzliches und tierisches Eiweiß, das man mit Hilfe der »biologischen Wertigkeit« als mehr oder weniger bedeutsam für unseren Organismus einstufen kann. Besonders wertvoll sind danach die Nahrungskombinationen Kartoffeln – Ei, Milch – Weizen und auch Mais – Bohnen. Kraftsportler benötigen besonders viel hochwertiges Eiweiß, um Muskelzuwachs zu erzielen. Aber auch Ausdauerathleten haben nach neueren Erkenntnissen einen erhöhten Eiweißbedarf. Um maximal leistungsfähig zu sein und alle lebenswichtigen Funktionen zu gewährleisten, soll der Gesamtanteil des Eiweißes in der Nahrung bei 15 bis 20 % liegen.

Nach anstrengenden Belastungen sollte die Nahrung vor allem die regenerationsfördernden Aminosäuren Valin, Leucin und Arginin enthalten, die bei der Entgiftung von Ammoniak eine wesentliche Rolle spielen. Das immunanregende Glutamin hilft beim Aufbau der weißen Blutkörperchen (B-Lymphocyten). Molkeneiweiß ist besonders reich an den genannten Baustoffen.

Vitamine

Vitamine sind Substanzen, die unser Organismus nicht selbst herstellen kann, die aber zum Funktionieren vieler Stoffwechselvorgänge lebenswichtig sind (Biokatalysatoren). Folglich müssen sie mit der Nahrung aufgenommen werden, wobei der Bedarf eines Sportlers um das Drei- bis Vierfache gegenüber der Norm erhöht ist, je nachdem, wie umfangreich und hart er trainiert. Wichtig zu wissen ist, daß gewisse Vitamine (B_1, B_2, C) im Schweiß verlorengehen.

Man unterscheidet fett- und wasserlösliche Vitamine. Zu letzteren zählen der gesamte B-Komplex, C, Folsäure und Niacin. Überschüssige Mengen, zum Beispiel in Form von hochdosierten Multivitamintabletten zu sich genommen, werden über die Nieren ausgeschieden. Anders verhält es sich bei den fettlöslichen Vitaminen, also E, D, K und A. Bei zu hoher Aufnahme kommt es zu Ablagerungen in fetthaltigen

117

Ernährung

Strukturen des Körpers (Fettgewebe, Nervenzentren), was (allerdings seltene) Krankheitserscheinungen aufgrund von Überdosierung zur Folge haben kann. Im Normalfall sollte der Vitamingehalt einer abwechslungsreichen, vollwertigen Mischkost knapp ausreichen. Beim regelmäßig trainierenden Sportler ist der Vitaminbedarf aber zweifellos erhöht.

Antioxidantien

Warum gibt es schwere Erkrankungen wie z. B. Krebs bei Menschen, die nicht rauchen, keinen Alkohol trinken, keine Drogen zu sich nehmen, die weder übergewichtig sind noch irgendwelche anderen Risikofaktoren mit sich herumtragen, dafür aber mit regelmäßigem Ausdauertraining ihre Fitneß erhalten? Wissenschaftler haben sich mit diesem zunächst schwer erklärbaren Phänomen beschäftigt und sind dabei auf unerwünschte Nebenwirkungen der »Droge Sauerstoff« gestoßen.
Der Organismus des Ausdauersportlers gerät in viel höherem Maße mit Sauerstoff in Berührung als der des Nichtsportlers. Bei einer intensiven sportlichen Belastung kann der Sauerstoffbedarf im Gewebe leicht auf das 10- bis 20fache des Normalen ansteigen.
Dabei entfaltet der Sauerstoff nicht nur positive Wirkungen. Er sorgt nämlich dafür, daß sog. freie Radikale in großer Zahl entstehen. Diese Substanzen wirken zellschädigend und können Alte-

rungsprozesse beschleunigen, Arteriosklerose (Gefäßverengung als Vorstufe zum Herzinfarkt) auslösen und eine ganze Reihe weiterer Erkrankungen verursachen.
Diesen freien Radikalen treten Substanzen entgegen, die als Antioxidantien bezeichnet werden. Die wichtigsten sind Vitamin C als wasserlösliches und Vitamin E sowie β-Carotin als fettlösliche Vitamine. Zusätzlich wirkt Selen als Baustein in einem wichtigen Enzym. Die Dosierungsangaben haben sich in den letzten Jahren stark verändert. Man glaubt heute, daß höhere Mengen an Antioxidantien nötig sind, um eine ausreichende Schutzwirkung zu entfalten, insbesondere bei Sportlern.

Dosierungsempfehlungen für Sportler

Vitamin E		800	I. E.
Vitamin C	Männer	2000–4000	mg
	Frauen	1000–2000	mg
β-Carotin		15–25	mg
Selen		100–200	μg

Mineralstoffe und Spurenelemente

Die Körperflüssigkeiten und Gewebe des Menschen weisen einen charakteristischen und konstanten Gehalt an Elektrolyten auf (elektrisch geladene, gelöste Teilchen), der als Isotonie bezeichnet wird. Wasser- und Elektrolythaushalt sind dabei sehr eng mitein-

Durchschnittliche Magenverweildauer verschiedener Speisen

Sauerstoffradikale und Metabolite	Antioxidantien
Peroxidradikal ROO˙	Vitamin E
Singulettsauerstoff $1O_2$	β-Carotin Vitamin C und E
Superoxidanion O_2^-˙	Superoxiddismutase
Hydroxylradikal OH˙	SH-Gruppen (Aminosäuren)
Wasserstoffperoxid H_2O_2	Glutathionperoxidase (Selen) Katalase

Die Nahrungsbestandteile

Wasserlösliche Vitamine

Name	Vorkommen	Bedeutung
Vitamin B_1 (Thiamin)	Weizenkeime, Haferflocken, Hefe, Vollkornprodukte, Schweinefleisch, Hülsenfrüchte	Kohlenhydratstoffwechsel, Antioxidationsmittel
Vitamin B_2 (Riboflavin)	Milch, Fleisch, Getreide, Hefe, Weizenkeime	Energieproduktion auf Zellebene
Vitamin B_6 (Pyridoxin)	Getreide, Fleisch, Leber, Hefe, Fisch	Eiweißstoffwechsel, Antioxidationsmittel
Vitamin B_{12} (Cobalamin)	in allen tierischen Lebensmitteln	Bildung der roten Blutkörperchen
Vitamin C (Ascorbinsäure)	frisches Obst und Gemüse (Zitrusfrüchte, Hagebutten, Kartoffeln, Paprika, Sanddorn)	Bindegewebeaufbau, Antioxidationsmittel
Folsäure	grünes Blattgemüse, Weizenkeime, Leber, Hefe	Aminosäurenstoffwechsel
Pantothensäure	in pflanzlichen und tierischen Nahrungsmitteln weitverbreitet	Antioxidationsmittel
Niacin	Schweinefleisch, Hefe, Vollkornprodukte, Kartoffeln	Energieproduktion auf Zellebene
Biotin	Sojamehl, Leber, Hefe (wird zusätzlich von den Darmbakterien gebildet)	Enzymbestandteil

Fettlösliche Vitamine

Name	Vorkommen	Bedeutung
Vitamin A (Retinol)	Leber, Lebertran, Milchprodukte, Eigelb	Sehvorgang; Haut und Schleimhäute; Wachstum
Provitamin A (β-Carotin)	Möhren, Paprika, Tomaten, Aprikosen, Feldsalat, Grünkohl usw.	Sehvorgang; Haut und Schleimhäute; Wachstum
Vitamin D	Leber, Lebertran, Eigelb; wird durch Sonnenbestrahlung in der menschl. Haut gebildet	Calciumstoffwechsel – Knochenaufbau
Vitamin E	Weizenkeime, Vollkornprodukte, Eier, Pflanzenöle, Naturreis, Gemüse	Fettsäurestoffwechsel (Antioxidationsmittel)
Vitamin K	in vielen Lebensmitteln; kann durch Darmbakterien gebildet werden	Blutgerinnung

Vorkommen der Vitamine in der Nahrung und ihre Bedeutung (nach KONOPKA).

ander verknüpft. Die wichtigsten Funktionen der Mineralstoffe dienen der elektrischen Erregungsleitung in Nerv und Muskel und der Aufrechterhaltung elektrischer Stabilität an den Zellmembranen, der Gewährleistung eines bestimmten osmotischen Druckes (osmos, griech.: Antrieb; die Kraft, die für eine gleichbleibende Flüssigkeitsverteilung in Zellen und Blutgefäßen sorgt). Natrium, Kalium, Kalzium und Magnesium sowie Chlorid, Phosphat und Bikarbonat sind die bedeutendsten Elektrolyte, Eisen, Zink, Mangan, Kupfer, Jod und Selen die wichtigsten Spurenelemente.

Natrium und Chlorid sind als Kochsalz in fast allen Speisen zu finden. Zusätzlich wird Natrium im Schweiß zurückgehalten und dadurch vom Körper eingespart. Ein echter Natriummangel ist daher nur unter Extrembedingungen möglich, z. B. bei einem Marathonlauf bei feuchtheißem Wetter.

Ernährung

Vorkommen und Bedeutung der wichtigsten Mineralstoffe.

Mineralstoffe

Name	Vorkommen	Bedeutung
Natrium (Na)	Kochsalz, gesalzene und geräucherte Lebensmittel	osmotischer Druck im Extrazellulärraum, bioelektrisches System, Enzymfunktion
Kalium (K)	weitverbreitet in pflanzlichen Nahrungsmitteln	osmotischer Druck innerhalb der Zelle, bioelektrisches System Enzymfunktion
Chlorid (Cl)	Kochsalz, gesalzene und geräucherte Lebensmittel	osmotischer Druck im Extrazellulärraum, Magensäure
Calcium (Ca)	Milch, Milchprodukte, Gemüse, Obst, Getreide	Knochenstruktur, neuromuskuläre Erregbarkeit, Muskelkontraktion, Blutgerinnung
Magnesium (Mg)	Weizenkeime, Hülsenfrüchte, Geflügel, Fisch, Gemüse, Obst	Knochenstruktur, Enzymaktivierung, Muskelfunktion
Phosphor (P)	Milch, Fleisch, Getreide, Fisch, Eier	Knochenstruktur, Zellstrukturen, Energiebereitstellung, Membranfunktionen

Eisen, Kalium und Magnesium gehen demgegenüber im Schweiß in größeren Mengen verloren und sind gerade für Ausdauersportler extrem wichtig. Ein Kaliummangel äußert sich in Muskelschwäche, Müdigkeit und mangelnder Leistungsbereitschaft, Magnesiummangel kann zu Krämpfen der Muskulatur führen. Nach längeren Belastungen kann es Tage, bei starker Entleerung der Depots Wochen (!) dauern, bis die Magnesiumreservoirs im Körper wieder aufgefüllt sind.

Dem Eisen kommt für Ausdauerathleten besondere Bedeutung zu, da es für Sauerstoff- und Kohlendioxidtransport unerläßlich ist. Daneben ermöglicht es dem Myoglobin seine Rolle als Sauerstoffspeicher und nimmt eine zentrale Rolle in der Atmungskette der Zellen ein. Einem gesteigerten Bedarf steht bei Sportlern ein erhöhter Verlust in

Spurenelemente

Name	Vorkommen	Bedeutung
Silicium	Kleie, Pflanzenfasern	Knochenstruktur, Bindegewebe- und Knorpelaufbau
Zink (Zn)	grüne Erbsen, Käse, Eier, Fleisch, Fisch, Leber, Orangen	Wachstum, Sexualfunktionen, Hautstruktur, Wundheilung, Appetit
Eisen (Fe)	Leber, Bierhefe, Schnittlauch, Vollkornprodukte, Petersilie, Broccoli, Rosenkohl	Enzymbaustein, Sauerstofftransport
Mangan (Mn)	Getreide, Spinat, Beeren, Hülsenfrüchte	Knochen- und Knorpelbildung
Fluor (F)	Fleisch, Eier, Obst, Gemüse	Zahn- und Knochenstruktur
Kupfer (Cu)	Hülsenfrüchte, Leber, Nüsse	elastische Fasern (große Blutgefäße!), Knochenstruktur, Blutbildung
Jod (J)	Eier, Milch, Meeresfische	Schilddrüsenfunktion, körperliche und geistige Entwicklung
Selen (Se)	Fleisch, Fisch, Bierhefe, Vollkornprodukte, Obst, Gemüse	Antioxidationsmittel, Muskelfunktion, Blutgerinnung

Vorkommen und Bedeutung der wichtigsten Spurenelemente.

Schweiß, Urin, Stuhl und ein vermehrter Zerfall der roten Blutkörperchen (Hämolyse) gegenüber. In einer eigenen Studie an 50 Läuferinnen fand sich bei 29 ein Eisenmangel, jedoch nur bei 2 von 50 Nichtsportlerinnen. Um das entstehende Defizit auszugleichen, reicht das Angebot in der Nahrung oftmals nicht aus. Da eine prophylaktische Einnahme von Eisentabletten ohne ärztliche Kontrolle nicht ratsam ist und die ständige Einnahme von Mineraltabletten nicht jedermanns Sache ist, kann erst einmal versucht werden, den erhöhten Bedarf z. B. mit Bierhefe, Trockenobst, Weizenkeimen und Kakaogetränken zu decken. Regelmäßige Kontrollen des Eisen-, Ferritin- und Hämoglobinspiegels (z. B. vierteljährlich) sind für Läuferinnen dringend anzuraten.

Weitere, für unseren Organismus wichtige Spurenelemente, deren Bedeutung die Forschung bislang noch nicht in vollem Maße aufgeklärt hat, sind Molybdän, Arsen, Kobalt, Nickel, Chrom, Zinn, Vanadium, sogar Rubidium und Cäsium.

Flüssigkeit (Wasser)

Mindestens ebenso wichtig wie die festen Bestandteile unserer Nahrung ist ihr Flüssigkeitsgehalt. Der Körper des Menschen besteht zu 55 bis 70 % aus Wasser. Es dient als Lösungsmittel, zur Energieleitung, als Baustoff, wirkt bei chemischen Reaktionen mit und hilft, die Körpertemperatur konstant zu halten. Schon bei einem Flüssigkeitsverlust von 2 % des Körpergewichtes steigt die Körpertemperatur an. Bei 5 % Verlust steigt die Pulsfrequenz an, der Sauerstofftransport ist gestört. Einen Wasserverlust von nur 10 % kann der Mensch schon nicht mehr überleben. Ein gut trainierter Athlet kann bis zu 2 bis 3 Liter Schweiß pro Stunde produzieren. Entsprechend muß auf eine frühzeitige, ausreichende Flüssigkeitszufuhr in Training und Wettkampf geachtet werden.

Die Ernährung des Ausdauersportlers

Ernährung in der Trainingsphase

Unser Organismus hat sich in Jahrmillionen den rhythmischen Veränderungen der Natur angepaßt. Jahreszeiten, Mondphasen und der Wechsel von Tag und Nacht werden durch Regulationsvorgänge beantwortet, die uns großenteils gar nicht zum Bewußtsein gelangen. Und doch ist z. B. die Freisetzung der Hormone einer 24stündigen (circadianen) Rhythmik unterworfen, die unseren Appetit, unser Schlafbedürfnis und alle sonstigen Körperfunktionen beeinflußt.

Auch bei der Nahrungsaufnahme sollten wir diesen Schwankungen Rechnung tragen und unsere Mahlzeiten darauf einrichten.

So ist es von Vorteil, täglich wenn möglich zur gleichen Zeit zu essen. Am Vormittag sollen 30 bis 40 % der täglichen Kalorienmenge, am Mittag 20 bis 25 %, am Nachmittag 15 % und am Abend nochmals 20 bis 25 % aufgenommen werden.

> Um die Bekömmlichkeit der Nahrung zu erhöhen, gelten ein paar einfache *Grundregeln*, die natürlich auch für Nichtsportler zutreffen:
> ☐ Nahrung gut kauen (Vorverdauung).
> ☐ Nahrung fettarm.
> ☐ Wenig tierische Nahrungsmittel.
> ☐ Keine konzentrierten Süßspeisen.
> ☐ Keine sehr kalten oder sehr heißen Speisen oder Getränke.

Ideal wäre es, auch das Training zu festen Tageszeiten durchzuführen. Unter feuchtwarmen, für Mitteleuropäer im

Ernährung

allgemeinen ungewohnten Klimabedingungen ist der Organismus auf eine frühzeitige, ausreichende Flüssigkeitszufuhr angewiesen. Sportler, die mehr trinken, schwitzen eher weniger als solche, die den Durst zu unterdrücken versuchen, da über ihre besser gefüllten Hautgefäße mehr Wärme abgestrahlt werden kann und folglich weniger Schweiß zur Temperaturregulierung produziert zu werden braucht. Der Satz, daß »ein guter Athlet wenig trinkt«, gilt also nur für alkoholische Getränke. Hinzu kommt, daß die Fähigkeit, viel zu schwitzen, vor einer Überhitzung des Körpers schützt, die im Extremfall bis zum Tode führen kann (Hitzschlag, siehe S. 144 ff.). Als bekömmliches Getränk, das zudem wichtige Vitamine und Mineralstoffe enthält, empfehlen wir Apfel- oder Traubensaft mit Mineralwasser im Verhältnis 1:1 gemischt. Ein bedeutsamer Effekt des Ausdauertrainings ist die Vergrößerung der Glykogenreserven auf das maximal Zwei- bis Dreifache, um den Körper möglichst lange mit der hochwertigen und »billigen« Energie aus Kohlenhydraten versorgen zu können. Dazu sollte man wissen, daß nach einer maximalen Entleerung der Speicher ca. 48 Stunden bis zu ihrer völligen Wiederauffüllung vergehen. Die ersten 10 Stunden sind dabei besonders wichtig, sie werden als »schnelle Phase« der Wiederauffüllung bezeichnet. Man soll also recht bald nach einer harten Trainingsanstrengung oder einem Wettkampf ein üppiges Kohlenhydratmahl (z. B. Teigwaren, Reis, Kartoffeln, Gemüse, Obst, Müsli) zu sich nehmen, dazu ausreichend trinken. Darüber hinaus soll man noch darauf achten, daß die Speisen viel Kalium enthalten (z. B. Trockenobst, Bananen, Nüsse, Weizenkeime, Bouillon aus Fleischextrakt), da Kalium und Wasser beim Wiederaufbau der Glykogenstrukturen benötigt werden.

Tabellen über die vom Körper benötigte Gesamtkalorienmenge sind hilfreich, um seine Ernährungsgewohnheiten mit dem »Soll« zu vergleichen. Im Laufe der Trainingsjahre bekommt der Sportler jedoch durch die intensive Beschäftigung mit seinem Körper und dessen Reaktionen auf Belastungen ein natür-

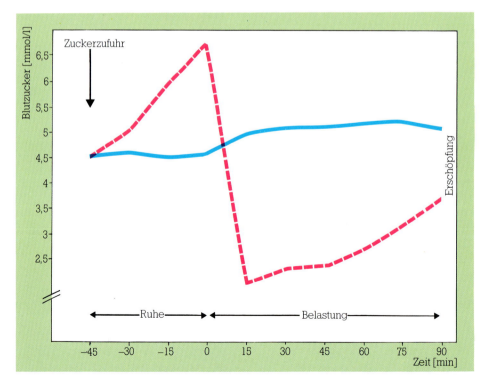

Verlauf des Blutzuckerspiegels mit und ohne Kohlenhydratzufuhr vor einer 90 minütigen Belastung von etwa 70 % der maximalen Leistungsfähigkeit.

Die Ernährung des Ausdauersportlers

Durchschnittliche Magenverweildauer verschiedener Speisen

6 bis 8 Std.	Ölsardinen, Gänsebraten, Terrinen, Sauerkraut, Kohl
5 bis 6 Std.	Speck, Räucherlachs, Thunfisch, Gurkensalat, Pilze, Pommes frites/ Frittiertes, Schweinebraten, Koteletts
4 bis 5 Std.	Rinderbraten, Bratfisch, Steak, Schnitzel, Erbsen, Linsen, weiße und grüne Bohnen, Buttercremetorte
3 bis 4 Std.	Schwarzbrot, Käse, rohes Obst, grüner Salat, gedünstetes Gemüse, Hühnerfleisch, Filet, Schinken, gegrilltes Kalbfleisch, Bratkartoffeln, Buttergebäck
2 bis 3 Std.	mageres Fleisch, gekochtes Gemüse, Salzkartoffeln, gekochte Teigwaren, Rührei, Omelette, Bananen, Tartar
1 bis 2 Std.	Milch, Joghurt, Kakao, Magerkäse, Weißbrot, weichgekochte Eier, Kartoffelpürree, Kochfisch, Reis, Fruchtkompott
1 Std.	Tee, Kaffee, Buttermilch, Magermilch, fettarme Bouillon, Limonaden
½ Std.	kleine Mengen von: Glukose, Fruktose, Honig, isotonischen Elektrolytgetränken, Alkohol

liches Gespür für die von seinem Körper benötigte Kalorienmenge. So haben die meisten Spitzenathleten – ohne es zu kontrollieren – ein weitgehend konstantes Gewicht, das im Winter ca. 1 bis 2 Kilogramm höher liegt als zur Wettkampfzeit im Sommer. Wer jedoch glaubt, auf objektive Informationen nicht verzichten zu können, sollte sich regelmäßig morgens nach dem Aufstehen nüchtern wiegen. Noch wertvoller ist – z. B. zur langfristigen Kontrolle – die Bestimmung des Körperfettanteils. Bewährt hat sich die einfach durchführbare Impedanzmethode.

Ernährung in der Wettkampfphase

In den letzten Tagen vor einem wichtigen Wettkampf soll auf ein besonders hohes Angebot an Kohlenhydraten in der Nahrung geachtet werden. Die zeitweise praktizierte »Schwedendiät« (also die starke Entleerung der Kohlenhydratdepots durch eine Fett-Eiweiß-Diät in Verbindung mit hartem Ausdauertraining bis 3 oder 4 Tage vor dem Wettkampf, anschließend eine extrem kohlenhydratreiche Nahrung zur Auffüllung der Glykogendepots über das normale Maß hinaus) wird heute kaum noch angewendet. Der – zwar einkalkulierte – Leistungsabfall wenige Tage

vor dem Wettkampf ist einfach zu schwer zu verkraften.

Ebenfalls sehr wichtig ist es, auf ein ausreichenes Angebot an Mineralien (K, Mg, Fe) und Vitaminen (C, B-Komplex und E) zu achten, um nicht bereits mit einem Defizit in den Wettkampf zu gehen.

Weiterhin soll dem Körper ausreichend Flüssigkeit zugeführt werden, und das bis relativ kurz vor dem Start (ca. eine halbe bis eine Stunde). Eine hypotone, also sehr »dünn« angesetzte Kohlenhydratlösung wird am schnellsten resorbiert, sogar schneller als reines Wasser. Empfehlenswert ist z. B. ein geringer Zusatz von Schmelzflocken zu der bereits beschriebenen Mischung aus Apfel- oder Traubensaft und kohlensäurefreiem Mineralwasser im Verhältnis 1:1. Als anregende und zudem nützliche Getränke haben sich auch Kaffee und Tee erwiesen. Vor dem Wettkampf erhöhen sie, in Maßen, also 2 bis 3 Tassen, getrunken, die körperliche und geistige Leistungsbereitschaft ein wenig und helfen gleichzeitig, die Fettverbrennung zu fördern, wodurch die Kohlenhydratreserven schon in den Anfangsstadien eines Wettkampfes geschont werden können.

Die letzte feste Mahlzeit hingegen soll mindestens $2^{1}/_{2}$ bis 3, besser 3 bis 4 Stunden vor dem Start abgeschlossen sein, um zu verhindern, daß die Speise

Ernährung

Beispiel für den Einfluß von Flüssigkeitszufuhr auf die Herzfrequenz unter hohen Außentemperaturen auf verschiedenen Belastungsstufen. Bei hohen Außentemperaturen kann die Herzfrequenz (und damit die vom Herzen zu leistende Arbeit) durch regelmäßige Flüssigkeitszufuhr vermindert werden.

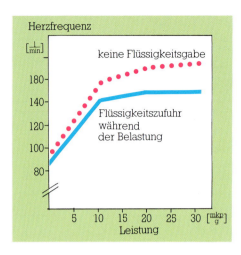

noch im Magen »liegt«. Sie soll vorwiegend aus leicht verdaulichen Kohlenhydraten bestehen (Teigwaren, Reis, Kartoffeln), wenig Fett, Eiweiß und jetzt auch ausnahmsweise wenig Ballaststoffe enthalten und nicht zu üppig sein. Für eine solche Mahlzeit muß der Organismus nach etwa 1 1/2 Stunden die größte Verdauungsarbeit leisten. Zu diesem Zeitpunkt ist also äußere und innere Ruhe empfehlenswert.

Nicht empfehlenswert ist die Aufnahme konzentrierter Kohlenhydratgetränke in der letzten Stunde vor dem Wettkampf. Auf den damit verbundenen kurzfristigen Blutzuckeranstieg reagiert der Organismus nämlich mit einer Gegenregulation, die durch eine vermehrte Ausschüttung des Bauchspeicheldrüsenhormones Insulin ausgelöst wird. Es kommt zu einem deutlichen Abfall des Blutzuckerspiegels, und zwar bei ungünstiger zeitlicher Zuordnung während des Wettkampfes. Eine massive Schwächeperiode (»toter Punkt«) wäre die unausweichliche Folge, letztlich also genau das Gegenteil der ursprünglich beabsichtigten Wirkung.

Ernährung im Wettkampf

Bei Wettkämpfen bis zu einer Dauer von etwa 45 Minuten ist normalerweise keine Zwischenverpflegung nötig. Die Energiedepots des Menschen reichen bei gutem Trainingszustand ohne weiteres für derartige Belastungen aus. Dauert der Wettkampf jedoch länger, also z. B. ein Marathonlauf, so sollte frühzeitig damit begonnen werden, Flüssigkeit zu sich zu nehmen, jedenfalls lange bevor ein Durstgefühl oder gar Leistungsabfall Mangelerscheinungen signalisiert. Sie nehmen das Getränk am besten schluckweise in kleinen

Die Ernährung des Ausdauersportlers

Mengen zu sich, am besten schon nach 5 Kilometer das erste Mal. Danach ebenso alle weiteren 5 Kilometer. Nach neueren Untersuchungen können die Getränke durchaus gekühlt getrunken werden, da sie dann den Magen schneller verlassen und auch mithelfen, bei heißer Witterung die Körpertemperatur niedrig zu halten. Entscheidend ist natürlich, daß sich keine Magenprobleme einstellen. Empfehlenswert (falls beim jeweiligen Wettkampf durchführbar) ist auch hier die bereits als Vorwettkampfgetränk beschriebene Mischung. Die Fähigkeit des Organismus, während eines Wettkampfes Nährstoffe in nennenswerter Menge aufzunehmen, muß stark bezweifelt werden. Die Durchblutung des Magen-Darm-Traktes ist bei intensiven Ausdauerbelastungen auf ein Minimum reduziert. Allenfalls geringe Mengen an Kohlenhydraten scheinen den Weg bis zum Bestimmungsort (die Muskulatur) zu finden.

Ernährung in der Nachwettkampfphase

Nach einem anstrengenden Lauf muß zunächst die dem Körper verlorengegangene Flüssigkeit ersetzt werden. Weitaus günstiger als reines Wasser ist auch hier die »Wettkampfmischung« (siehe S. 123), da sie schnell resorbiert wird und den Organismus gleichzeitig mit Flüssigkeit, Kohlenhydraten als Energieträger sowie Vitaminen und Mineralstoffen versorgt. Bitte trinken Sie jedoch nicht zu viel, zu schnell und zu kalt.
Etwa 1 bis 2 Stunden später, nachdem der Körper sich beruhigt hat, soll eine kohlenhydratreiche und auch eiweißhaltige Mahlzeit (siehe S. 115, 117) folgen, um die entleerten Depots rasch wieder aufzufüllen.

Frauen und Laufen

Frauen und Laufen

Etwas Geschichte

Nachforschungen über die Geschichte des Frauensports führen zu erstaunlichen Feststellungen. In der heutigen Zeit gilt es als sensationeller Fortschritt, daß die Frauen über die gleichen Distanzen wie die Männer hervorragende Leistungen bringen können. So war noch 1968 bei den Olympischen Spielen in Mexiko die längste Frauenstrecke 800 Meter lang, da man das weibliche Geschlecht vor den »Gefahren, die eine längere Laufstrecke für ihren Körper darstellen muß«, beschützen wollte.

Dabei wurden bereits in der Antike z. B. bei den Spartanern die Mädchen der gleichen körperlichen Zucht unterworfen wie die Knaben. Dazu gehörte auch der Wettlauf über längere Strecken, den sie in manchen Gymnasien sogar gegen Jünglinge austrugen.

Fast alle modernen Erkenntnisse, die hinsichtlich des Ausdauersportes für die Frauen gewonnen wurden, waren den alten Griechen schon geläufig. So wußte man damals bereits, daß »ein kräftiger Leib den künftigen Keim einer gesunden Entwicklung in sich trägt« und »starke Frauen die Geburten besser ertragen und den Wehen leichter widerstehen als sportlich ungeübte«. Es war Plato, der sogar für regelmäßige Bewegung der schwangeren Frau eintrat, um bereits dem Embryo eine angemessene Gymnastik zukommen zu lassen.

Die kulturelle Stellung der Frau änderte sich jedoch im Laufe der Jahrhunderte, und bis Ende des 19. Jahrhunderts war der Sport in unserem Kulturkreis reine Männersache. Im Mittelalter galt die Frau als zerbrechliches Wesen, das zum

Hassiba Boulmerka/ALG (Startnummer 53), deren 1500-m-Olympiasieg in Barcelona 1992 nicht nur sportliche Wellen in ihrem Heimatland Algerien schlug.

Frauen und Laufen

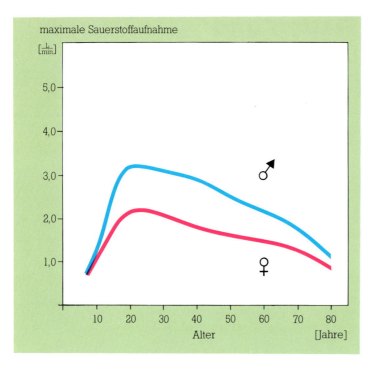

Die maximale Sauerstoffaufnahme im Verlaufe des Lebens bei Männern und Frauen als Maß für die Ausdauerleistungsfähigkeit.

Sporttreiben ungeeignet war. In anderen Kulturkreisen wurden die Frauen zwar zu körperlichen Arbeiten herangezogen, doch gab es dort aus anderen Gründen keine Sportlerinnen.

So finden wir bis heute noch in vielen Teilen der Erde eine strikt begrenzte gesellschaftliche Rolle der Frau. Wenn überhaupt, so ist es für sie spätestens im heiratsfähigen Alter von 16 Jahren undenkbar, weiter Sport zu treiben. Sie hat dann die Aufgabe, Kinder zu gebären und ausschließlich für diese, Mann und Haushalt zu sorgen. Es gäbe sonst z. B. in Afrika neben den hervorragenden afrikanischen Läufern sicher auch eine ähnlich hohe Zahl von Läuferinnen in der Weltspitze über die langen Distanzen.

In den industrialisierten Ländern haben die Frauen den Sprung gewagt und bewiesen, daß sie nicht aus Mangel an natürlichen Fähigkeiten jahrhundertelang vom Sport ausgeschlossen waren, sondern aufgrund gesellschaftlicher Vorurteile. Doch bis zum heutigen Selbstverständnis einer Sportlerin war es noch ein weiter Weg, begleitet von Spott und Beschimpfungen. In den Laufdisziplinen hatten sich die Frauen Strecke für Strecke regelrecht zu erkämpfen. Wurde in der Antike die Läuferin von den Dichtern als Schönheit gepriesen, so machten wir bei unserem Bemühen um Anerkennung in diesem Jahrhundert ganz andere Erfahrungen. Wir können uns gut an den Ausspruch eines bekannten ehemaligen Sportlers nach Einführung der längeren Mittelstrecke bei den Frauen erinnern, der lautete: »Wenn die Frauen jetzt auch 1500 Meter laufen, dann muß man halt 5 Minuten lang wegschauen.« Heute ist der Marathonlauf der Frauen eine Selbstverständlichkeit geworden, und es hat sich erwiesen, daß die Fähigkeit zum Langlaufen weniger geschlechtsspezifisch als eine Sache der persönlichen Veranlagung ist.

Leistungsmedizin

Der durchschnittliche Körperbau einer Frau unterscheidet sich vom männlichen zunächst durch ein geringeres Körpergewicht, eine geringere Körpergröße und einen höheren Prozentsatz an Körperfett. Absolut und relativ hat die Frau einen geringeren (ca. 25 bis 30 %) Anteil der Muskulatur am Gesamtkörpergewicht als der Mann (ca. 40 bis 50 %).

Von seiten des (passiven) Bewegungsapparates fallen bei der Frau der leichtere Knochenbau und der weniger straffe Bandapparat auf. Ihre Muskulatur ist dehnbarer als die des Mannes. Im Bereich der Wirbelsäule führt das dazu, daß sie anfälliger für Überlastungsschäden aufgrund zu einseitiger Beanspruchungen ist. Also sollte derartigen Verletzungen durch Muskelkräftigungsübungen und Wirbelsäulengymnastik vorgebeugt werden. Sonst stehen Frauen aber den Männern in der Belastbarkeit ihres Bewegungsapparates nicht nach.

Das Herz-Kreislauf-System der Frau weist eine geringere Sauerstofftrans-

Leistungsmedizin

Langstreckenlaufen macht häßlich?? Elana Meyer/RSA ist eine der weltbesten Langstreckenläuferinnen der 90er Jahre.

Frauen und Laufen

Seite 131: Frauenläufe (hier der in Bern, einer der größten in Europa) sind auch Ausdruck des neuen Selbstbewußtseins der Frauen – nicht nur im Sport.

portkapazität auf, auch wenn man die Werte auf das Körpergewicht bezieht. Ihre Herz- und Lungenvolumina sind kleiner, sie hat einen niedrigeren Blutdruck und weniger roten Blutfarbstoff (Hämoglobin). Die Ursache liegt wohl vor allem in der Tatsache, daß der Mann aufgrund seiner größeren Muskelmasse auch einen höheren Sauerstoffbedarf hat. So benötigt der Mann beim Sitzen, Stehen und Gehen durchschnittlich 10 % mehr Sauerstoff als die Frau.

Die Trainierbarkeit des Herz-Kreislauf-Systems hingegen ist bei beiden Geschlechtern gleich gut ausgeprägt. Bei entsprechendem Trainingsaufwand kann sich also eine Frau in Relation genauso verbessern wie ein Mann. Die gleiche trainingsbedingte Vergrößerung des Herzmuskels bewirkt bei Frauen sogar eine stärkere Abnahme der Ruhepulsfrequenz als bei Männern, mit anderen Worten eine deutlichere Ökonomisierung. Während der Entwicklung der Kraftfähigkeiten bei der Frau natürliche Grenzen gesetzt sind, gilt dies viel weniger für die Ausdauerfähigkeit. Es läßt sich belegen, daß zu den Sportarten, in denen Frauen traditionell hervorragende Leistungen erzielt haben, nun auch der Langstreckenlauf zu zählen ist. So steht seit 1985 die Weltbestleistung im Marathon bei bis dahin schier unvorstellbaren 2:21:06 Stunden. Die Norwegerin Ingrid Kristiansen wirkte beim Zieleinlauf, als sie diesen Rekord in London aufstellte, erstaunlich frisch. Sie hat bewiesen (wie auch z. B. Grete Waitz, Joan Benoit oder Uta Pippig und Katrin Dörre), daß eine Frau das gleiche Trainingspensum absolvieren kann wie ein Mann. Das gilt für die Kilometer-Anzahl pro Woche als auch für die relative Intensität des Trainings.

Training für die Frau

Wie bereits im Kapitel Training (siehe S. 35 ff. und 61 ff.) ausführlich beschrieben, sind Zweck, Zielsetzung und Zeitaufwand des Lauftrainings im Einzelfalle höchst unterschiedlich. Für die Anfängerin empfiehlt sich der Wechsel von Gehen und Laufen, bis etwa eine halbe Stunde lang ohne Pause in ruhigem Tempo »gejoggt« werden kann. Mehr als zwei- bis dreimal pro Woche soll zunächst nicht gelaufen werden, um den Organismus langsam an die erhöhte Belastung zu gewöhnen. Sowohl dem Herz-Kreislauf-System als auch dem Bewegungsapparat muß Zeit gegeben werden, sich allmählich anzupassen, was bereits in dieser Phase durch eine regelmäßige Kräftigungs- und Lockerungsgymnastik unterstützt werden kann. Insbesondere Übungen zur Kräftigung der Rücken-, Gesäß- und Bauchmuskulatur sowie der Fuß- und Unterschenkelmuskulatur (siehe S. 86 bis 91) können Verletzungen vermeiden helfen und die Leistungsfortschritte beschleunigen. Aufgrund der anatomischen Verhältnisse und des allgemein etwas weicheren Bindegewebes ist gerade bei Frauen schon in der Anfangsphase eine qualifizierte orthopädische

Die Entwicklung der dynamischen Maximalkraft im Schulalter bei Mädchen und Jungen am Beispiel des Bankdrückens.

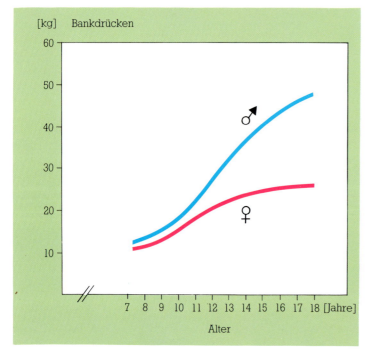

Training für die Frau

und schuhfachliche Beratung sehr empfehlenswert.

Aus rein gesundheitlichen Aspekten wären 3 Trainingseinheiten in der Woche mit je 40 Minuten Dauerlauf (zusätzlich die erwähnte Gymnastik!) zunächst einmal ausreichend, wobei der Steigerung des Umfanges nach obenhin keine Grenzen gesetzt sind. Aus Erfahrung bleibt es in den meisten Fällen nicht bei diesem Trainingsumfang. Wer einmal auf den »Geschmack« gekommen ist, will in der Regel mehr. Es gibt reizvolle Wettkämpfe, auf die es sich vorzubereiten lohnt und deren Teilnahme zu einem unvergeßlichen Erlebnis werden kann (siehe dazu S. 105 ff.).

An dieser Schwelle verlassen Sie bereits den reinen Gesundheitssport und werden zur mehr leistungsorientierten Breitensportlerin. In dieser zweiten Phase sollten Sie das Lauftempo variieren und die Umfänge steigern. Fahrtspiel und Hügeltraining (siehe S. 44 ff.) bieten sich zur abwechslungsreichen und effektvollen Trainingsgestaltung an, und mehr denn je sollen Kräftigungs- und Dehnübungen zu einem festen Bestandteil des Trainingsprogrammes werden.

Der Schritt zum Leistungssport ist nun auch nicht mehr weit, und bei etwas Talent und Trainingseifer werden sich schon bald ansprechende Trainingsresultate einstellen. Noch ist ja die Leistungsdichte im Frauenbereich ständig im Ansteigen begriffen und bisher längst nicht so hoch wie bei den Männern. Es müssen ja nicht gleich zwei Trainingseinheiten pro Tag sein wie bei den Läuferinnen der absoluten Weltspitze, aber mit täglichem, ausreichend intensiven Training läßt sich so manches nationale Rennen gewinnen.

Gesundheit

Wie wichtig die Gesundheit ist, bemerkt man immer erst, wenn man krank ist oder sich nicht wohl fühlt. Der Kluge wird für solche Fälle vorsorgen. Die vielen, die bereits ein regelmäßiges Lauftraining absolvieren, wissen, daß »Laufen macht fit« nicht nur ein Modeslogan ist. Häufig liegt die Motivation für den Trainingsbeginn darin, daß man ein paar Pfunde abspecken möchte. Erfreulicherweise läßt dieser Erfolg auch nicht lange auf sich warten. Sie passen plötzlich wieder in eine früher getragene Konfektionsgröße, da »der Bauch verschwunden« ist, und Sie können tief und fest schlafen. Kurzum, Sie fühlen sich um mehrere Jahre verjüngt, und gerade die äußere Erscheinung ist ein wichtiger Faktor für das Selbstbewußtsein der Frau.

Zum Thema Sport und Krebs wurde vor nicht allzu langer Zeit in den USA eine wissenschaftliche Studie veröffentlicht, in welcher insgesamt fast 5500 Frauen untersucht worden waren. Etwa die Hälfte hatte regelmäßig Sport betrieben, die anderen überhaupt nicht. Es stellte sich heraus, daß die sportlichen Frauen ein zwei- bis zweieinhalbmal geringeres Risiko besaßen, an Krebs der Geschlechtsorgane zu erkranken. Als mögliche Gründe für diese deutlichen Unterschiede werden die erhöhte Durchblutung der Organe und ihre bessere Versorgung mit Sauerstoff sowie eine allgemeine Aktivierung des Immunsystems (Abwehr von Krankheitserregern und Erkennen und Abtöten von kranken Körperzellen) bei den Sportlerinnen angeführt. Darüber hinaus spielen offenbar auch hormonelle Ursachen eine Rolle (verringerter Körperfettanteil und niedriger Östrogenspiegel).

Aufgrund der anatomisch-physiologischen Gegebenheiten sind Frauen empfindlicher gegen Unterkühlung, die zum Beispiel Schmerzen bei der Menstruation auslösen kann. Große Anstrengungen bei kaltem oder gar naßkaltem

Gesundheit

Wetter bergen die Gefahr von Entzündungen des Unterleibs und der ableitenden Harnwege. Folglich sollte man sich durch entsprechende Kleidung schützen und einen Wettkampf lieber in Tights (siehe S. 29) bestreiten, die ohnehin nur ein paar Gramm wiegen, als eine Infektion zu riskieren.

In regelmäßigem Abstand gibt es Tage, an denen sich manche Frau weniger leistungsbereit fühlt als üblicherweise. Gerade Laufanfängerinnen fragen immer wieder, ob sie während der Monatsblutung laufen dürfen. Aus medizinischer Sicht bestehen dagegen überhaupt keine Bedenken. Die Menstruation ist ein natürlicher Vorgang im Körper der Frau und keine Krankheit. Sie muß auch auf die Leistungsfähigkeit keinen negativen Einfluß haben. Die meisten Frauen verspüren ein Leistungshoch direkt nach der Menstruation und ein leichtes Tief unmittelbar davor. Bei einer Untersuchung während der Olympischen Spiele in Tokio wurde festgestellt, daß unter den Medaillengewinnerinnen die unterschiedlichsten Phasen der Regelblutung vorkamen. Im Normalfall ist davon abzuraten, wegen eines Wettkampfes die Periode medikamentös zu verschieben. Im Gegenteil, es können oftmals Probleme, die während dieser Zeit auftreten, durch nicht zu intensives Lauftraining beseitigt oder verringert werden. Häufig mit dem Zyklus einhergehende Krämpfe werden häufig erträglicher oder verschwinden in manchen Fällen ganz, wenn man während dieser Zeit leicht trabt. Ebenso können sich Begleiterscheinungen wie Rücken- und Kopfschmerzen oder allgemeine Müdigkeit bessern, Depressionen werden in manchen Fällen abgebaut oder die Dauer der Blutung verkürzt.

Bei manchen Hochleistungssportlerinnen kommt es nach längerfristigem, harten Training zu Unregelmäßigkeiten der Monatsblutung (Oligomenorrhoe) oder ihrem gänzlichen Ausbleiben (Amenorrhoe). Letzteres kann auch durch psychische Belastungen wie Examensangst, berufliche oder familiäre

Zweckmäßig und empfehlenswert ist vor allem für Frauen das Tragen wärmender Kleidung bei niedrigen Temperaturen.

133

Frauen und Laufen

Schwierigkeiten ausgelöst werden. Steuerungszentren im Hirn bewirken Verschiebungen im Hormonhaushalt, die vor allem LH (luteotropes Hormon) und Östrogene (weibliche Sexualhormone) betreffen. Das Unterhautfettgewebe nimmt ab, Veränderungen des Mineralstoffgleichgewichtes (z. B. Kalzium) treten auf. Eine Rückbildung ist möglich, wenn das Training reduziert wird. Meist besteht keine Gefahr, daß es sich um mehr als nur vorübergehende funktionelle Störungen handelt; sie haben normalerweise keinen Einfluß auf die Gesundheit oder Erholungsfähigkeit der Frau. Anders verhält es sich, wenn sehr junge Mädchen Leistungssport betreiben sollen oder wollen, schon bevor die Pubertät eingesetzt hat. Das Herz-Kreislauf-System mag zwar dem verfrühten, harten Training gewachsen sein, nicht aber die hormonellen Steuerungsmechanismen und auch nicht der Bewegungsapparat. Die erste Regelblutung (Menarche) wird durch noch unregelmäßige Ausschüttungen von LH aus der Hirnanhangdrüse vorbereitet. Das intensive Training kann diesen Mechanismus unterdrücken, wodurch sich das Einsetzen der ersten Blutung stark verzögert. Später bleiben fast stets Menstruationsstörungen zurück, häufig auch ein verminderter Kalksalzgehalt der Knochen (Osteoporose).

Eine andere Schwachstelle im jugendlichen Organismus betrifft den Bewegungsapparat. Vor Abschluß des Wachstums sind die Wachstumsfugen die Zonen höchster Stoffwechselaktivität und damit besonders empfindlich gegen Überlastungen. Besonders gefährdet sind die Brust- und Lendenwirbelkörper sowie Muskel- und Sehnenansätze, z. B. am Schienbeinkopf. Durch den monatlichen Blutverlust leiden Frauen häufig an Eisenmangel. Wie bereits im Kapitel Ernährung (siehe S. 114) erläutert, ist Eisen notwendig für die Bildung der roten Blutkörperchen, die im Blut als Sauerstoffträger fungieren. Sauerstoff wiederum spielt eine unersetzliche Rolle bei der Energiegewinnung und hat somit entscheidenden Einfluß auf die Leistungsfähigkeit. Gerade für Frauen ist es ratsam, das Blut regelmäßig untersuchen zu lassen und gegebenenfalls ein vom Arzt empfohlenes Eisenpräparat über einen längeren Zeitraum einzunehmen.

Es gibt ein spezielles Frauenproblem, das aus Scheu selten ausgesprochen wird, jedoch gerade bei älteren Frauen recht häufig verbreitet ist. Bei längerem Laufen oder bei Sprüngen tritt Urin aus der Blase aus, obwohl sie gerade entleert wurde. Grund hierfür kann ein im Alter sich senkender Uterus und ein Nachlassen der Blasenschließmuskelfunktion sein. Unseres Wissens kann man dieses Übel nicht abschaffen, jedoch durch die Bauchmuskulatur stärkende, den Beckenboden straffende Übungen mindern.

Hier ein *Beispiel:* Sie legen sich flach auf den Rücken und stellen die Füße auf den Boden. Die Arme liegen beidseitig flach neben dem Körper. Jetzt heben Sie das Gesäß an und pressen dabei die Gesäßmuskulatur so fest es geht zusammen. Dabei sollten Sie ausatmen. Sie halten diese Position einige Sekunden lang und entspannen dann wieder, indem Sie das Gesäß auf den Boden bringen und einatmen. Diese Übung sollten Sie in Serien je 20 mal wiederholen. Siehe S. 161 (einbeinige Ausführung).

Schwangerschaft

Ein wohl sensationelles Erlebnis im Leben der Frau ist die erste Schwangerschaft. Sofern man an ein regelmäßiges Lauftraining gewöhnt ist, braucht man auf gemäßigtes Laufen während der ersten Schwangerschaftsmonate nicht zu verzichten, wenn man den Wunsch dazu verspürt. Voraussetzung ist ein normaler Schwangerschaftsverlauf. Außerdem darf kein Risiko für eine Frühgeburt vorliegen. Besonders vorsichtig sollte man in der 8., 12. und 16. Woche nach der letzten Regelblutung sein und starke Erschütterungen (z. B. Sprungübungen) vermeiden. Zu

Kleidung - hübsch und praktisch

dieser Zeit besteht angeblich eine gesteigerte Uteruserregbarkeit, die evtl. eine Frühgeburt auslösen kann. Oberstes Gebot beim Training ist, auf das *eigene* Wohlbefinden zu achten und nicht zu versuchen, anderen Frauen in solchem Zustand nacheifern zu wollen. Selbst bei derselben Frau können verschiedene Schwangerschaften ganz unterschiedlich ablaufen. Zusätzlich sollte auf eine regelmäßige Gymnastik nicht verzichtet werden. Dadurch ist nicht nur die Entbindung selbst einfacher, der Körper kommt auch nachher schneller wieder in Form. In Frage kommen alle Übungen, die die Bauch- und Rückenmuskulatur stärken, sowie Atemübungen.

Viele Frauen sehen sich gezwungen, zunächst während der Schwangerschaft, dann aber auch in den ersten Lebensjahren ihres Sprößlings, das Laufen einzustellen, wenn keine Oma als Babysitter zur Verfügung steht (und »er« mal wieder keine Zeit hat). Der »Babyjogger« kann dieses Problem lösen helfen, denn er erlaubt der laufwilligen Mutter, den Nachwuchs mitzunehmen – und ihn gleich mit dem Laufsport anzufreunden. Kritikpunkte sind die nicht optimale Sitzposition und die schlechte Stoßdämpfung. Bei nicht allzu langen Trainingseinheiten und ebenen, asphaltierten Strecken ist der Babyjogger aber sicherlich ein guter Kompromiß, der es jungen Müttern erlaubt, ohne schlechtes Gewissen ihre Fitneß zu verbessern – der/die Kleine ist ja mit von der Partie!

Kleidung – hübsch und praktisch

Grundsätzlich gilt für die Bekleidung das auf den Seiten 24 bis 32 Gesagte. Man kann sich heute zum Training modisch und dennoch zweckmäßig kleiden. Die Bekleidungsindustrie hat in dieser Hinsicht in den letzten Jahren ein enormes Angebot geschaffen.

Es gibt lediglich zwei Ergänzungen speziell für Frauen zu beachten: Viele Läuferinnen haben beim Training Probleme mit dem Tragen ihres Büstenhalters. Manche bevorzugen es, ohne einen solchen zu laufen. Die Frage, ob zum Laufen ein Büstenhalter getragen werden soll, ist nach dem eigenen Wohlbefinden zu beantworten und hängt sicherlich auch von der Größe des Busens ab. Im Winter bedeutet das Tragen eines Halters einen zusätzlichen Wärmeschutz für eine empfindliche Brust. Das Entzünden der Brustwarzen kann dadurch leichter verhindert werden. Im Fachgeschäft gibt es spezielle Trainingsbüstenhalter oder Tops, die lästiges Trägerrutschen verhindern.

Der andere bei Frauen besonders zu schützende Körperteil ist der Unterleib. Einen guten Wärmeschutz bietet beispielsweise ein knielanger Angoraschlüpfer.

Training mit dem »Babyjogger«.

Laufmedizin

Laufmedizin

Ausdauertraining – Vorbeugung gegen Herz-Kreislauf-Erkrankungen

Im Jahre 1994 betrugen die Gesamttodesfälle in der Bundesrepublik 884 661. Davon waren 430 542, entsprechend 49 %, auf Erkrankungen des Herz-Kreislauf-Systems zurückzuführen. Interessanterweise (erklärbar durch die asymmetrische Form der Alterspyramide) waren Frauen dabei zu 59 % (252 219), Männer nur zu 41 % (178 323) betroffen.

Ärzte und Wissenschaftler haben die zentrale Bedeutung des Bewegungsmangels innerhalb der heute bekannten Risikofaktoren entdeckt. Denn auf direktem oder indirektem Wege lassen sich Beziehungen zwischen der Bewegungsarmut einerseits und andererseits Übergewicht, erhöhten Blutzuckerwerten (Diabetes mellitus), Streß, erhöhten Blutdruckwerten (arterielle Hypertonie), erhöhten Blutfettwerten (Hyperlipoproteinämie), erhöhten Harnsäurewerten im Blut (Gicht) und dem Zigarettenrauchen auffinden. Daß durch sportliche Betätigung Übergewicht besser abgebaut werden kann als durch mancherlei Modediät (10 Kilometer Dauerlaufen verbrauchen etwa 700 kcal), ist weitgehend bekannt, zusätzlich aber werden im gleichen Sinne hormonelle und psychologische Veränderungen ausgelöst. Der Trainierte hat es erwiesenermaßen leichter, schädliche Gewohnheiten in bezug auf Ernährung und Genußmittelkonsum, z. B. Zigarettenrauchen, abzubauen.

Laufmedizin

Walking und Jogging stellen als Ausdauersportarten die wichtigsten vorbeugenden Maßnahmen gegen Herz-Kreislauf-Erkrankungen dar . . .

Z. B. Diabetes: Regelmäßiges Ausdauertraining senkt den erhöhten Blutzuckerspiegel, es werden mehr Rezeptoren für das Hormon Insulin gebildet (das obendrein appetitzügelnd wirkt).
Das vegetative Nervensystem wird gedämpft, die Ausschüttung der »Streßhormone« (Katecholamine) insgesamt vermindert. Das hat zur Folge, daß Belastungssituationen besser toleriert werden. Ängste und Unsicherheit werden durch Gelassenheit und gehobenes Selbstvertrauen ersetzt.
Dieselben Mechanismen sind auch für die leicht blutdrucksenkende Wirkung des Dauerlaufens verantwortlich. Hinzu kommen die Gewichtsabnahme und ein verringerter Natriumgehalt (Schweißverluste!) des Blutes. Wissenschaftlich belegt sind ferner die günstigen Wirkungen auf erhöhte Harnsäurewerte im Blut. Die Blutfettwerte zeigen ebenfalls deutliche Veränderungen. Die besonders schädlichen Substanzen LDL=low density lipoprotein (Cholesterin geringer Dichte) werden stark vermindert, außerdem sinkt die Gesamtmenge der Blutfette. Das HDL 2=high density lipoprotein (Cholesterin hoher Dichte), quasi mit Schutzwirkung ausgestattet, steigt dafür an. Gäbe es ein Medikament, das diese Eigenschaften besäße (ohne Nebenwirkungen!), wäre der Absatz sicherlich reißend.

Besonders gut erforscht sind die Auswirkungen, die das Ausdauertraining auf das Herz-Kreislauf-System direkt hat. Über einen verstärkten Einfluß des Parasympathicus (Teil des vegetativen Nervensystems) vermindert sich z. B. die Herzschlagfrequenz, die Kontraktionen des Herzmuskels verlaufen harmonischer (und damit energiesparender), die Diastole (die Entspannungsphase des Herzens zwischen zwei Schlägen, während derer der Herzmuskel mit Blut versorgt wird) verlängert sich. Auch in den »Außenbezirken« des Kreislaufes kommt es zu Anpassungserscheinungen. In der trainierten Skelettmuskulatur werden die Speicherkapazitäten für Sauerstoff (Myoglobin) und Kohlenhydrate (Glykogen) erhöht, mehr Enzyme für die energieliefernden Prozesse bereitgestellt. Über eine verbesserte Versorgung der Muskulatur mit kleinsten Blutgefäßen (Kapillarisierung) wird der Sauerstofftransport erleichtert; der Widerstand, den das Herz bei seiner Arbeit zu überwinden hat, sinkt. Und nicht zuletzt verbessern sich die Fließeigenschaften des Blutes, die Verformbarkeit der roten Blutkörperchen (Erythrozyten) und die Stabilität der Blutplättchen (Thrombozyten) im Sinne einer Thromboseprophylaxe (thrombosis, griech.: Blutgerinnung; Blutpfropfbildung in einer unverletzten Ader).
Durch alle diese Adaptationen sinkt der Sauerstoffbedarf der Herzmuskulatur (bei gleicher Leistung!). Also wird quasi die Sicherheitszone zwischen Sauerstoffangebot und -bedarf erweitert, die Wahrscheinlichkeit eines Herzinfarktes nimmt sehr stark ab. Um die erwähnten Anpassungserscheinungen in vollem Maße zu erzielen, dürfte ein Trainingsumfang von dreimal wöchentlich etwa 40 Minuten nötig sein. Eine gleichförmige, niedrig dosierte – also im aeroben Bereich liegende – Belastung ist aufgrund ihrer besseren Auswirkung auf das vegetative Nervensystem einer intervallmäßigen vorzuziehen.
Die Pulsfrequenz ist die entscheidende Größe, wenn es darum geht, die Trainingsintensität festzulegen. Der Bereich

zwischen 130 und 160 Schlägen pro Minute grenzt statistisch jene Belastungshöhe ein, welche wirksamem, zugleich aber weitgehend gefahrlosem Training entspricht. Die genaue Bestimmung der individuell optimalen Intensität gelingt am sichersten mit einem Lactat-Stufentest. Danach kann die ermittelte Trainings-Herzfrequenz mit einem Pulsmeßgerät kontrolliert werden. Die früher einmal so gefürchtete Herzvergrößerung durch Ausdauersport hat sich im Zuge der Fortschritte auf dem Gebiet der sportmedizinischen Forschung als normaler Anpassungsmechanismus des Herzmuskels an die erhöhte Kreislaufbelastung herausgestellt. Der Effekt ist der Bicepsvergrößerung durch Krafttraining ganz ähnlich. Genausowenig wie man dadurch gezwungen sei, sein Leben lang Gewichte zu heben, ist der Ausdauersportler dazu verdammt, bis ins hohe Alter hinein täglich zu rennen (er *darf* natürlich, wenn er Lust dazu verspürt). In gleicher Weise, wie die Herzmuskulatur (und nicht die Herzkammern wie beim Herzfehler!) sich allmählich vergrößert, bildet sich die Hypertrophie bis zu einem gewissen Grade auch wieder zurück, wenn das Trainingsniveau reduziert wird.

Es ist praktisch nie zu spät, mit dem Training zu beginnen. Denn die oben beschriebenen Auswirkungen sind auch im hohen Alter noch nachweisbar, selbst bei Personen, die erst mit 60 oder gar 70 Jahren zum ersten Male in ihrem Leben Sport treiben. Das konnte durch wissenschaftliche Versuchsreihen der Deutschen Sporthochschule in Köln belegt werden.

Vor Aufnahme des regelmäßigen sportlichen Trainings ist allerdings eine gründliche und gezielte ärztliche Untersuchung empfehlenswert, bei einem Alter von über 35 Jahren unerläßlich. Sollten die Krankengeschichte bzw. die Untersuchung einen Herzfehler, Herzrhythmusstörungen, einen durchgemachten Herzinfarkt, eine bestehende Infektionskrankheit oder andere, gefährdende Leiden aufdecken, so sollte der Sport nur unter ärztlicher Kontrolle durchgeführt werden, z. B. in einer ambulanten Herzgruppe. Über ein modifiziertes Training, das Koordination, Beweglichkeit (Flexibilität) sowie Kräftigungs- und Entspannungsübungen in den Mittelpunkt stellt, können Körperbewegungen und Muskelarbeit ökonomischer ablaufen, was wiederum den Sauerstoffbedarf und die Anforderungen an das Herz vermindert.

Laufen und Alter

Das Altern ist ein biologischer Prozeß, dem wir alle uns nicht entziehen können. Die Geschwindigkeit, mit der der Leistungsabfall vor sich geht, ist durch unser Verhalten jedoch sehr wohl beeinflußbar, so daß im Einzelfalle erhebliche Abweichungen zwischen chronologischem und biologischem Alter auftreten können.

Verschiedene Faktoren bedingen den Verlust an körperlicher und geistiger Leistungsfähigkeit im Alter. Zuerst beginnt die Muskelkraft und damit auch die Muskelmasse abzunehmen (Atrophie), und zwar an den Beinen schneller und drastischer als an den Armen. Das

. . . und sind für den Organismus des älteren Menschen die geeignete Belastungsform.

Laufmedizin

Fettgewebe hingegen nimmt zunächst zu und reduziert sich erst im fortgeschrittenen Alter wieder. Das Binde- und Stützgewebe verliert seine Dehnbarkeit, danach läßt auch die Dehnbarkeit der Gelenke nach; Sehnen, Sehnenansätze und Muskulatur können durch plötzliche Beanspruchungen leichter verletzt werden. Es folgen die Funktionen endokriner Drüsen (Hormonproduktion). Die Produktion des männlichen Sexualhormons (Testosteron), das für die Muskelkraft von dominierender Bedeutung ist, geht beispielsweise um ca. ein Drittel zurück. Noch später lassen dann die Leistungen der Sinnesorgane nach und ganz zuletzt die psychischen Funktionen wie Gedächtnis und Konzentrationsfähigkeit, aber auch Tiefensensibilität und Koordination. Das Gehirn büßt bis zum 80. Lebensjahr etwa 20 % seines maximalen Gewichtes ein.

Krankheiten können die Alterungsprozesse beschleunigen, aber auch Bewegungs- und Trainingsmangel. Die Trainierbarkeit des Herz-Kreislauf-Systems bleibt bis ins hohe Alter bestehen. Bei regelmäßig betriebenem Ausdauertraining sind bei Personen im sechsten Lebensjahrzehnt Kreislaufleistungen beobachtet worden, die den Durchschnittswerten 30 Jahre jüngerer, untrainierter Personen entsprechen. Die natürlichen Altersveränderungen des Gefäßsystems (Elastizitätsverlust) setzen bis zu zwei Jahrzehnte später ein. Die Abnahme der Atemfunktionen (z. B. verringerte Vitalkapazität), die bereits ab der Mitte des dritten Lebensjahrzehntes nachweisbar wird, läßt sich durch Ausdauertraining weitgehend aufhalten. Auch vegetative Regulationsstörungen wie Schlaflosigkeit, Verdauungsprobleme und erhöhte Temperaturempfindlichkeit können verhütet oder doch zumindest gemildert werden. Hinzu kommt die positive psychische Beeinflussung, die sich in mehr Selbstbewußtsein und Lebensfreude äußert. Die Trainierbarkeit der Skelettmuskulatur sinkt etwa ab dem 30. Lebensjahr

Wettkampfsport im Alter ist nicht unproblematisch.

ständig. Durch Krafttraining kann der Kraftverlust zwar verlangsamt werden, jedoch ist bei gleichem Aufwand das Ergebnis mit 70 Jahren nur noch rund ein Drittel dessen, was zur Zeit der maximalen Leistungsfähigkeit erreichbar war.

Ohnehin sollte die Form des Sporttreibens dem Alter angepaßt werden. Ab dem 50. bis 60. Lebensjahr ist ein aerobes Ausdauertraining bei weitem das Sinnvollste. Aufgrund der verminderten Dehnbarkeit der Gewebe (Blutgefäße!) und der erhöhten Neigung zu Unregelmäßigkeiten des Herzschlages (Arrhythmien) sollten Preßübungen (Gewichtheben) sowie Explosiv- und Maximalbelastungen (z.B. Sprints) vermieden werden. Auch mit dem leistungsorientierten Wettkampfsport sollte in diesem Alter allmählich aufgehört werden.

Empfehlenswert – weil dynamisch und ausdauerbetont –, sind Sportarten wie Dauerlaufen, Skilanglaufen, Radfahren, Schwimmen (nicht in zu kaltem Wasser), Bergwandern und Rudern. Wettkampffreies Tennis und Spielsportarten sollten von Ausdauertrainingseinheiten begleitet werden. Golfspielen fördert die Muskelkoordination.

Dem Altern kann man also nicht entrinnen. Neuere experimentelle Studien haben allerdings gezeigt, daß durch regelmäßige, geeignete körperliche Aktivität bei männlichen und weiblichen Versuchstieren die Lebenserwartung um bis zu 25 % gesteigert werden konnte. In zwei unabhängigen Arbeitsgruppen wurde in den USA kürzlich erstmals belegt, daß die Verbesserung des individuellen Fitneßgrades eine lebensverlängernde Wirkung auch beim Menschen entfaltet. So scheint der Organismus durch niedrig dosiertes, also nicht zu intensives Ausdauertraining unempfindlicher gegen die sogenannte *Autooxidation* (ein Vorgang, bei dem Substanzen durch unkontrollierte Reaktion mit sog. freien Sauerstoffradikalen ihre chemischen und biochemischen Eigenschaften einbüßen – z.B. Rosten von Eisen) zu sein, der in der Krebsentstehung eine

wichtige Rolle beigemessen wird und die auch durch Anhäufung schädlicher Stoffwechselendprodukte Alterungsprozesse zu beschleunigen scheint. (s. »Antioxidantien«, S. 118).

Laufen und Psyche

Je weiter die Automatisierung unserer Umwelt, insbesondere auch am Arbeitsplatz, fortschreitet, um so dringender wird die Notwendigkeit, sinnvolle und nützliche Aktivitäten für die ständig anwachsende Freizeit auszuwählen. Je mehr Menschen sich nun dem Laufen (Jogging, Traben oder wie man es noch nennen mag) verschreiben, weil sie es als idealen Ausgleich zur beruflichen Beanspruchung betrachten, desto lauter werden auch die (wohl unvermeidlichen) kritischen Stimmen: Laufen sei nur ein Weglaufen vor unbewältigten Problemen des Alltages, sei gar eine der Drogenabhängigkeit vergleichbare Sucht.

Bei derartig stark auseinandergehenden Meinungen fühlen sich natürlich sehr bald die verschiedensten Gruppen berufen, der Sache »wissenschaftlich« auf den Leib zu rücken. Um es gleich zu sagen, auch sie sind sich nicht einig. Allerdings haben die Untersuchungen doch einige Ergebnisse hervorgebracht, die gewisse Wirkungen des Laufens besser verstehen lassen.

Für die psychischen Auswirkungen sind vielleicht, zumindest in Teilbereichen, die sog. *Endorphine* verantwortlich. Dabei handelt es sich um vom Organismus selbst produzierte Substanzen, die in ihrer chemischen Struktur dem Schmerzmittel Morphium ähneln. Daraus erklärt sich ihre Wirkung auf die Schmerzempfindung des Menschen, aber auch auf andere Sinneseindrücke, Emotionen und Stimmungen.

Einig ist man sich heute darüber, daß sportliche Aktivitäten wie das Laufen

141

Laufmedizin

ein Gefühl des Wohlbefindens fördern, das für mehrere Stunden anhalten kann. Spannungen, Sorgen und Ängste werden abgebaut, eine Neigung zu Depressionen weicht gesteigertem Selbstbewußtsein und einer positiveren Lebenseinstellung. Gerade die heute so häufigen vegetativen Störungen sprechen hervorragend auf die Therapieform »Laufen« an. Die rein physischen Auswirkungen sind in diesem Kapitel (siehe S. 137 ff.) bereits beschrieben worden und resultieren in einer umfassenden Verbesserung der körperlichen Kondition.

Die Weltgesundheitsorganisation (WHO) definiert Gesundheit als einen Zustand größtmöglichen körperlichen, seelischen und sozialen Wohlbefindens. Wenn wir uns auch darüber im klaren sein sollten, daß Laufen kein Allheilmittel ist, so kommen wir doch allem Anschein nach durch regelmäßiges Laufen diesem Idealbild näher, und zwar von zwei Seiten. Sollten wir wirklich »Entzugserscheinungen« verspüren nach einigen Tagen ohne Training und wäre es wirklich so, daß eine gewisse Abhängigkeit von der Tätigkeit bestünde, die uns Entspannung, Zufriedenheit und Gesundheit vermittelt, so wäre das angesichts so vieler Süchte, die uns heute nachgesagt werden (Fernsehen, Rock-Musik, Freßsucht, Konsumsucht usw.), vielleicht nicht einmal die schlechteste.

Entspanntes Laufen – körperliche und seelische Regeneration für alt und jung.

Laufen bei bestehenden internistischen Erkrankungen

Bevor Sie ein geregeltes Training aufnehmen, ja sogar wenn Sie sich nur hin und wieder sportlich belasten, ist eine internistische (am besten auch orthopädische) Voruntersuchung empfehlenswert. Sollten Sie über 35 Jahre alt sein, ist sie unumgänglich. Die Fachverbände des Deutschen Sportbundes in Zusammenarbeit mit der Stiftung Deutsche Sporthilfe tragen der Bedeutung intensiver medizinischer Betreuung insofern Rechnung, als sie von den geförderten Athleten derartige Untersuchungen in halbjährigem Abstand verlangen. Abhängig von Umfang und Intensität des Trainings sollten sich auch Breitensportler alle ein bis zwei Jahre einer ärztlichen Kontrolle mit einem Belastungstest unterziehen.

Bei der internistischen Untersuchung geht es zunächst darum, vorbestehende Erkrankungen aufzudecken. Vor allem solche, die als Gegenanzeigen (Kontraindikationen) für ein regelmäßiges Ausdauertraining gelten:

O Angeborene Herzfehler.
O Herzinsuffizienz (Herzschwäche), erworbene Herzfehler (z. B. nach Herzmuskel-/Herzinnenhautentzündung).
O Einengende Gefäßerkrankungen (Arteriosklerose) mit häufigen Herzbeschwerden, vor allem in Ruhe.
O Schwergradige Herzrhythmusstörungen.
O Herzwand-Aneurysma, Gefäß-Aneurysma (Ausstülpung der Gefäßwand).
O Krankhafte Herzvergrößerung.
O Frequenzstarre Herzschrittmacher.
O Zustand nach frischem Herzinfarkt.
O Zustand nach Speiseröhrenblutung, akutes Magen- oder Darmgeschwür.
O Frische Embolie.

Laufmedizin

○ Akute Venenentzündungen (Thrombophlebitiden).
○ Akute, fiebrige Infektionskrankheiten.
○ Sonstige schwere Allgemeinerkrankungen, z. B. Tumor-/Nervenleiden.
○ Schwere Formen des Bluthochdruckes.
○ Nicht wirksam eingestellte Stoffwechselkrankheiten (Diabetes mellitus, Schilddrüsenerkrankungen).
○ Ergometerbelastbarkeit unter 75 Watt.

In diesen Fällen kann durch Sporttreiben eine Verschlechterung des Krankheitszustandes eintreten.

Andererseits gibt es diverse internmedizinische Krankheitsbilder, die durch regelmäßiges, mildes Ausdauertraining positiv beeinflußt werden können. Zum Beispiel kann bei chronischen Lungenerkrankungen (Asthma bronchiale, Lungenemphysem) die verbliebene Restfunktion effektiver genutzt werden. Die Atmung wird ökonomischer, ein verbesserter Atemrhythmus stellt sich ein, die Atemhilfsmuskulatur wird gekräftigt, der in den Organismus aufgenommene Sauerstoff kann wirkungsvoller verwertet werden.

Wer an chronischen, nicht tuberkulösen Lungenerkrankungen leidet, sollte auf Wettkämpfe verzichten und – am besten in der Gruppe – ruhige, auch nicht zu lange Dauerläufe bevorzugen. Er sollte nicht dort laufen, wo die Atemwege gereizt werden könnten (verkehrsreiche Straßen, Gegenden mit starkem Pollenflug, staubige Sportplätze) und bei naßkaltem oder sehr heißem Wetter lieber auf das Training verzichten. Übrigens haben Asthmatiker in den Morgenstunden meist mehr Beschwerden als am Nachmittag oder Abend.

Bei chronischen Lebererkrankungen (Fettleber, chronische Leberentzündung/Hepatitis, Leberzirrhose) können die Erhöhungen der Leberenzyme gemildert werden über einen ökonomischeren Energieverbrauch bei Muskelarbeit. Eine akute oder aktivierte Hepatitis

zwingt allerdings zum Abbruch aller körperlichen Belastungen. Falls Venenerkrankungen (Krampfadern, postthrombotisches Syndrom) vorliegen, ist ruhiges Laufen auf federndem Untergrund hilfreich, noch besser allerdings ist Schwimmen. Nicht empfehlenswert sind Gewichtheben, Rudern und Radfahren. Chronischen Dialysepatienten (künstliche Niere) kann Training helfen, ihre Leistungsfähigkeit zu verbessern, da der Sauerstoff schneller zum Gewebe transportiert und dort auch besser ausgenutzt wird.

Und nicht zuletzt wirkt das Ausdauertraining auf die schon zuvor als Risikofaktoren für Herz-Kreislauf-Erkrankungen erwähnte Gicht (erhöhte Harnsäurewerte im Blut), mildere Formen des Bluthochdruckes (arterielle Hypertonie), erhöhte Blutfettwerte und Fettleibigkeit (Adipositas) günstig. Dennoch ist bei allen erwähnten Erkrankungen eine *ärztliche Überwachung des Trainings mit Hilfe regelmäßiger Kontrolluntersuchungen dringend erforderlich*, um Gefährdungen vorzubeugen und die richtige Trainingsdosierung festzulegen.

Gesundheitliche Gefährdung in Zusammenhang mit Laufen

Hitzeschäden

Unter extremen klimatischen Bedingungen (Hitze in Verbindung mit hoher Luftfeuchtigkeit) kann es bei außergewöhnlichen körperlichen Belastungen, also beispielsweise einem Marathonlauf, zu einem Wärmestau im Organismus kommen. Die Körpertemperatur steigt bis ca. 42 °C (Messung der Rektaltemperatur!) an, der Läufer erleidet emotionale Veränderungen wie plötzliche Aggressivität, dann Orientierungs-

Gesundheitliche Gefährdung in Zusammenhang mit Laufen

verlust, Bewußtseinstrübung, zuletzt einen Kreislaufkollaps. Man spricht von einem *Hitzschlag*. Eine besondere Gefährdung besteht bei Einnahme von Aufputschmitteln (Amphetaminen), die den hochmotivierten Sportler die Grenzen der lebensnotwendigen Reserven überschreiten lassen. Die Sofortmaßnahmen umfassen flache Lagerung in kühler, abgedunkelter Umgebung, vorsichtige Abkühlung durch kalte Umschläge und Abreibungen, zusätzlich Infusionen zum Flüssigkeits- und Elektrolytersatz.

Im Gegensatz dazu entsteht ein *Sonnenstich* durch direkte Wirkung der Sonnenstrahlen auf den ungeschützten Kopf, Kinder sind besonders gefährdet. Es kommt zur Wärmestauung im Kopf, der sich heiß anfühlt, während der Körper meist kühl bleibt. Zusätzlich treten Nackensteifigkeit und Übelkeit auf. Auch hier sollte ein kühler, schattiger Ort aufgesucht werden, anschließend kalte Umschläge für den Kopf. *Hitzeerschöpfung* entsteht bei starker Schweißabgabe und unzureichender Flüssigkeitsaufnahme, wird also vom Volumenmangel ausgelöst. Die Haut ist dabei blaß, da sich die Hautgefäße zusammenziehen, was wiederum die Körpertemperatur ansteigen läßt. Zur Behandlung muß Flüssigkeit (nicht zu kalt) zugeführt werden.

Flüssigkeit – von innen und außen – schützt vor Überhitzung.

Gehen auch in hohem Maße Salze mit dem Schweiß verloren, die nicht durch entsprechende (Elektrolyt-)Getränke ersetzt werden, kann es zu *Hitzekrämpfen* der Muskulatur (meist zunächst an den Waden) kommen. Durch passives Dehnen der Muskeln kann der Krampf behoben werden, anschließend muß das Salzdefizit ausgeglichen werden. Zur Vorbeugung von Hitzeschäden ist es ratsam, sich einige (mindestens 4) Tage zu akklimatisieren, wenn Sie an einem Wettkampf in ungewohnt heißem oder feuchtheißem Klima teilnehmen wollen. Das Training sollte (vorsichtig dosiert) in dieser Zeit unter etwa den gleichen Bedingungen (Umgebung, Tageszeit) wie der Wettkampf stattfinden.

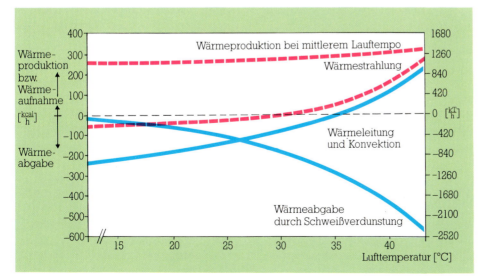

Ausgleich der Wärmebilanz des Menschen in Abhängigkeit von der Lufttemperatur (nach LEHMANN). Bei Temperaturen über 35 °C kann der Organismus nur durch Schweißverdunstung Wärme abgeben, deren Effektivität mit zunehmender Außentemperatur ansteigt. Bei Flüssigkeitsmangel kann nicht mehr ausreichend Schweiß produziert werden, was dann unweigerlich zur Überhitzung des Körpers führt.

145

Insgesamt sollten Sie sich mindestens 4 Stunden täglich der Sonne aussetzen. Unterstützend für die Hitzeanpassung wirken Vitamin C (ca. 250 Milligramm pro Tag), natürlich viel Flüssigkeit und ausreichend Elektrolyte.

Interessant ist zu wissen, daß der Körper pro Gramm Schweiß 586 Kalorien an Wärme abgeben kann, wenn er vollständig verdunstet. Meistens tropft jedoch ein großer Teil des Schweißes ab und geht damit für die Wärmeabgabe verloren.

Seitenstechen

Regelmäßiges Ausdauertraining über Jahre führt zu einer Lebervergrößerung, die nicht mit einem krankhaften Befund verwechselt werden darf. Die Leber ist voll funktionstüchtig, die Größenzunahme allein eine Anpassung an die höhere Beanspruchung. In diesem Stadium tritt bei Spitzensportlern eigentlich nie Seitenstechen unter dem rechten Rippenbogen auf.

Anders ist es nach einer Phase der Ruhe, wenn sich die Leber- oder Milzvergrößerung im linken Oberbauch etwas zurückgebildet haben. Ein vermehrter Blutrückstrom kann dann zur Dehnung der bindegewebigen Kapsel und zu Seitenstechen führen. Dagegen helfen oft eine vertiefte, betonte Atmung oder Bergauflaufen.

Anders verhält es sich, wenn nach einer umfangreichen Mahlzeit in zu kurzem Abstand trainiert wird. Die gefüllten Strukturen des Verdauungstraktes (Magen, Dünndarm) zerren bei den Erschütterungen des Laufens an ihren Aufhängungen, was ebenfalls Schmerzen im Bauchraum auslösen kann.

Verdauungsbeschwerden

Werden Training und Wettkampf regelmäßig von Verdauungsproblemen gestört, sollte man seine Ernährungsgewohnheiten einmal überdenken.

Die größte Verdauungsarbeit leistet der Organismus ca. $1^1/_2$ Stunden nach einer Mahlzeit, zu diesem Zeitpunkt sollte man also sicherlich nicht laufen. Am besten etwa $2^1/_2$ bis 3 Stunden nach der letzten Nahrungsaufnahme, die keine ballaststoffreichen oder stark blähenden Bestandteile enthalten sollte.

Prinzipiell scheinen die Gärungsprozesse bei der Kohlenhydratverdauung den Organismus weniger zu belasten als die Fäulnisprozesse bei der Eiweißverdauung. Einige Tage, während derer man sich von Obst, Gemüse und Getreideprodukten ernährt, können dadurch eventuell gestörte Verdauungsabläufe regulieren.

Bisweilen genügt auch schon der regelmäßige Verzehr von Gärungsprodukten wie rohem Sauerkraut oder Demeter Brottrunk. In hartnäckigen Fällen wäre sogar eine z. B. halbjährige Darmreinigung mit 50 Gramm Bitter- oder Glaubersalz auf $1^1/_2$ bis 2 Liter Wasser erwägenswert. Häufiger Stuhldrang beim Laufen kann auch eine gänzlich andere Ursache haben. Bei manchen Sportlern führt eine Vergrößerung des Psoasmuskels (Darmbeinlendenmuskel, auch »Laufmuskel« genannt) zu einer regelrechten Massage des Dickdarms bei Training oder Wettkampf. Die Beschwerden lassen sich mildern, wenn die letzte Mahlzeit nicht später als 3 bis 4 Stunden und das Medikament Loperamid ca. eine Stunde vor dem Lauf eingenommen werden. Sprechen Sie mit Ihrem Arzt.

FSME-Frühsommermeningoencephalitis

In sog. Endemiegebieten besteht ein erhöhtes Risiko, von Zecken gestochen zu werden. Dabei können die Zecken Viren auf den Menschen übertragen, die eine Hirn(haut)-Entzündung auslösen können. Läufer sind besonders gefährdet, da sie in der wärmeren Jahreszeit (meist leichtbekleidet) in Wäldern und Parks trainieren. Die sinnvollste Vorsichtsmaßnahme stellt eine rechtzei-

Laufen und Schäden des Bewegungsapparates

tige Impfung dar. Bei Zeckenstich ohne Impfschutz ist die unmittelbare Simultanimmunisierung erforderlich.

Laufen und Schäden des Bewegungsapparates

Auch einem (möglichst sportinteressierten) Orthopäden ist es möglich, einen Einstieg ins Training deutlich zu erleichtern. Bei evtl. unerkannten Vorschädigungen des Bewegungsapparates kann Laufen deren Fortschreiten beschleunigen und sogar zu schwerwiegenden Krankheitsbildern führen. Hingegen sind es oft einfache Behandlungsschritte, die solches verhindern können, wenn sie nur rechtzeitig genug eingeleitet werden.

Achsenfehlstellungen im Kniegelenk

Auch ohne medizinische Kenntnisse hat der Mensch im allgemeinen eine gute Vorstellung davon, wie ein gerades Bein auszusehen hat. Schon geringe Achsenabweichungen verändern die Belastungsverhältnisse im Kniegelenk erheblich. Ein O-Bein (Genu varum) führt dazu, daß der innere (mediale) Kniegelenksanteil mehr belastet wird. Umgekehrt steigt beim X-Bein (Genu valgum) der Druck auf der Außenseite der Kniegelenke. Zusätzlich kommt es zu Fehlbelastungen in den abhängigen Gelenken (Sprunggelenke, Fuß).
Als Folge der mechanischen Überbeanspruchung entwickeln sich degenerative Veränderungen, im Kniegelenk z. B. als Meniskusschäden, Bandlockerungen, Knorpelschäden, die letztlich zur Arthrose (Gelenkverschleiß) führen können.
Bei milderen Formen kann eine Schuhinnen- oder -außenranderhöhung ausreichend sein, vielfach wird die Fehlstellung auch ohne Beschwerden toleriert. Schwere Fälle machen eine operative Geradstellung der Knochen (Korrekturosteotomie) nötig.

Fußdeformitäten

Der Fuß ist ein Paradebeispiel für die Vielfalt der Anpassung biologischer Systeme an unterschiedliche Lebensbedingungen und Anforderungen (Pferd, Rind, Affe, Frosch, Vogel usw.). Die Füße des Menschen haben sich anders entwickelt als der verwandte Greiffuß des Affen. Und sie haben (neben der Wirbelsäule) am meisten unter dem aufrechten Gang zu leiden! Und unter der Mode.

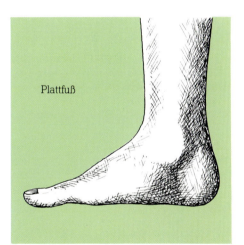

Fußlängsgewölbe völlig abgesunken, der Fußinnenrand liegt der Unterlage auf.

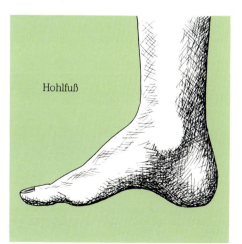

Besonders hohes Fußgewölbe, der Fußaußenrand berührt die Unterlage nicht durchgehend.

Laufmedizin

Normale Höhe des Fußlängsgewölbes, der Fußaußenrand berührt die Unterlage durchgängig.

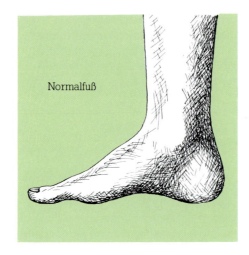

Normalfuß

Das Längsgewölbe gleicht einem rechtwinkligen Dreieck, dessen kürzerer Schenkel vom Fersenbein, der längere von Fußwurzel und Mittelfuß gebildet werden.

Die platte Fußsohlensehne (Plantaraponeurose), Sehnen und Muskeln (Zehenbeuger) der Fußsohle und des Unterschenkels gewährleisten die Verspannung dieser biegsamen und dennoch tragfähigen (und das über viele Lebensjahrzehnte!) Konstruktion. Nur lebende Strukturen mit ihrer schier unbegrenzten Regenerationsfähigkeit können die Milliarden von Lastwechseln auf Dauer tolerieren.

Eingezwängt in Bandagen oder unsägliche Schuhe müssen sie tagtäglich über viele Stunden Belastungen ertragen, die oft ein Mehrfaches des Körpergewichtes ausmachen, beim Laufen etwa das 2-3fache. Zu diesem Zweck haben sie sich zu flexiblen, elastischen Gewölbekonstruktionen entwickelt, dabei aber auch Funktionen wie Greifen oder Klammern aufgegeben. Mehr Stabilität, weniger Beweglichkeit.

Eine besondere »Steigbügelfunktion« übernehmen der lange Wadenmuskel (M. peronaeus longus) und der hintere Schienbeinmuskel (M. tibialis posterior). Im Vorfuß spannt sich das Quergewölbe zwischen Groß- und Kleinzehengrundgelenk. Es entlastet die hoch beanspruchten Sehnen der Zehenbeugemuskulatur sowie die Gelenke zwischen Mittelfußknochen und Zehengrundgliedern.

Der menschliche Fuß in der Seitenansicht von außen.

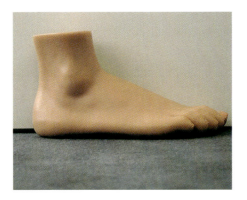

Gewölbeveränderungen führen stets zu Mehrbelastungen der betroffenen Strukturen. Insbesondere die Gelenke gilt es zu schützen, da die empfindlichen Knorpelflächen – einmal geschädigt – kaum Regenerationsmöglichkeiten zeigen. Aber auch Sehnen und Sehnenansätze reagieren empfindlich auf Überlastungen.

Seine wahre Leistungsfähigkeit zeigt der Fuß in der Bewegung, vor allem beim Laufen. Gesunde, noch flexible Kinderfüße weisen beim Lastwechsel

Der menschliche Fuß in der Seitenansicht von innen (Fußlängsgewölbe).

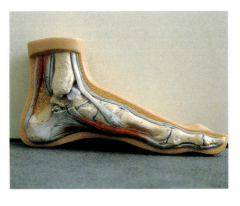

Der menschliche Fuß in der Laufbewegung (Röntgenbild).

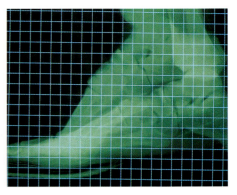

Laufen und Schäden des Bewegungsapparates

eine Bewegung auf, die als »Torsion« bezeichnet wird und auch den Sportschuhbau beeinflußt hat. Während sich beim Aufrichten in den Zehenstand der Vorfuß im sogenannten Valgussinne bewegt (der Außenfußrand bzw. die äußeren Zehen heben sich), beschreibt der Rückfuß die entgegengesetzte Bewegung: die Ferse dreht sich im sogenannten Varussinne, d. h. das Fersenbein rotiert nach innen. Dadurch kommt es zu einer Stabilisierung des Fußes, der im vollen Zehenstand nur noch auf dem ersten Strahl (also der Verlängerung der Großzehe) steht.
Ein Fuß ohne muskuläre Stütze fällt un-

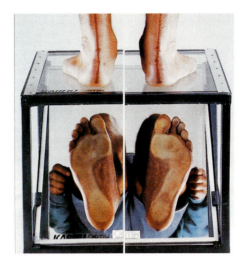

Das Podoskop erlaubt die visuelle Kontrolle der Fußstatik. Hier das Erscheinungsbild eines Knick-Senk-Spreizfußes.

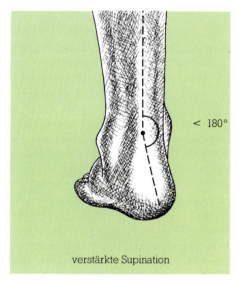

verstärkte Supination

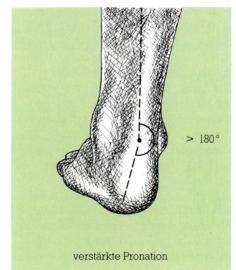

verstärkte Pronation

Links Supination: Abknicken des Fersenbeines nach außen (z. B. typisches Distorsionstrauma des Sprunggelenkes). Winkel α < 180°.

Rechts Pronation: Abknicken des Fersenbeines nach innen (z. B. beim Laufen). Winkel α > 180°.

ter dem Druck des Körpergewichtes und der Dauerbelastung des Gehens, Stehens und Laufens in sich zusammen. Die Abflachung des Längsgewölbes führt zum Senkfuß, in extremen Fällen zum Plattfuß. Gleichzeitig kippt das Fersenbein nach innen – Knickfuß. Als Ursache liegt oft eine Bindegewebsschwäche vor. Auch falsches (meist zu kurzes) Schuhwerk – vor allem in der Kindheit – kann zur Gewölbeabflachung führen.
Beim Spreizfuß sind die Ursachen ähnlich, begünstigt durch zu kurze, enge Schuhe und zu hohe Absätze. Das Quergewölbe des Vorfußes sinkt ein. Dadurch wird die Hauptbelastung vom

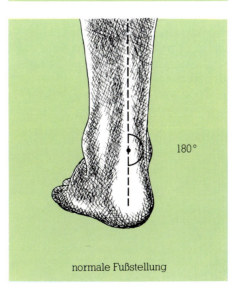

normale Fußstellung

Normalstellung: Achse Unterschenkel und Achse Fersenbein stimmen überein. Winkel α ≈ 180°.

Laufmedizin

*Links:
Erscheinungsbild eines Hallux valgus.*

*Rechts:
Orthopädische Schuheinlagen für Läufer sollten aus Kunststoff und langsohlig ausgeführt sein.*

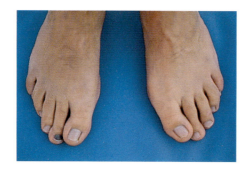

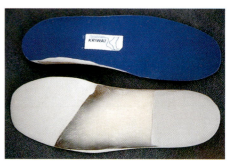

ersten und fünften Mittelfußköpfchen auf die zweite bis vierte Zehe verlagert. Es kommt zu schmerzhaften Reizungen an deren Grundgelenken, einer Verbreiterung des Vorfußes und – aufgrund der veränderten Zugrichtung der Zehenmuskulatur – zum Hallux valgus, dem Abweichen der Großzehe nach außen (zur Kleinzehe hin). Verkürzungen der Zehenbeugemuskulatur führen zu Hammer- und Krallenzehen.

Der Spreizfuß kann mit einer sogenannten Pelotte aufgerichtet werden, üblicherweise integriert in eine maßangefertigte Einlage, die im Laufschuh (langsohlig) und im Straßenschuh (als sogenannte Kerneinlage) getragen werden sollte. Ergänzend können die Weichbettung von Druckstellen, eine Abrollhilfe, ein Zehengreifwulst und andere Zurichtungen die passive Korrektur der Fehlstellung zwar unterstützen, aber eben nur solange sie getragen werden. Ist der Hallux valgus erst einmal in voller Ausprägung vorhanden, hilft oft nur noch die Operation, die gute Erfolge bringt (Schmerzfreiheit), allerdings auf Kosten der Fähigkeit, mit der Großzehe abzudrücken.

Läufer klagen als Folge von Spreizfußbeschwerden bisweilen über Schmerzen zwischen den Mittelfußköpfchen, die durch eine Nervenverdickung hervorgerufen werden (sog. Morton'sche Interdigitalneuralgie). Spreizfußeinlagen können Linderung bringen, sonst ist die operative Entfernung des Knötchens ratsam.

Auch dem Hohlfuß kommt als konstitutioneller Variante (übermäßig hohes Längsgewölbe, oft auch in Kombination als Hohl-Knickfuß) nicht selten Krankheitswert zu. Auslösend für den Hohlfuß ist ein anlagebedingt hoher Muskeltonus, der das sehr straffe, unflexible Gewölbe entstehen läßt. Meist kann man Verkürzungen verschiedener Muskelgruppen nachweisen. Durch Fußgymnastik sollte daher versucht werden, die Fußbeweglichkeit zu verbessern.

In allen Fällen ist für gesunde, belastbare Füße des Läufers neben passenden Schuhen (lang genug, schmal genug) eine funktionsfähige Fußmuskulatur von größter Wichtigkeit. Regelmäßige Fußgymnastik kann Kraft und Beweglichkeit der Füße erhalten. Das folgende Übungsprogramm (1–2mal wöchentlich) dient der Prophylaxe und hilft, das Fortschreiten von bereits bestehenden Problemen aufzuhalten.

Seitenansicht und podoskopisches Bild eines Hohlfußes.

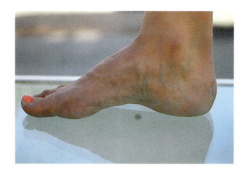

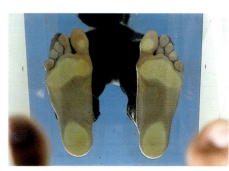

Laufen und Schäden des Bewegungsapparates

Übungen zur Kräftigung der Fußmuskulatur

① Maiskiste

Eine große Holzkiste oder ein Eimer wird mit Mais gefüllt. Barfußgehen, dabei das unbelastete Knie jeweils bis zur Horizontalen heben. Kurz auf dem Standbein stabilisieren, dann wechseln. Das funktioniert selbstverständlich auch auf jeder Form von natürlichem Untergrund (Rasen, Sand, steiniger Strand oder Flußbett etc.). Ohnehin ist Barfußgehen oder -laufen eine hervorragende Trainingsform, sollte aber vorsichtig dosiert werden – die meisten Füße sind nichts Gutes mehr gewöhnt.

Im Eimer können Sie den Fuß auch tief im Mais »vergraben«. Kräftige Bewegungen (Fußspitze und Zehen anheben, senken, Fußaußen- bzw. -innenrand anheben) stärken die Fußmuskulatur rundum.

② Greifübungen

Kräftigung der Zehenbeugemuskulatur, der Plantaraponeurose und damit des Längsgewölbes. Im Sitzen wird ein auf dem Boden ausgebreitetes Handtuch durch Greifbewegungen mit beiden Füßen herangezogen. Alternativ: einen Bleistift mit den Zehen aufheben.

③ Fußkreisel

Kräftigung der Fuß-, vor allem der Unterschenkelmuskulatur. Stehen Sie auf einem Bein möglichst ruhig auf dem Kreisel. Das Standbein ist leicht ge-

Laufmedizin

beugt, das Spielbein wird langsam so weit wie möglich abgespreizt, dann vor dem Standbein überkreuzt (8mal wiederholen).
Im Einbeinstand auf dem Fußkreisel wird ein Ball gefangen, der von einer Hilfsperson zugeworfen wird (nicht so gut zielen, dann wird's schwieriger!).

④ **Fußbrettchen**
Zuerst ist ein wenig Bastelarbeit angesagt. Unter 4 Holzbrettchen (etwa in Fußgröße) nageln Sie je einen Holzstab mit rundem Querschnitt: 1mal längs, 1mal quer, 2mal schräg). Versuchen Sie einbeinig so zu balancieren, daß die Brettchen nicht den Boden berühren. Störfaktoren (siehe Fußkreisel) willkommen.

152

Laufen und Schäden des Bewegungsapparates

⑤ **Sprungübungen**
Seilspringen (beidbeinig, einbeinig, im Laufschritt auf der Stelle) kräftigt die gesamte Streckerkette der Beinmuskulatur und ist ein effektives Kraftausdauertraining (das macht Henry Maske täglich).

⑥ **Dehnung**
Dehnübungen runden das Programm ab. Vor allem für die Wadenmuskulatur (Zwillingswadenmuskel – hinteres Bein strecken, Schollenmuskel – hinteres Bein im Knie beugen) und die Schienbeinmuskulatur (im Kniestand auf die Fersen setzen).

Laufmedizin

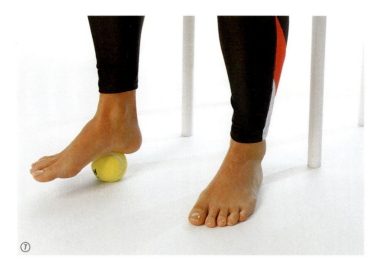

⑦ **Durchblutungsförderung**
Im Sitzen wird ein Tennisball – oder auch ein »Igelball« – unter der Fußsohle hin- und hergerollt. Die Massagewirkung dient der Durchblutungsförderung, gleichzeitig kommt es zu einer milden Dehnung der kleinen Fußmuskeln.

⑧ Die Dermapunktur-Massage ist seit längerer Zeit eine bewährte Behandlungsmethode, die nicht nur an Füßen und Unterschenkeln mit Erfolg eingesetzt werden kann, sondern zur Vorbeugung und Behandlung vielfältiger Überlastungsprobleme geeignet ist. Mit versilberten Nadelspitzen bewehrte Rädchen massieren, verbessern die Durchblutung und führen zur muskulären Entspannung und Schmerzlinderung.

Beinlängendifferenz

Gleichlange Beine und Füße zu haben, stellt beim Menschen die Ausnahme dar. Ein paar Millimeter Differenz sind die Regel. Eine stärkere Beinlängendifferenz hat allerdings zur Folge, daß das Becken zur Seite geneigt ist und die Wirbelsäule zum Ausgleich eine Gegenkrümmung (sog. kompensatorische Skoliose) aufweist. Das führt zur Asymmetrie des Brustkorbes, die in Rumpfvorneige oftmals gut beurteilt werden kann. Die exakte Messung des Längenunterschiedes gelingt nur mit Hilfe einer Röntgenuntersuchung (sog. Beckenübersichtsaufnahme im Stehen).
Um Beschwerden im Bereich der Wirbelsäule, der Kreuzbein-Darmbein-Gelenke (Iliosacralfugen) oder der Rückenstreckmuskulatur zu vermeiden, sollte ein Längenunterschied ab etwa 1,0 bis 1,5 cm ausgeglichen werden. Allerdings um so vorsichtiger, je länger er schon besteht, und auch nur zum Teil. Idealerweise sollte die einseitige Schuherhöhung **langsohlig** im Bereich der Zwischensohle ausgeführt werden, die auch für andere Zurichtungen wie Ab-

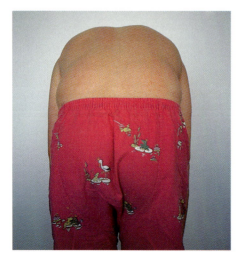

Eine Asymmetrie des Brustkorbes (besonders gut bei vorgeneigtem Rumpf zu erkennen) kann auf eine Beinlängendifferenz hindeuten.

154

Laufen und Schäden des Bewegungsapparates

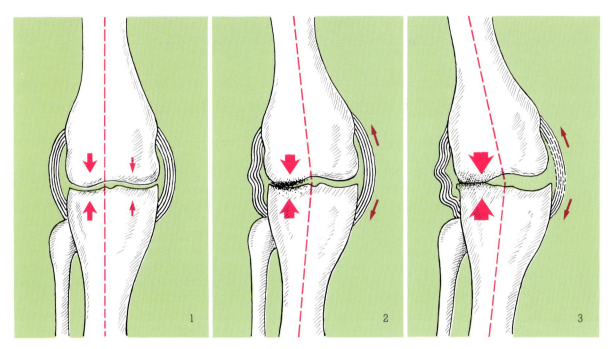

Kniegelenkfehlstellung (X-Bein) mit Ausbildung einer sog. Valgus-Gonarthrose.

rollhilfen, Schuhranderhöhungen etc. die besten Voraussetzungen bietet. Bei geringen Differenzen ist ein Längenausgleich auch mit Hilfe einer – allerdings einengenden und eventuell verrutschenden – Schuheinlage möglich.

Präarthrosen und Arthrosen

Unter Arthrose versteht man den Verschleiß eines Gelenkes, unter Präarthrose solche Krankheitsbilder, die dazu führen. Die wichtigste Struktur für die Funktion eines Gelenkes stellt der Gelenkknorpel dar. Er erlaubt in Verbindung mit der Synovialflüssigkeit (eine Art Schmiermittel) ein nahezu reibungsfreies Roll-Gleiten der Gelenkflächen aufeinander. Der Knorpel ist sehr hoch druckbelastbar, kann aber dann geschädigt werden, wenn zusätzlich dazu seitliche Kräfte (Scherbelastungen) auftreten, die von der Natur für das jeweilige Gelenk nicht vorgesehen sind. Als häufigstes Beispiel möge die Arthrose des Gelenkes zwischen Kniescheibe (Patella) und Oberschenkelknochen (Femur), also die Femoropatellararthrose, dienen. So können beispielsweise die sehr hohen Kniegelenksbelastungen beim Gewichtheben (tiefe Hocke) in Verbindung mit schlechter Technik zu enorm hohen Drucken (über 2000 Kilogramm pro Quadratzentimeter) führen, den synovialen Schmierfilm zerreißen und den Knorpel zerstören. Weitere auslösende Momente sind Gelenkinstabilitäten, wie sie bei einem gelockerten Bandapparat (angeboren oder nach Verletzungen) auftreten können, oder Fehlstellungen der Gelenkflächen.

Anfänglich kommt es zur Erweichung, später zur Auffaserung von Meniskus und Knorpel. Wenn eine Heilung stattfindet, so nur noch unter Narbenbildung (minderwertiger Faserknorpel), da der Körper keine neue Knorpelzellen bilden kann. Bei Weiterbestehen der Über- und Fehlbelastungen treten Knorpeldefekte auf, die den Knochen freilegen. Große Schmerzen, Funktionseinbuße und Bewegungseinschränkung prägen dann das vollständige Erscheinungsbild der Arthrose.

Fehlstellungen müssen, ggf. operativ, ausgeglichen, die Gelenkmechanik in jeder Hinsicht verbessert werden. Die Optimierung der **Koordination,** also des ungestörten Zusammenspiels aller Strukturen des Bewegungsapparates, ist oberstes Ziel.

155

Laufmedizin

Es kommt bei der Frühbehandlung darauf an, die schädigenden Einflüsse so weit wie möglich auszuschalten. Fehlstellungen müssen (ggf. operativ) ausgeglichen, die Funktion von Muskeln und Bändern optimiert werden. Die Auswahl der Sportart hat sich der Gesundheit unterzuordnen. Regelmäßiges Laufen führt bei gesundem, achsengerechten Bewegungsapparat und guter Lauftechnik auch nach vielen Jahren nicht zur Arthrose! Hingegen fördern Sportarten deren Entstehung und Verschlechterung, wenn hohe Belastungsspitzen (Gewichtheben, Dreisprung) oder häufige Mikroverletzungen (Fußball, Handball) auf die Gelenke einwirken. Bei arthrotischen Veränderungen soll Sport, auch Laufen, nicht leistungsmäßig betrieben werden. Hingegen sind leichtere sportliche Aktivitäten, Muskelkräftigung und Zweckgymnastik als funktionelle Bewegungstherapie anzusehen. Sie dienen der Stoffwechselanregung im Gelenk, erhalten dessen Bewegungsumfang und beugen somit bleibenden Muskelverkürzungen vor. Schwimmen, Skilanglauf, Radfahren und vor allem auch Aqua-Jogging sind in milder Form empfehlenswert.

Flachrücken, Rundrücken, Hohlrücken

Die meisten Wirbelsäulenfehlstellungen entstehen aufgrund von Muskelschwäche und -ungleichgewichten (sog. Dysbalancen). Solange sie korrigierbar sind (d. h., sich durch aktiven Einsatz der Rumpfmuskulatur ausgleichen lassen), handelt es sich noch nicht um Erkrankungen im eigentlichen Sinne. Mit Hilfe eines kräftigen »Muskelkorsetts« läßt sich in vielen Fällen auch eine ungünstige Wirbelsäulenstatik kompensieren. Erst wenn Fehlhaltungen längerfristig bestehen, können sie zu schwerwiegenden Veränderungen an der Wirbelsäule führen. Treten also schon früh (meist während der Pubertät) Rückenschmerzen auf, sollte unbedingt ein Arzt befragt werden, um krankhafte Störungen des Wirbelsäulenwachstums auszuschließen.
Um Fehlhaltungen zu bessern oder ganz zu beheben, ist jegliche Art von Muskelkräftigung empfehlenswert, Lauftraining sollte ergänzt werden durch Mobilisationsübungen und Krafttraining für Rücken- und Bauchmuskulatur.

Links:
Varus-Gonarthrose im Röntgenbild. Man erkennt die Verschmälerung des inneren Gelenkspaltes, die Verdichtung des Knochens in Gelenkspaltnähe und die beginnenden knöchernen Randwülste als Zeichen der Gelenküberlastung infolge der O-Bein-Fehlstellung.

Rechts:
Arthrose zwischen Kniescheibenrückfläche und Oberschenkelgleitlager (sog. Femoropatellararthrose).

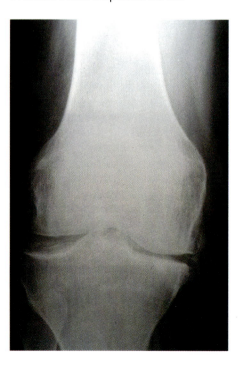
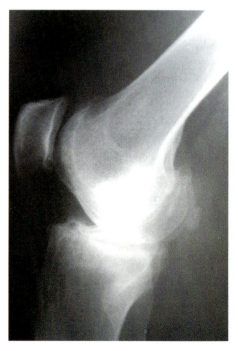

Laufen und Schäden des Bewegungsapparates

Läufer stellen eine besondere Gattung Mensch dar, denn sie schwimmen (besser: laufen) gegen den Strom. Der Strom ist die überwiegende Mehrzahl unserer Mitbürger, die sich vor allem Gedanken darüber macht, wie die körperliche Aktivität noch weiter aus dem Alltags- und Berufsleben zu verdrängen ist. Fahrstühle und Rolltreppen, Fernbedienungen und Roboter wurden kaum von Läufern entwickelt.
Somit leiden Läufer nicht an den Problemen, mit denen sich heute der zivilisationsgeplagte Durchschnittsmensch herumärgern muß. Kein Übergewicht, keine Kurzatmigkeit beim Treppensteigen, kein Kopfzerbrechen wegen der Cholesterinwerte. Und dennoch – in einem sehr wesentlichen Bereich scheint das Laufen zu versagen. Die Hauptursache für Krankheitstage in der Bundesrepublik Deutschland stellen die Rückenbeschwerden, und davon sind Läufer nicht ausgenommen.
Bei näherer Betrachtung ist das keineswegs überraschend, da Laufen als Ausdauersportart primär Trainingseffekte auf das Organsystem entfaltet, kaum jedoch auf den Bewegungsapparat. Der muß vor allem funktionieren, alles mitmachen und möglichst keine Ansprüche stellen! Daß man mit dieser Einstellung schnell auf unerwartete Probleme trifft, hat mancher Läufer schon auf schmerzhafte Weise erfahren müssen.
Laufen ist eine natürliche, ursprüngliche und primär keineswegs wirbelsäulengefährdende Bewegung. Im Gegenteil, der ständige Wechsel zwischen Be- und Entlastung wird als positiv für die Ernährung der Bandscheiben angesehen, solange die Wirbelsäulenhaltung physiologisch ist, also die genetisch vorgegebene Grundform mit doppelt S-

Zu den effektivsten und gleichzeitig schonendsten Ausgleichssportarten für den Läufer zählt das Aqua-Jogging.

157

Laufmedizin

förmiger Krümmung gewahrt bleibt. Dafür benötigt der Läufer jedoch eine Reihe von Fähigkeiten, die nicht in direktem Zusammenhang mit seinen Qualitäten als Ausdauersportler stehen:

1. **Koordination** (rückengerechtes Bewegungsverhalten/Laufstil)
2. **Kraft** (im Bereich Rumpfmuskulatur und angrenzende Extremitätenmuskulatur)
3. **Beweglichkeit** (der Wirbelsäule selbst und der sie umgebenden Strukturen, vor allem der Muskulatur).

Koordination

Für rückenschonenden Laufstil gelten dieselben Grundregeln wie für wirbelsäulengerechtes Verhalten im Alltagsleben. Die aufrechte Position sollte so wenig wie möglich verlassen werden, Stöße, Verbiegungen, Verdrehungen gilt es zu vermeiden.

Bei weichem Aufsetzen des Fußes in Höhe des Kleinzehengrundgelenkes ist das am ehesten gewährleistet, zudem wird jeder Schritt durch Gelenke und Muskulatur gedämpft. Beim Aufsetzen des Fußes mit der Ferse ist das schwieriger, außerdem wird der Fuß über die Ferse nach vorn gehebelt. Dabei kann es zur kurzfristigen, eventuell heftigen Überstreckung der Lendenwirbelsäule kommen – eine Bewegung, die der früher beim Weitsprung gebräuchlichen Stemmtechnik gleicht.

Der Kopf sollte gerade gehalten werden, dadurch hebt sich der Brustkorb, die Atmung wird freier und eine typische Fehlhaltung vermieden: Fast ständig sind wir gezwungen, in mehr oder weniger starker Vorneigung des Rumpfes zu arbeiten, zu essen, zu lesen. Als Folge verstärkt sich der Rundrücken im Bereich der Brustwirbelsäule, die vordere Brustmuskulatur verkürzt sich, die hintere (auf und zwischen den Schulterblättern gelegene) schwächt sich ab. Ein Teufelskreis mit fatalen Folgen (Haltungsprobleme, Atmungsbeeinträchtigung, Leistungsabfall), der bei älteren Menschen sehr häufig zu beobachten ist. Also weg mit dem Rundrücken beim Laufen! Lieber ein Hans-guck-in-die-Luft als mit demütig gesenktem Blick durch die Gegend zu laufen. Und das nicht nur aus orthopädischer Sicht.

Kraft

Voraussetzung für die aufrechte Haltung ist ein Minimum an Kraft. Die Wirbelsäule ist ein Stab, der sich aus 25 beweglichen Gliedern zusammensetzt. Neben den verschiedenen Bändern (sehnige Strukturen mit einer gewissen Elastizität) wird sie vor allem durch ein wahres Netzwerk von Muskelsträngen stabilisiert. Deren Funktionsfähigkeit wiederum hängt von ihrer regelmäßigen Beanspruchung ab. Häufige Entlastung (Sitzen!) führt zum Kraftverlust (Atrophie). Die unerläßliche Korsettwirkung der Rumpfmuskulatur läßt nach, dadurch steigt die Beanspruchung der Bänder und Gelenke der Wirbelsäule und insbesondere auch die Druckbelastung der Bandscheiben an – der erste Schritt zum Rückenschmerz. Besonders gefährdete Muskeln, die zur Abschwächung neigen, sind z. B. der gerade Bauchmuskel (M. rectus abdominis), der mittlere Gesäßmuskel (M. glutaeus medius), die Rautenmuskeln (Mm. rhomboidei).

Beim Laufen wirken hohe Belastungen, pro Schritt etwa das 2–3fache des Körpergewichtes. Diese Last muß frei im Raum stabilisiert werden, auf unebenem Boden, bei Gefälle, über längere Strecken. Wenn die Muskulatur von Rumpf, Becken und Hüfte damit überfordert ist, treten Fehlbelastungen auf – die Koordination leidet (s. o.).

Laufen ist Ausdauertraining. Also muß die Kraft separat trainiert werden. Die Belastung beim Krafttraining für die Rumpfmuskulatur sollte etwa so hoch sein, daß maximal 25 bis 40 Wiederholungen pro Übung absolviert werden können (Kraftausdauertraining). Meist reicht das eigene Körpergewicht dazu aus (vor allem, wenn es ein wenig zu hoch ist!). Falls Gewichte eingesetzt werden, ist ganz besonders auf eine

Laufen und Schäden des Bewegungsapparates

technisch (= koordinativ) saubere Ausführung der Übungen zu achten.
Mit einfachen Tests kann die Kraft der Rumpfmuskulatur orientierend eingeschätzt werden. Wenn die vorgegebene Position über den geforderten Zeitraum stabil gehalten werden kann, ist die Rumpfmuskulatur in Form. Falls sich schon vorher ein Zittern einstellt, sind Kräftigungsübungen angezeigt.

Beweglichkeit

Verkürzte Muskeln gehören bei unsportlichen Menschen zur Tagesordnung, sind aber auch bei Sportlern nicht selten – in bestimmten Sportarten sogar die Regel. Läufer gehören erfahrungsgemäß zu denen, die Dehnübungen regelmäßig und gewissenhaft durchführen, und das mit gutem Grund. Beispiel: das Becken. In der seitlichen Projektion ist es mit einer Drehscheibe in der Körpermitte vergleichbar. Verkürzungen einer oder mehrerer der großen, am Becken ansetzenden Muskelgruppen können seine Position beeinflussen (verstärkte Beckenkippung nach vorn oder -aufrichtung nach hinten) und damit auch die der Lendenwirbelsäule. Und schon läuft wieder das bekannte Schema ab: veränderte Wirbelsäulenhaltung – veränderte Koordination – Fehlbelastung – Schmerz.
Zu jeder Wirbelsäulengymnastik gehört also auch gezieltes Stretching. In diesem Zusammenhang wichtige, da zur Verkürzung neigende Muskeln sind beispielsweise der Hüftbeuger (M. iliopsoas), der gerade Oberschenkelmuskel (M. rectus femoris), die Rückenstreckmuskulatur (M. erector spinae). Wirbelsäulengymnastik sollte also weder als eine öde Angelegenheit für alte Leute, Unsportliche oder verstaubten Vereinssport angesehen werden, noch sollte man als gut trainierter Läufer meinen, diese läppischen Übungen quasi mit der linken Hand oder im Akkord absolvieren zu müssen. Bei gewissenhafter Ausführung stellt ein Wirbelsäulenprogramm hohe motorische Anforderungen, entsprechend wertvoll ist es bei dem Versuch, der Statistik (Rückenschmerzen Hauptursache für Arbeitsunfähigkeitszeiten) ein Schnippchen zu schlagen.

Testübungen (Abb. S. 160)

Die nachfolgenden 3 Übungen sollen Ihnen Gelegenheit geben, die Leistungsfähigkeit Ihrer Rumpfmuskulatur zu überprüfen. Diese Tests stellen eine Orientierungshilfe dar und ergeben keinen vollständigen Aufschluß über evtl. Kraft- oder Dehnungsdefizite.

① **Vorderer Ellbogenstütz beidbeinig**
Legen Sie die Unterarme parallel und schulterbreit auf den Boden, die Oberarme stehen senkrecht. Die Füße stehen etwa hüftbreit. Heben Sie den Körper an, so daß er vollkommen gestreckt ist. Weder soll der Po nach oben gestreckt werden noch der Bauch durchhängen. Inneres Kommando: »Alles fest!« Der Kopf wird in Verlängerung des Rumpfes ganz gerade gehalten. Diese Position sollte stabilisiert werden, ohne daß der Körper zu zittern beginnt.
30 Sek. – gut
20 Sek. – verbesserungspflichtig
10 Sek. – zum Laufen zu schwach

② **Hinterer Stütz einbeinig**
Die Hände werden hinter dem Körper etwa schulterbreit aufgesetzt, die Fingerspitzen weisen nach hinten/außen. Die Füße werden (mit den Fersen) hüftbreit aufgesetzt. Fußspitzen anziehen, Kniegelenke strecken.
Heben Sie den Körper vom Boden ab, so daß sich eine vollkommene Streckung einstellt. Die Gesäßhälften werden angespannt, ebenso Bauch- und Rückenstreckmuskulatur. Erst dann wird ein Bein (gestreckt!) um ca. eine Fußlänge angehoben, ohne daß das Becken sich verdreht oder der Po durchsackt. Aufhören, wenn der Körper zu zittern beginnt.
20 Sek. – sehr gut
10 Sek. – verbesserungspflichtig
0 Sek. – zu schwach (Position kann nicht sauber stabilisiert werden)

Laufmedizin

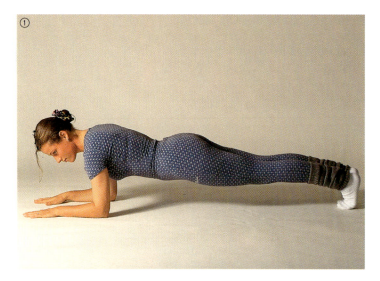

③ **Dehnung ischiocrurale Muskulatur**
Legen Sie sich flach auf den Rücken. Heben Sie ein Bein an, bis der Oberschenkel senkrecht steht. Das Hüftgelenk ist rechtwinklig gebeugt. Umfassen Sie den Oberschenkel mit den Händen als Widerlager, dann strecken Sie langsam das Knie.
0 ° = volle Streckung des Kniegelenkes – gute Dehnfähigkeit
15 ° fehlen zur vollen Streckung – verbesserungspflichtig
30 ° fehlen zur vollen Streckung – erhöhtes Risiko von Rückenbeschwerden

Kräftigungsübungen

Die Rumpfmuskulatur arbeitet statisch, sie stabilisiert die Wirbelsäule über viele Stunden des Tages. Entsprechend langsam sollte die Übungsausführung sein. Während der Anspannungsphase sollten Sie aktiv ausatmen, in der Entspannung strömt die Luft passiv zurück in die Lungen. Preßatmung, die den Blutdruck in die Höhe treibt, sollte unbedingt vermieden werden!

Dosierung:
Als Ziel 3 Serien à 15 Wiederholungen (gegebenenfalls pro Körperseite), jeweils circa 7 Sek. je Zyklus (anheben, halten, ablegen). Es ist ausreichend, die Kräftigungsübungen zwei- oder dreimal pro Woche durchzuführen. Tägliches Krafttraining bringt demgegenüber keine Vorteile, sondern überfordert eher die Regenerationsfähigkeit der Muskulatur.

④ **Kräftigung Bauchmuskulatur**
In Rückenlage werden die Kniegelenke etwa rechtwinklig gebeugt, die Füße mit den Fersen auf den Boden gesetzt und die Fußspitzen kräftig angehoben. Die Bauchmuskulatur wird angespannt, die Lendenwirbelsäule dadurch auf den Boden gedrückt.
Heben Sie beide Arme an und drehen Sie die Handflächen nach oben. Dann beginnen Sie, den Rumpf langsam vom Boden zu lösen, bis die Schulterblätter vollständig angehoben sind.

Laufen und Schäden des Bewegungsapparates

Der Kopf wird in Verlängerung des Rumpfes gehalten, der Blick ist senkrecht nach oben gerichtet. Keinesfalls sollten Sie den Kopf heftig oder gar ruckartig auf die Brust pressen, schon gar nicht mit den Händen.

④ **Kräftigung Oberschenkelrückseite, Gesäß, Rückenstreckmuskulatur**
In Rückenlage wird ein Kniegelenk etwa rechtwinklig gebeugt, die Ferse aufgesetzt, die Fußspitze angehoben. Heben Sie das Gesäß ohne Mithilfe der Arme an, bis der Rumpf eine vollkommen gerade Linie von den Schultern bis zum Kniegelenk bildet. Das andere Bein wird mit gestrecktem Knie angehoben, so daß beide Oberschenkel parallel stehen. Auch hier wird der Vorfuß angezogen. In dieser Position sollte ein Verdrehen des Beckens hin zum unbelasteten Bein vermieden werden.
Die Arme liegen in Außendrehung flach neben dem Körper oder werden parallel zum Rumpf geführt, die Fingerspitzen nach außen gedreht, die Ellbogen leicht gebeugt – so, als wollten Sie eine unsichtbare Wand von sich wegschieben.

⑥ **Seitlicher Stütz**
In Seitlage wird der Oberkörper durch den flach aufgelegten Unterarm gestützt. Der Oberarm steht senkrecht – exakt unter dem Schultergelenk. Heben Sie das Becken an und stabilisieren Sie den ganzen Rumpf, so daß er eine vollkommen gerade Linie bildet. Sowohl die Bauch- als auch die Rücken- und Gesäßmuskulatur sind angespannt. Die Füße liegen aufeinander, die Fußspitzen werden angezogen. Die freie Hand wird auf dem Oberschenkel abgelegt, der Kopf in der Verlängerung des Rumpfes geradegehalten.
Oft bedarf es einiger Übung, den Körper im seitlichen Stütz ruhig zu stabilisieren, da auch die Balance gefordert ist. In der Anfangsphase kann es hilfreich sein, sich zusätzlich mit der freien Hand abzustützen.

161

Laufmedizin

⑦ Vorderer Stütz einbeinig

Beide Unterarme werden parallel schulterbreit aufgelegt, die Oberarme stehen senkrecht. Die Füße stehen etwa hüftbreit, nur die Fußspitzen berühren den Boden.
Heben Sie den Körper langsam an, bis er eine ideal gerade Linie bildet. Spannen Sie Bauch-, Rücken- und Gesäßmuskulatur an, ebenso die Oberschenkelmuskulatur, und strecken Sie die Kniegelenke. Heben Sie ein Bein etwa um eine Fußlänge vom Boden ab, ohne daß der Rumpf oder das Becken ihre Position ändern.
Bei dieser Übung ist es besonders wichtig, daß die Muskulatur zwischen den Schulterblättern angespannt wird, also die normale, leichte Wölbung der Brustwirbelsäule bestehen bleibt. Der Oberkörper darf nicht zwischen den stützenden Armen einsinken.

Der Kopf wird gerade in der Verlängerung des Rumpfes gehalten.

⑧ Vorhalte knieend

Diese Übung dient als wirksames Gegenmittel, mit dessen Hilfe die Fehlbelastungen des Rumpfes in Alltags- und Berufsleben ausgeglichen werden können.
Wir arbeiten und leben mit ständiger Neigung des Rumpfes nach vorn: ein runder Rücken beim Essen, beim Lesen, beim Arbeiten am Schreibtisch, bei der Hausarbeit. Im Sitzen ist dabei die Wirbelsäulenbelastung in der Regel noch größer als im Stand.
Infolge dieser dauernden, einseitigen Beanspruchung der Wirbelsäule verkürzt sich die Brustmuskulatur (M. pectoralis major, minor), gleichzeitig kommt es zur Abschwächung der zwischen den Schulterblättern gelegenen Muskeln. Infolgedessen wird die Fehlhaltung verstärkt, bis sie früher oder später nicht mehr korrigiert werden kann.
Funktionseinschränkungen von Lunge und Brustorganen können daraus ebenso resultieren wie hartnäckige Kopf- und Nackenschmerzen.
Im Kniestand wird zunächst die normale Wirbelsäulenhaltung eingenommen – also das leichte Hohlkreuz der Lendenwirbelsäule betont und mit Hilfe der Rumpfmuskulatur fixiert. Die Oberarme werden im Schultergelenk waagerecht abgespreizt, die Unterarme senkrecht gehalten.
Der Oberkörper wird leicht und langsam nach vorn geneigt, ohne die Spannung der Rückenstreckmuskulatur zu verringern. Das Hohlkreuz bleibt dabei erhalten!
Gleichzeitig werden die Oberarme nach hinten geführt, so daß sich die Schulterblätter leicht berühren. Der Kopf wird erhoben, ebenso die Brust, deren Aufrichtung durch tiefes Einatmen unterstützt wird.
Es kommt zur aktiven, beidseitigen Dehnung der Brustmuskulatur bei gleichzeitiger Kräftigung der Schulterblattmuskeln.

Dehnübungen (Stretching)

Dehnübungen wirken in der Regel selektiv auf einzelne Muskeln oder Muskelgruppen. Nachfolgend werden ohne Anspruch auf Vollständigkeit einige ausgewählte Dehnübungen beschrieben.

Dehnübungen können (oder sollten gegebenenfalls) täglich durchgeführt werden, abhängig vom Dehnungszustand der betreffenden Muskulatur. Verkürzungen können sich durchaus in einzelnen Muskelgruppen einstellen, so daß individuelle Unterschiede in bezug auf die jeweilige Bedeutung einzelner Übungen bestehen.

Führen Sie die Dehnübungen langsam und kontinuierlich aus. Vermeiden Sie vor allem heftige oder wippende Bewegungen, die die Dehnungsreflexe der Muskulatur aktivieren und die Dehnung weniger wirksam werden lassen. Dehnübungen sollten nicht stark schmerzen. Eine deutliche Spannung der gedehnten Muskulatur weist auf eine effektive Dehnung hin.

Bei Dehnübungen sollten Sie ruhig und entspannt weiteratmen. Keinesfalls Preßatmung! Es ist wichtig, jede Übung aktiv durch Anspannung der jeweils gegensinnig wirkenden Muskelgruppe zu unterstützen (siehe beispielsweise Dehnübungen S. 80, 85). Jede Übung sollte etwa 20 bis 30 Sekunden gehalten werden.

⑨ Drehsitz

Eine Übung zur Dehnung der Gesäß- und Lendenwirbelsäulenmuskulatur. Zum leichteren Verständnis wird die Übung für die Dehnung der rechtsseitigen Gesäßmuskulatur beschrieben. Zur Dehnung der Gegenseite müssen lediglich die Seitenangaben vertauscht werden.

Setzen Sie sich im Langsitz (gestreckte Kniegelenke) auf den Boden. Heben Sie das rechte Bein, und setzen Sie es an der Außenseite des linken Kniegelenkes ab. Drehen Sie den Oberkörper so weit wie möglich nach rechts, so daß Sie mit dem linken Ellbogen das rechte Kniegelenk nach links drücken können. Die rechte Hand wird weit nach rechts hinter den Körper aufgesetzt, der Kopf nach rechts gedreht.

⑩ Dehnung Hüftbeuger (M. iliopsoas)

Im Ausfallschritt wird das vordere Kniegelenk gebeugt, das hintere Kniegelenk liegt auf dem Boden. Das Becken wird abgesenkt, bis in der Leistenregion des hinteren Beines ein Spannungsgefühl spürbar wird. Die Gesäßmuskulatur wird angespannt, die freie Hand schiebt das Becken leicht nach vorn. Der Oberkörper wird leicht nach vorn geneigt, so daß er mit dem hinteren Oberschenkel eine gerade Linie bildet (also kein extremes Hohlkreuz!).

Laufmedizin

Achten Sie darauf, das vordere Bein weit nach vorn zu setzen, um zu verhindern, daß das vordere Kniegelenk über einen rechten Winkel hinaus gebeugt wird. Ansonsten nimmt die Kniebelastung stark zu.
Mit der noch »tatenlosen« Hand sollten Sie sich seitlich abstützen (Wand, Geländer, . . .), um eine stabile Position zu gewährleisten.

⑪ **»Päckchen«**
Im Kniestand setzen Sie das Gesäß auf die Fersen und neigen den Oberkörper nach vorn, bis der Kopf den Boden berührt. Versuchen Sie, den Rücken so rund wie möglich zu machen. Die Arme liegen entspannt neben dem Körper. Atmen Sie aktiv aus, lassen Sie die Luft passiv einströmen.

⑫ **Rückenlagerung**
Legen Sie sich flach auf den Rücken und unterstützen Sie die Lendenwirbelsäule mit einer Rolle (Handtuch, Kissen). Dadurch wird die normale sogenannte Lordose gewährleistet.
Spreizen Sie die Beine leicht, die Arme werden ebenfalls leicht gespreizt nach oben abgelegt.

Laufen und Schäden des Bewegungsapparates

In dieser Position werden Sie eine mehr oder weniger starke Spannung in der Bauchmuskulatur verspüren.
Dehnung und Kräftigung sollten sich möglichst ergänzen. Nach der Kräftigung dient die Dehnung zur Verminderung der erhöhten Muskelspannung (z. B. nach der Kräftigung der Bauchmuskulatur, Übung 4).

⑬ **Flankendehnung**
Im Grätschstand (Füße leicht außenrotiert) wird der Rumpf langsam zur Seite geneigt, dabei aber nicht verdreht.
Brust und Gesicht bleiben also in der gleichen Ebene wie das Becken.
Eine Hand stützt sich in der Hüfte ab, die andere reckt sich fast senkrecht nach oben und dehnt dabei den breiten Rückenmuskel (M. latissimus dorsi).

⑭ **Dehnung der Brustmuskulatur (einseitig)**
Im leichten Ausfallschritt wird der gleichseitige (!) Oberarm horizontal abgewinkelt, das Ellbogengelenk rechtwinklig gebeugt (der Unterarm steht senkrecht) und gegen einen Widerstand (Partner, Wand, Baum) fixiert.
Die andere Schulter wird zurückgenommen, Rumpf und Kopf dabei vom erhobenen Arm weggedreht.
Die Brustmuskulatur (M. pectoralis major, minor) wird passiv einseitig gedehnt.

Osteoporose

Sprichwörtlich »beinhart« ist der Knochen – das behauptet jedenfalls der Volksmund. Weniger bekannt ist allerdings die Tatsache, daß der Knochen eines der aktivsten Gewebe im menschlichen Körper ist und einem ständigen, rasanten Umbau unterliegt. Schon nach einer Woche Bettlägerigkeit (z. B. wegen einer banalen Grippe) verliert ein gesunder Mensch 1–2 % seiner gesamten Knochenmasse!
Die Osteoporose ist die häufigste, das gesamte Skelettsystem betreffende Knochenerkrankung. Sie entsteht durch eine sogenannte negative Knochenbilanz. Über einen längeren Zeitraum wird mehr Knochensubstanz abgebaut als neuer Knochen gebildet. Die Knochenmasse nimmt ab, die Mikroarchitektur (Bälkchenstruktur) des Knochens wird zerstört, das Risiko einer Fraktur (Knochenbruch) steigt.
Diese Entwicklung ist ab dem 40. Lebensjahr der Normalfall. Etwa 0,5 bis 1 % der Knochensubstanz gehen jährlich verloren, bei voll ausgeprägtem Krankheitsbild können es bis zu 6 % werden!
Die Osteoporose betrifft aber nicht – wie vielfach angenommen – nur ältere Frauen. Zwar erleidet jede dritte Frau im Alter von über 50 Jahren eine Wirbelkörperfraktur, aber auch bei jüngeren Menschen, sogar bei Sportlern, kann ein Mineralverlust der Knochen auftreten.
Die Ursachen sind vielschichtig, da der Knochenstoffwechsel von verschiedenen Hormonsystemen gesteuert wird. Ein höheres Erkrankungsrisiko betrifft
○ Frauen gegenüber Männern,
○ Dünne gegenüber Dicken,
○ Alte gegenüber Jungen,
○ Raucher gegenüber Nichtrauchern,
○ Alkoholiker gegenüber Abstinenzlern,
○ Weiße gegenüber Schwarzen,
○ sitzend Arbeitende gegenüber körperlich Aktiven,
○ Verwandte von Osteoporosekranken.
Auch Ernährungsgewohnheiten spielen eine wichtige Rolle. Calcium ist der im menschlichen Körper am häufigsten vorkommende Mineralstoff. Vitamin D sorgt für die Aufnahme des Calciums aus der Nahrung, seinen Einbau in den Knochen und fördert das Knochenwachstum. Ein Mangel an Calcium (in Milchprodukten, Eiern, Grünkohl, Broccoli) oder Vitamin D (in Fisch, Eiern, Leber) sind die häufigsten ernährungsbedingten Faktoren der Osteoporoseentstehung.
Besondere Bedeutung kommt den männlichen und weiblichen Sexualhormonen zu. Sowohl Testosteron als auch

165

Laufmedizin

Östrogene haben eine Schutzwirkung – wie auch regelmäßiger Sport. Wenn Frauen allerdings zu intensiv trainieren, besteht die Gefahr einer Amenorrhoe, also des Ausbleibens der monatlichen Regelblutung. Schon bei ganz »normalen« Trainingsumfängen kann es zu Störungen des komplexen Hormonhaushaltes kommen.

Im Rahmen einer 1994 in Kapstadt/RSA durchgeführten Studie konnte das Auftreten einer Osteoporose bei jungen Läuferinnen mit einer unregelmäßigen oder gänzlich ausbleibenden Regelblutung in Verbindung gebracht werden. Offenbar ist dafür aber nicht allein der Umfang des Trainings verantwortlich, sondern andere, möglicherweise mit den Ernährungsgewohnheiten (oder gar der Psyche) zusammenhängende Gründe. Anscheinend ist das Risiko einer Menstruationsstörung (und damit einer Mineralisationsstörung des Knochens) vor allem dann höher, wenn die täglich aufgenommene Kalorienmenge zu gering ist (man spricht von Anorexie). Der Suppenkasper (wäre er ein Mädchen) hätte Osteoporose!

Die Menstruationsstörungen haben also Signalwirkung und sollten keinesfalls unterschätzt werden. Sie sind ein Frühwarnsystem des Knochenstoffwechsels und sollten auf jeden Fall ärztlich behandelt werden.

Zwar hat der Knochen eine gewisse Regenerationsfähigkeit, wenn sich der Hormonhaushalt wieder normalisiert. Aber auch nachdem die Menstruation wieder regelmäßig eingetreten war, blieb die Knochenmasse bei den in Südafrika untersuchten Läuferinnen geringer als bei denen, deren Regelblutungen keinerlei Auffälligkeiten gezeigt hatten.

Ein logischer Zusammenhang ergibt sich zwischen den Hormonstörungen, der Knochendichte und dem Risiko einer Streßfraktur (Ermüdungsbruch). Ein entmineralisierter Knochen ist weniger widerstandsfähig gegen dauernde Lastwechsel und Biegebeanspruchungen, wie sie bei jedem Schritt, jedem Sprung auftreten. Eine nichtorganische Substanz wie Metall oder Kunststoff könnte den auf die Knochen der unteren Extremitäten einwirkenden Belastungen nur kurzfristig standhalten, keinesfalls jedoch für die Dauer eines ganzen Menschenlebens. Nur ständiger Um- und Neubau der Knochenbälkchen gewährleistet die Funktionsfähigkeit des Knochens über viele Jahrzehnte. Ist dieser Umbau gestört (z. B. wegen Mangels an Baustoffen), bricht der Knochen entzwei, entweder plötzlich bei einem Sturz oder nach und nach – es kommt zur Streßfraktur.

Wie bemerkt man, ob man an Osteoporose leidet oder gefährdet ist? Einfache Antwort: Dem Knochen merkt man zunächst gar nichts an! Osteoporose tut im Anfangsstadium nicht weh. Allein vorbeugend durchgeführte Untersuchungen können Aufschluß geben, und das auch nicht mit 100%iger Sicherheit. Die zur Zeit gängigen Verfahren messen die Knochendichte mit Hilfe von Röntgenstrahlen. Ihre Fehlerquote (Abweichung der gemessenen von der tatsächlichen Knochendichte) liegt bei 5–10%. Zwar ist eine Strahlenbelastung unvermeidlich, aber sie ist erheblich geringer als weithin angenommen. Sie entspricht nämlich etwa derjenigen, der man auf einem Transatlantikflug ausgesetzt ist (ca. 100 μSv). Neben diesem sogenannten bildgebenden Verfahren können Laborkontrollen ergänzend eingesetzt werden. Sie geben Aufschluß über die Stoffwechsellage im Knochen, sagen aber wenig über das Stadium der Erkrankung.

Besser ist es, das Risiko von vornherein soweit wie möglich einzuschränken. Bewußte Ernährung (ausreichend Kalorien, Calcium, Vitamin D), vernünftiges Trainingsverhalten (regelmäßiges Laufen schützt, zu intensive Belastungen gefährden den Knochen) und das Beachten von Frühwarnzeichen (Menstruationsstörungen, Appetitlosigkeit) gehört dazu.

Laufen und Schäden des Bewegungsapparates

Bandscheibenschäden

Die Ursachen eines Bandscheibenschadens sind vorwiegend degenerativer Natur. Sie sind der Preis, den wir für den aufrechten Gang und unsere zivilisatorisch geprägte Lebensweise zu zahlen haben. Konstitutionelle Faktoren, Haltungsschwäche und Muskelinsuffizienz sowie berufliche Belastungen (Sitzen!) beschleunigen das Fortschreiten von Abnutzungsprozessen und können zum Bandscheibenvorfall (Prolaps, Diskushernie) führen. Dabei wird der gallertige Inhalt der Zwischenwirbelscheibe wegen Auffaserung des umgebenden bindegewebigen Ringes nach außen gedrängt. Er blockiert das Bewegungssegment und kann auf die benachbarte Nervenwurzel drücken, was Schmerzen, z. B. ein Bein entlangziehend (Ischias), Gefühlsstörungen bis hin zum Taubheitsgefühl, ja sogar Lähmungen auslöst.

Sowohl zur Vorbeugung als auch nach konservativer (vorwiegend Ruhe, Schmerzlinderung, Entzündungshemmung) oder operativer (Ausräumung) Behandlung eines Bandscheibenvorfalles sind einige einfache, aber bedeutsame Verhaltensweisen zu beachten, um das Wiederauftreten von Beschwerden (Rezidiv) zu verhindern. Am wichtigsten sind eine zweckmäßige Haltung und Muskeltraining. Beim Sitzen, Bücken und Lastenheben soll die Wirbelsäule möglichst aufrecht und gestreckt gehalten werden (dafür in die Knie gehen!), da sie durch Anheben von schweren Gegenständen aus gebückter Haltung maximal belastet wird. Zum Schlafen ist eine nicht zu harte, gerade Unterlage erforderlich.

Parallel dazu sollte die Rumpfmuskulatur konsequent gekräftigt werden. (Übungen siehe S. 160.) Unterstützend wirken physikalische Therapiemaßnahmen wie lokale Wärmeanwendungen, Massagen oder Bäder sowie Kraul- und Rückenschwimmen oder Aqua-Jogging im warmen Wasser. Auch nach einem Bandscheibenvorfall kann regelmäßiges Lauftraining durchgeführt werden – einen schonenden Laufstil, gute Rumpfstabilisierung und natürlich Schmerzfreiheit vorausgesetzt.

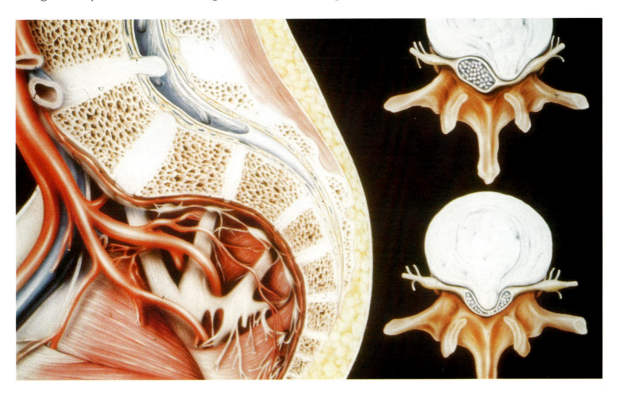

Laufmedizin

Akutverletzungen des Bewegungsapparates durch Laufen

Muskelkrampf

Es handelt sich um eine akute Überlastung einzelner Muskelgruppen, die durch Elektrolyt-, Flüssigkeits-, Sauerstoffmangel oder eine anders ausgelöste Übererregbarkeit hervorgerufen wird. Vorbeugend wirken ein guter, den Leistungsanforderungen entsprechender Trainingszustand sowie gegebenenfalls frühzeitiger Elektrolytersatz, besonders Magnesium (Calcium). Die Behandlung im akuten Fall besteht in der Dehnung der betroffenen Muskelgruppe, bis der Krampf abklingt, Flüssigkeits- und Elektrolytersatz. Eventuell sind Lockerungsmassagen oder Eisabreibungen anzuwenden.

Blasen

Sie entstehen durch Scherbelastung (tangentiale Kräfte) zwischen verschiedenen Hautschichten, wobei Gewebeflüssigkeit, bei Gefäßzerreißungen auch Blut austreten kann.

Bei kleineren Blasen ist Selbstbehandlung möglich. Man öffnet die Blase mit einer desinfizierten Nadel, so daß die Flüssigkeit ablaufen kann. Anschließend muß die Haut sorgfältig desinfiziert und mit einem sterilen Verband, z. B. sog. »Second Skin«, abgedeckt werden. Eventuell kann zusätzlich ein fester Schaumgummi verwendet werden, wobei der Blasenbezirk ausgespart bleibt. Wenn nötig, muß die Behandlung einige Male wiederholt werden. Die oberen Hautschichten sollen zunächst nicht entfernt werden, da sie als Schutz für darunterliegende, sich neu bildende Schichten dienen.
Bei größeren, schmerzhaften oder stark geröteten bzw. entzündeten Blasen soll die Behandlung möglichst durch den Arzt erfolgen.

Blutunterlaufene Nägel

Nach sorgfältiger Reinigung und Desinfektion wird der Nagel an einer oder mehreren Stellen durchbohrt, um das darunterliegende Blut abzulassen (am besten durch den Arzt). Anschließend erneute Desinfektion und steriler Druckverband. Der Nagel darf nicht entfernt werden, da sich sonst das Nagelbett verformt und der nachwachsende Nagel krumm und schief wird. Blutunterlaufene Nägel sind ein fast untrügliches Zeichen für nicht passende (meist zu kurze) Schuhe!

Hautverletzungen

Bei oberflächlichen, sauberen Wunden reichen Desinfektion und steriler Verband. Ansonsten ist eine Wundreinigung bzw. Wundversorgung durch den Arzt erforderlich.
Jeder Sportler soll einen ausreichenden Impfschutz gegen Wundstarrkrampf (Tetanus) haben! Falls er nicht besteht, machen Wunden eine Simultanimmunisierung (passiver, kurzdauernder plus aktiver, langdauernder Schutz) erforderlich.

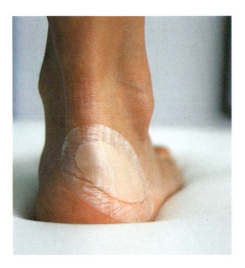

Dünne Pflaster lindern Druckschmerzen bei Blasen.

Akutverletzungen des Bewegungsapparates durch Laufen

> Regel für Sofortmaßnahmen bei Akutverletzungen: »PECH«
> P → Pause
> E → Eis
> C → Compression
> H → Hochlagerung

Prellung (Kontusion)

Stets besteht bei stumpfen Gewalteinwirkungen die Gefahr innerer Verletzungen, also von Organen, Knochen, Blutgefäßen oder Nerven, daher ist immer eine sorgfältige Untersuchung angezeigt. Um das Ausmaß von Bluterguß und Schwellung möglichst klein zu halten, bestehen die allerersten Behandlungsschritte in Kälteanwendungen (Eisbeutel, Umschläge mit Eiswasser (usw.), einem Kompressionsverband und eventuell Hochlagerung des betroffenen Bezirkes.

Die Kältebehandlung soll mit Pausen über mehrere Stunden durchgeführt werden. Dauer der Einzelbehandlung jeweils ca. 8 Minuten. Abdeckung des behandelten Hautareals mit einem dünnen Tuch (sonst Gefahr von Erfrierungen). Möglichst bald ist auch eine selbständige Übungsbehandlung einzuleiten, die in isometrischen Muskelkontraktionen (Anspannen der Muskulatur ohne Bewegung der Gliedmaße), dann Dehnübungen und vorsichtigen Bewegungsübungen (im warmen Wasser) besteht. Wärmeanwendungen und Massagen sind zu unterlassen.

Gelenkverstauchung (Distorsion)

Die für den Läufer häufigste Verstauchung ist die Distorsion des oberen Sprunggelenkes, der »verstauchte Knöchel«. An Sofortmaßnahmen kommen hier ebenfalls Kälte, Kompression (Druckverband), Hochlagerung und Ruhigstellung zur Anwendung. Eine sorgfältige Untersuchung, eventuell mit Röntgenaufnahmen, muß das Ausmaß

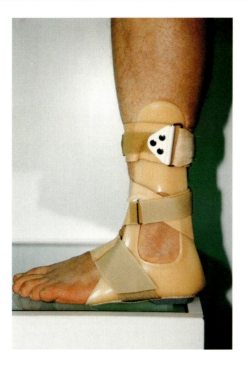

Sprunggelenk-schiene

der Verletzung und damit die weitere Therapie bestimmen. Sind eines oder gar mehrere Bänder gerissen, wird eine 6wöchige Ruhigstellung, z. B. in einer sog. »Caligamed-Schiene« erforderlich. Die Behandlungsergebnisse sind denen nach operativer Bandnaht ebenbürtig, wenn die Schiene **konsequent** (tagsüber und nachts) getragen wird. Zu häufig sieht man Spätschäden von Bandlockerungen bis hin zur Arthrose nach ungenügender Behandlung eines angeblichen »Bagatelltraumas«. Tagsüber kann auch ein Adimed-II-Stabilschuh verwendet werden, der aufgrund eingearbeiteter Stützelemente die seitlichen Bewegungen im oberen Sprunggelenk unterbindet, jedoch das Beugen und Strecken des Fußes erlaubt. Dadurch werden einerseits die verletzten Seitenbänder nicht belastet, andererseits jedoch trophische Störungen des Gelenkes (z. B. Mangelernährung des Knorpels) wegen zu langer Ruhigstellung vermieden. Gleichermaßen empfehlenswert (vor allem zur Reintegration ins gewohnte Training) ist ein fachgerecht angelegter und regelmäßig gewechselter Elastoplast-Tape-Verband.

Sehr wichtig ist in der Nachbehandlungsphase ein intensives Bewegungs- und Krafttraining, um die volle Gelenkfunktion möglichst bald wieder zu erreichen und Folgeverletzungen durch Überlastung von anderen Gelenken, Muskeln oder Sehnen zu vermeiden.

Gelenkverrenkung (Luxation)

Wenn die Gelenkflächen durch einen Unfall nicht mehr in ihrer normalen Stellung zueinander stehen, ist das stets eine schwerwiegende Verletzung, die nur vom Arzt – und zwar sofort! – behandelt werden muß. Zwischenzeitlich ist das Gelenk zu kühlen und ruhigzustellen, außerdem sind Maßnahmen zur Schmerzbekämpfung angebracht.

Knochenbruch (Fraktur)

Schmerzen, Bluterguß und Falschbewegung können eine Fraktur anzeigen. Auch hier ist der umgehende Transport zum Arzt notwendig, Sofortmaßnahmen umfassen Kühlung, Ruhigstellung (Schienung) der betroffenen Gliedmaße und Schmerzlinderung. Offene Frakturen, bei denen die Haut verletzt ist, müssen steril abgedeckt werden.

Muskelkater, -verhärtung, -zerrung, -faserriß, -riß

Als *Muskelkater* werden Bewegungs- und Belastungsschmerzen der Muskulatur bezeichnet, die infolge einer intensiven, oft ungewohnten Leistungsanforderung auftreten und einige Tage andauern. Ursächlich macht man dafür exzentrische Muskelbelastungen verantwortlich, die zu Mikroverletzungen der Muskelfasern im Bereich der sog. »Z-Scheiben« zwischen den Aktin-Myosin-Filamenten führen. Exzentrische Beansprungen sind Bewegungen, bei denen der Muskel gedehnt wird, aber seiner Dehnung gleichzeitig einen Widerstand entgegensetzen muß (Treppabgehen, Bergablaufen, aber auch die Stützphase beim Laufen im flachen Gelände). Es kommt zur Schwellung der betroffenen Muskelfasern (Ödem) und damit zu Schmerzen.

Hilfreich sind Kühlung durch Eis- oder Kneippanwendungen, Wechselbäder, leichtes Bewegungstraining und leichte Dehnübungen.

Die Übergänge bei Muskelverletzungen sind fließend. An nächster Stelle steht *Muskelverhärtung* als umschriebene, andauernde Tonussteigerung (Erhöhung der Grundspannung) der Muskulatur. Auch hier können noch einfache physikalische und physiotherapeutische Maßnahmen wie Eis- oder Wärmeanwendungen, heiße Wechselbäder, Lockerungsmassagen und Dehnübungen Erfolg bringen.

Bei unzureichender Behandlung und weiterer Belastung kann es über den Teufelskreis Schmerz – Funktionseinbuße – Verhärtung – Schmerz aber auch schnell zu einer *Muskelzerrung* kommen. Die Meinungen über deren Hintergrund gehen auseinander. Man vermutet bislang die Überdehnung oder gar den Riß einzelner Fasern, diskutiert aber auch die Möglichkeit eines akuten Logensyndroms (siehe S. 176) bzw. einer fehlerhaften neuromuskulären Informationsübertragung, was eine krankhaft gestörte Regulation der Muskelspannung zur Folge haben könnte. Beim *Muskelfaserriß* hingegen kommt es zu Faserzerreißungen größeren Ausmaßes. Die Behandlung besteht jedenfalls in sofortiger Kühlung, danach sollte ein Kompressions-Stützverband angelegt werden, eventuell auch ein Aufhängeverband zur Entlastung und Schonung des betroffenen Muskels. Hierzu eignen sich vorzüglich Verbände mit Schaumgummi, elastischer Pflasterbinde und nicht dehnbarem Tape. Massagen sind im frühen Stadium absolut fehl am Platz. Wenn die Beschwerden nachlassen, sollte möglichst bald mit aktiven Bewegungsübungen begonnen

Akutverletzungen des Bewegungsapparates durch Laufen

werden. Das umfaßt vorsichtige, aktive Dehnungen des verletzten Muskels, Anspannungsübungen mit langsam gesteigerter Belastung, dann vorsichtiges Bewegungstraining (Schwimmen in warmem Wasser, Radfahren, Aqua-Jogging). Nie über die Schmerzgrenze gehen und erst bei absoluter Schmerzfreiheit wieder belasten!

Bei einem *Muskelriß*, worunter der Durchriß großer Teile des Muskelbauches verstanden wird, ist in der Regel eine Operation (Muskelnaht), zumindest aber eine langfristige, konsequente Ruhigstellung nötig.

Sehnenzerrung

Durch unkontrollierte, plötzliche Muskelaktionen, oft in Verbindung mit Fehlbelastungen, können die Sehnenfasern verletzt werden. Man behandelt ähnlich wie bei Muskelzerrungen mit Kälte und Ruhigstellung im Stützverband. Nach angemessener Pause und Abklingen der Beschwerden kann der Verletzte wieder mit langsam aufbauender Trainingsbelastung, zunächst Radfahren und Schwimmen, beginnen.

Sehnenriß

Meist ist die Sehne degenerativ vorgeschädigt, wenn sie, ausgelöst durch eine plötzliche Muskelanspannung (z. B. Achillessehnenriß beim Hochsprung oder Fußballspiel), reißt. Häufig kann man das »Zusammenschnurren« des nun nicht mehr gespannten Muskels beobachten. Die operative Behandlung muß umgehend erfolgen, da sonst der Muskel nicht mehr auf das ursprüngliche Maß gedehnt werden kann. Zwischenzeitlich Kühlung, Kompression, Hochlagerung (»PECH«).

Meniskusriß

Bei den Menisken handelt es sich um angenähert c-förmige, flache Gebilde

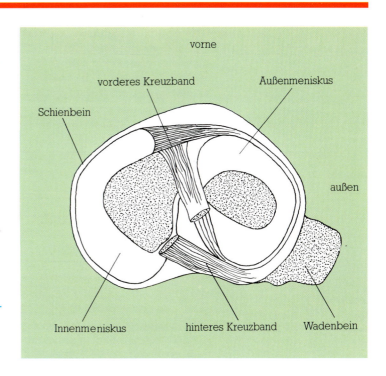

Menisken und Kreuzbänder (Schienbeinkopf von oben).

aus schlecht durchblutetem Faserknorpel, deren Außenwand mit der Gelenkkapsel verwachsen ist. Sie dienen der Stoßdämpfung im Kniegelenk und sind schon normalerweise hohen Druckbelastungen, bei Drehbewegungen auch Zugkräften, ausgesetzt. Ein gesunder Meniskus reißt nur bei sehr hohen Krafteinwirkungen auf das Kniegelenk, was dann gleichzeitig zu anderen Schädigungen (Bänderdehnung oder -riß, Knorpelschaden) führen kann. Als typische Verletzungsform tritt in diesem Fall ein sog. Korbhenkelriß auf, bei dem der Meniskus entlang seiner Längsachse einreißt. Bei Drehung des Kniegelenkes unter Belastung (z. B. Einsteigen ins Auto) gerät der Riß unter Zug und verursacht Schmerzen, was sich der Arzt durch bestimmte Tests bei der Untersuchung zunutze macht. Die Behandlung besteht heute bei nicht vorgeschädigtem Meniskus in der arthroskopischen Entfernung des losgerissenen Anteiles oder der Naht der verletzten Teile (sog. »All-inside-Technik«). Durch einen derartigen Eingriff werden Haut und Kniegelenkskapsel nur an wenigen Stellen punktförmig durchbohrt, um mit feinen Instrumenten, überwacht

Laufmedizin

durch eine kaum bleistiftdünne Optik, die Operation auszuführen. Der Vorteil liegt in der schnellen Rekonvaleszenz von wenigen Tagen gegenüber Wochen bei der herkömmlichen Operation am geöffneten Kniegelenk. Joan Benoit wurde 17 (!) Tage vor ihrem Sieg im olympischen Marathonlauf von Los Angeles 1984 arthroskopisch am Knie operiert.

Bänderriß am Kniegelenk

Eine Bandverletzung am Kniegelenk, insbesondere der Kreuzbänder, stellt immer eine gravierende Beeinträchtigung der Kniegelenksstabilität dar. Aufgrund der schwerwiegenden Folgen vom Knorpelschaden bis hin zur Arthrose ist in den meisten Fällen eine Operation unumgänglich, um die Festigkeit dieses so immens wichtigen Gelenkes wiederherzustellen.

Auch bei diesen Verletzungen, die oft mehrere Strukturen des Kniegelenkes betreffen (sog. Unhappy Triad: Vorderes Kreuzband, Innenmeniskus, Innenband), hat die mikroinvasive, arthroskopische Chirurgie die Erfolgsaussichten der Behandlung, nicht zuletzt auch in bezug auf die spätere Sportfähigkeit, erheblich verbessert. Eine offene Kniegelenksoperation zum Zwecke der Bandrekonstruktion muß heute als überholt bezeichnet werden. Auf arthroskopischem Wege wird das zerrissene Kreuzband durch körpereigenes Sehnengewebe ersetzt, entweder durch einen Teil der Kniescheibensehne (Patellarsehne) oder durch die Sehne des »Halbsehnigen Muskels« (M. semitendinosus).

Die Rehabilitation erfolgt heute üblicherweise in ambulanter Form – mit den Bereichen Krankengymnastik, Muskuläre Aufbautherapie, Physikalische Therapie. Bei ungestörtem Heilverlauf wird leichtes Lauftraining etwa 4 Monate nach der Operation möglich. Das im Rahmen der Rehabilitation begonnene Krafttraining sollte noch über Monate weitergeführt werden.

■ Überlastungs-schäden des Bewegungs-apparates durch Laufen

Die Behandlung von Überlastungsbeschwerden des Bewegungsapparates besteht in vielen Fällen immer noch in einer oft ziellos wirkenden Aneinanderreihung von sogenannten symptomatischen Maßnahmen (Bestrahlungen, Strom, Spritzen) bis hin zur längerdauernden Gipsruhigstellung. Ein solches Vorgehen erscheint wenig sinnvoll, da es keine ursächliche Behandlung der vorliegenden Störungen darstellt. Vielmehr werden diese Ursachen durch die genannten Maßnahmen eher verschleiert oder – im Falle der Ruhigstellung – noch durch trophische Störungen von Muskulatur und Gelenk kompliziert. Besser und wirkungsvoller ist statt dessen fast stets eine funktionelle Behandlung mit dem Ziel, das physiologische Zusammenwirken der betroffenen Strukturen wiederherzustellen. Dazu gehört die Suche z. B. nach statischen Fehlbelastungen (Beinlängendifferenz?), nach sogenannten muskulären Dysbalancen (Abschwächung oder Verkürzung von Muskeln?), nach Fehlern der Bewegungskoordination (Laufstil?) oder des Trainingsaufbaus.

Entzündung des Gleitgewebes an der Achillessehne (Achillodynie)

Die Achillessehne besitzt keine eigentliche Sehnenscheide, sondern ist von einem Gleitgewebe umgeben. Dieses normalerweise lockere Bindegewebe enthält viele Blutgefäße, die für die Versorgung der gefäßarmen Sehne nötig sind. Eigentliche Entzündungsprozesse laufen daher auch nicht in der Sehne

Überlastungsschäden des Bewegungsapparates durch Laufen

selbst, sondern im Gleitgewebe ab, das dadurch verhärten, in chronischen Fällen sogar die Sehne regelrecht ummauern kann. Die wiederum reagiert darauf mit degenerativen Veränderungen, z. B. Auftreibung, die ihre Festigkeit nach und nach schwächen. Vorbeugende Maßnahmen, die auch bei ersten, leichten Entzündungszeichen noch ergriffen werden können, bestehen in guter Dehnungsgymnastik (siehe S. 81), im Tragen von Schuhen mit nur flachem Fersenkeil, in Kneipp- oder Wechselbädern des Unterschenkels sowie in Kräftigungsübungen für die Wadenmuskulatur.

Einer beginnenden Entzündung begegnet man zusätzlich durch regelmäßige Eisanwendungen (dreimal täglich, ca. 8 Minuten, insbesondere nach dem Training), Salbenverbände, Ultraschall, evtl. eine vorübergehende Absatzerhöhung. Die oft sehr wirkungsvolle krankengymnastische Behandlung der Achillodynie beinhaltet sogenannte lokale Querfriktionen nach Cyriax, eine spezielle Technik der Sehnenmassage. Auch das Ersetzen abgelaufener Trainingsschuhe und ein Wechsel im Trainingsaufbau kann im Anfangsstadium helfen.

Häufig treten Achillessehnenbeschwerden auf nach einer Phase ausgedehnten Dauerlauftrainings im Winterhalbjahr, das in ruhigem Tempo (vielleicht noch auf gefrorenen oder aufgeweichten Waldwegen) absolviert wurde. Bei zu weichen, im Fersenbereich schlecht stabilisierenden Laufschuhen können dabei seitliche Fehlbelastungen auftreten, die die Sehne auf Dauer nicht tolerieren kann. Überraschende Besserungen haben sich in diversen Fällen ergeben, bei denen vorübergehend nur Steigerungsläufe über 100 bis 150 Meter auf ebenem, festem Untergrund durchgeführt wurden. D. h.: koordinativ sauberer Laufstil bei höherer muskulärer Verspannung. Zusätzlich Stretching, Eis, ggf. härtere Laufschuhe.

Bei fortgeschrittener, vielleicht bereits langjähriger Achillodynie bleiben meist nur noch eine Injektionsbehandlung (Spritzen nie direkt in die Sehne!), Röntgenbestrahlung oder als letzte Möglichkeit die operative Entfernung der narbig verklebten Gleitgewebeabschnitte übrig. Ruhigstellung im Gipsverband, wie es noch teilweise praktiziert wird, bringt nach heutigen Erfahrungen in keinem Fall irgendwelchen Nutzen.

Bei allem Läuferenthusiasmus: Ein Gehgips eignet sich nicht zur Teilnahme an einem Volkslauf.

Fersensporn (Haglund-Exostose)

Der starke Zug der Achillessehne am Fersenbein führt nicht selten zu einer Verdickung des Fersenhöckers, die gewaltige Ausmaße annehmen kann.

173

Laufmedizin

Meist liegt eine Veranlagung zugrunde, die primär nicht krankhafter Natur ist. Erst durch permanenten Druck (schlecht geformte oder zu harte Fersenkappe im Schuh) kommt es zu Entzündungen, zunächst des Schleimbeutels (Bursa calcanei), dann auch des umgebenden Gewebes. Parallel dazu kann sich eine Achillodynie (siehe S. 172/173) natürlich auch direkt am Sehnenansatz abspielen.

Die erste Maßnahme ist die konsequente, gewissenhaft durchgeführte Dehngymnastik der Waden- und Fußmuskulatur. Zusätzlich entzündungshemmende Anwendungen (Eis), darüber hinaus die Druckentlastung der Fersenregion durch offene Schuhe oder solche mit weichem Fersenteil.

Wer sich zu einer operativen Entfernung des Fersenspornes (Abmeißelung) entschließt, muß mit einer langwierigen Rekonvaleszenz (oft mehrere Monate bis Jahre!) rechnen.

Reizerscheinung an der Knieaußenseite (Scheuersyndrom des Tractus iliotibialis)

Bei Läufern nicht selten sind Reizerscheinungen an der Außenseite des Oberschenkels, entweder ca. 2 bis 4 cm oberhalb des äußeren Kniegelenkspaltes oder am »großen Rollhügel« (Trochanter major), der als kräftiger Knochenvorsprung den Übergang von der Becken- und Gesäß- zur Oberschenkelregion markiert. Auslösend wirkt jeweils eine Überlastung des Tractus Iliotibialis, dessen starker Sehnenstrang an beiden Stellen über den Knochen gleitet, abgepolstert durch einen oder mehrere Schleimbeutel (Bursa). Zunächst muß dieser Sehnenstrang durch Stretching aufgedehnt werden. Seiner Verhärtung liegt aber oft noch eine Schwäche der Gesäßmuskulatur (M. glutaeus med./min.) zugrunde, so daß die eigentliche, langfristig wirksame Maßnahme in einem Kräftigungsprogramm für diese Muskelgruppe besteht.

»Knochenhautentzündung« (Insertionstendopathie im Schienbeinbereich)

In den allermeisten Fällen handelt es sich bei den unter Läufern als »Knochenhautentzündung« (Periostitis) bekannten Schmerzen an der inneren Schienbeinkante um Ansatzbeschwerden der Unterschenkelmuskulatur (Insertionstendopathie des M. tibialis posterior). Durch Fehlbelastungen, die vor allem dann auftreten, wenn der Muskel im angespannten (kontrahierten) Zustand gedehnt wird, kommt es zu Reizerscheinungen an der Stelle, wo er in den Knochen einstrahlt. Sehr starkes Pronieren (siehe S. 19, 26) bzw. ein Knick-Senkfuß kann häufig die Ursache sein.

Auch hier muß folglich neben lokalen Maßnahmen (Dehnungen, lokale Querfriktionen, Eis) die Ursache behoben, d. h. in diesem Falle die Überpronation oder eine sonstige Fehlbelastung verhindert werden. Dafür kommen Laufstilkorrekturen, Fußgymnastik (siehe S. 151 ff.), Wechsel der Trainingsschuhe, Schuheinlagen mit medialer Gewölbestütze und Fersenkeil usw. in Frage.

Leistenschmerzen

Häufig sind Ansatzbeschwerden (Insertionstendopathien) im Ursprungsbereich der Adduktoren am Schambein für Leistenschmerzen verantwortlich. Die Adduktoren sind die große Muskelgruppe an der Oberschenkelinnenseite, die vor allem für das Schließen der gespreizten Beine zuständig ist, unter anderem aber auch mithilft, das Becken auf dem Standbein zu stabilisieren. Daher werden sie z. B. beim Fußballspielen oder auch beim Sprinten besonders belastet. Die wichtigsten Gegenmaßnahmen beinhalten gezielte Dehnübungen und lokale (z. B. Ultraschall) entzündungshemmende Maßnahmen. Falls das erfolglos bleibt, käme auch eine

Injektion an den Schmerzpunkt in Frage. In chronischen Fällen kann eine operative Einkerbung im Bereich des Muskelansatzes notwendig werden. Immer sollte bei Adduktorenproblemen auch an eine Überlastung aufgrund einer Schwäche der beckenstabilisierenden Muskulatur (M. glutaeus med./min.) gedacht werden.

Leistenschmerzen können darüber hinaus am Schambein an der Einstrahlung des oft verkürzten geraden Bauchmuskels (M. rectus abdominus) oder am Ursprung des Leistenbandes auftreten. Bei der ärztlichen Untersuchung sollte auch eine sogenannte »weiche Leiste« bzw. ein offener Leistenkanal als Schwachstelle der Bauchdecke ausgeschlossen werden.

Kniescheibenschmerzen (Patellaspitzensyndrom)

Die Kniescheibe (Patella) dient zur Druckverteilung der Kraft, die der große Oberschenkelstreckmuskel (M. quadriceps femoris) auf das Kniegelenk ausübt. Da die Kniescheibe regelrecht in die Sehne eingelassen ist, spricht man oberhalb der Kniescheibe von der Quadricepssehne, unterhalb von der Patellarsehne. Letztere entspringt am unteren Kniescheibenpol, dort, wo die Patella in einer Spitze ausläuft. Das führt an dieser Stelle zu sehr hohen punktuellen Belastungen, insbesondere bei plötzlich auftretendem Muskelzug – z. B. beim Sprung und bei Kniebeugen mit Gewichten. Auch Läufer werden hin und wieder von dieser Verletzung geplagt. Typisch ist der zunehmende Schmerz bei Anspannung der Oberschenkelstreckmuskulatur gegen einen Widerstand. Die Gegenmaßnahmen sind vergleichsweise simpel: Dehnung der Oberschenkelstreckmuskulatur (M. quadriceps), Kräftigung der Beugemuskulatur (ischiocrurale M.) auf der Oberschenkelrückseite.

Meniskusdegeneration

Durch eine fehlerhafte Beinstatik (X- oder O-Bein) kann die normalerweise schon hohe Belastung der Menisken weiter zunehmen. Der einseitig erhöhte Druck führt zu vorzeitiger Auffaserung und Rissen (s. S. 155). Instabilität des Knies durch Bandlockerung oder eine angeborene Bindegewebsschwäche haben einen ähnlichen Effekt. Ist ein Meniskus in seiner Gewebsstruktur einmal geschädigt, gibt es keine Heilung mehr. Um das Gelenk, insbesondere die Knorpelflächen, vor Zerstörung durch den defekten Meniskus zu schützen, muß er zumindest teilweise entfernt werden. Heute nur noch auf arthroskopischem Wege. Gesunde Meniskusanteile müssen erhalten bleiben und sei es nur ein schmaler Randstreifen. Meist entstehen hieraus Regenerate (angedeutete Neubildung eines meniskusähnlichen Gebildes), die wenigstens einen Teil der ursprünglichen Funktion übernehmen können.

Entzündung der Fußsohlensehnenplatte (Plantaraponeurose)

In Verbindung mit den Muskeln der Fußsohle und anderen Bändern verspannt die Plantaraponeurose das Fußlängsgewölbe, indem sie sich vom Fersenbein zu den Zehengrundgelenken erstreckt. Bei Abflachung des Gewölbes (Senk- oder Plattfuß) gerät sie vermehrt unter Zugbelastungen, vor allem an ihrer Einstrahlung ins Fersenbein. Typisch ist der Druckschmerz am Übergang vom inneren Fußgewölbe zum Fersenpolster. Die Behandlung besteht in der Abstützung des Fußgewölbes durch Einlagen bei gleichzeitiger Druckentlastung des entzündeten Bezirkes (Hohlbettung). Zusätzlich sollte die Fuß- und Zehenmuskulatur intensiv gedehnt werden. Fast immer liegen Verkürzungen der Zehenbeuger vor! Manchmal werden lokale Injektionen

175

Laufmedizin

nötig. In chronischen Fällen bildet sich dort manchmal eine stiftförmige Verknöcherung, die auch als »plantarer Fersensporn« bezeichnet wird. Sie sollte nur in Ausnahmefällen zu operativem Vorgehen (Entfernung bei gleichzeitiger Periost-Einkerbung) führen.

Logensyndrom (Kompartmentsyndrom)

Jeder Muskel ist in eine Faszie eingebettet, die ihn als nicht dehnbarer Schlauch umgibt. Defekte in der Faszie führen zum Hervorquellen des Muskels, was als Muskelbruch (Muskelhernie) bezeichnet wird. Gleichsam der gegenteilige Effekt tritt ein, wenn die Faszie den Muskel so eng umschließt, daß er in seiner Funktion beeinträchtigt wird. Ein intensiv arbeitender Muskel ist stärker durchblutet als ein ruhender und benötigt daher mehr Platz. Auch eine pathologisch erhöhte Grundspannung der Muskulatur (Muskelverhärtung, Zerrung) oder ein Bluterguß können die Raumforderung des Muskels vorübergehend erhöhen. Ist der Faszienschlauch zu eng, werden die Durchblutung des Muskels wie auch der venöse Abtransport der Stoffwechselabbauprodukte und damit seine Funktion behindert. Am häufigsten sind die Schienbein-, Waden- und Oberschenkelbeugemuskulatur betroffen. In chronisch wiederkehrender Form litten Athleten wie John Walker, Dick Quax und Mary Decker unter diesem Krankheitsbild. Ein akutes Logensyndrom des Schollenmuskels zwang Markus Ryffel im 5000-m-Finale bei den Europameisterschaften in Stuttgart in aussichtsreicher Position zur Aufgabe.
Die Beschwerden äußern sich in zunehmenden, heftigen Schmerzen der betroffenen Muskulatur während des Laufens. Sie lassen erst dann langsam nach, wenn der Läufer stehen bleibt. Darüber hinaus ist die Regenerationsfähigkeit des Muskels eingeschränkt. In schweren akuten Fällen wird die Durchblutung so stark reduziert, daß der Fuß

kalt, die Haut blaß, die Fußpulse deutlich abgeschwächt sind. Die Behandlung besteht in muskelentspannenden Injektionen, im Notfall in der operativen Einkerbung der Faszie und führt stets zum Erfolg (bei richtiger Diagnose!).

Psoassyndrom

Hervorgerufen durch dauernde Über- und Fehlbelastungen (Sitzen!) kommt es zur Verhärtung und Verkürzung des Darmbeinlendenmuskels (M. iliopsoas), des stärksten Beugers im Hüftgelenk und sogenannten »Läufermuskels«. Typischerweise ist die volle Streckung im Hüftgelenk behindert und schmerzhaft, aber auch im Kniegelenk. Der Schritt verkürzt sich, es kann sogar eine Außendrehung des Fußes auftreten. Die Behandlung besteht in regelmäßiger konsequenter Dehnungsgymnastik, anfangs vorzugsweise unter Mithilfe eines Krankengymnasten. Bäder, Medikamente können deren Wirkung unterstützen.

Ermüdungsbruch (Streßfraktur)

Ermüdungsbrüche als Sportverletzung nehmen zu. Die Ursachen hierfür sind noch nicht ausreichend erforscht. Während früher die »Marschfraktur« des zweiten Mittelfußknochens bei Rekruten und die Fraktur des Kahnbeins am Handgelenk bei Preßlufthammerarbeitern die mit Abstand häufigsten Fälle darstellten, finden sich in ihrer Entstehungsweise gleichartige Verletzungen heute immer mehr auch bei Läufern. Am meisten betroffen sind der zweite Mittelfußstrahl, das Wadenbein (meist eine Handbreit über dem Außenknöchel), das Schienbein und das Kahnbein in der Fußwurzel.
Durch ständige, offenbar statisch ungünstige Wechselbiegebelastungen, die die Regenerationsfähigkeit des Knochens überschreiten, wird zunächst seine Mikrostruktur zerstört. Es treten

Überlastungsschäden des Bewegungsapparates durch Laufen

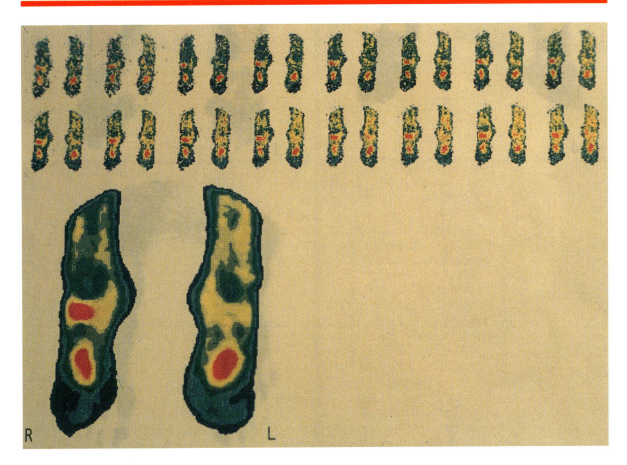

Ermüdungsbruch des Kahnbeines (Os naviculare) im Fuß (roter Bezirk) im Knochenszintigramm mit SPECT.

erste, uncharakteristische Schmerzen auf, die auf die üblichen Behandlungsmaßnahmen nicht ansprechen. Wird das Training unverändert fortgesetzt, nehmen die Beschwerden immer mehr zu, bis sie das Laufen praktisch unmöglich machen.

Die erste Diagnosemöglichkeit bietet das Knochenszintigramm, das einen beschleunigten Umbau des Knochens im schmerzhaften Bezirk anzeigt. Diese Untersuchungsmethode hat allerdings den Nachteil, unspezifisch zu sein, d. h., gleichartige Befunde können auch durch Tumore, Entzündungen o. ä. ausgelöst werden. Zudem setzen sie den Körper des Patienten einer – wenn auch geringen – Strahlenbelastung aus (es wird eine radioaktiv markierte Substanz gespritzt, die sich schnell und ausschließlich im Knochen anreichert). Erst später (meist nach Wochen) zeigen sich auch die typischen Veränderungen (Kerbe, Verdichtung, Kallusbildung) im Röntgenbild (Zielaufnahme, Tomogramm) oder der Magnetresonanztomographie. Die Behandlung besteht vor allem in Schonung bzw. Trainingspause, die nicht zu knapp bemessen sein sollte. Das Kreislauftraining kann eventuell mit Radfahren, Aqua-Jogging, Schwimmen beibehalten werden. Wichtig ist, daß die für die Verletzung verantwortliche Belastung für 2 bis 3 Monate oder sogar noch länger unterbleibt, bis der Knochen sich im Röntgenbild voll regeneriert hat.

Laufseminare

Laufseminare

Seit 1980 bietet der Autor Laufseminare an, die üblicherweise in der Schweiz stattfinden und sich an Laufanfänger und -fortgeschrittene richten. Mit sogenannten »Kilometerfresserkursen« sind diese Seminare nicht zu vergleichen. Es geht vielmehr darum, die auch in diesem Buch dargestellten Grundlagen für erfolgreiches und verletzungsfreies Laufen zu vermitteln. Die Dosis, auch die Zielsetzung (Gesundheitssport, Breitensport, Leistungssport) bestimmt der Sportler stets selbst. Egal, welcher der genannten Gruppen er sich zugehörig fühlen mag, in jedem Falle muß er sein Handwerkszeug kennen und beherrschen, also die Grundlagen der Trainingsmethodik, die Möglichkeiten der exakten Belastungssteuerung, die Möglichkeiten der trainingsbegleitenden Gymnastik usw.

Im Frühjahr (Mai bis Juni) finden Kurse in Valbella-Lenzerheide (Hotel Waldhaus), im Herbst (Sept./Okt.) in St. Moritz (Hotel Waldhaus) statt. Weitere Kursleiter sind Markus Ryffel (Silbermedaille Olympische Spiele 1984 in Los Angeles über 5000 m), Dietmar Millonig (erfolgreichster österreichischer Langstreckenläufer aller Zeiten) und Urs Gerig (Ausdauer-Alleskönner und Enfant terrible). Die Kurssprache ist Schweizerdeutsch.

Im Juni/Juli finden Kurse im Robinson-Club Scuol Palace im Unterengadin statt. Hier wird hochdeutsch gesprochen.

Alle Seminarangebote erstrecken sich jeweils über eine Woche, beinhalten Vollpension und täglich mehrere Aktivitäten. Weitere Informationen beim Autor.

Läufer vor dem St. Moritzer See/Hotel Waldhaus (hier finden die St.-Moritzer-Laufseminare statt).

Laufseminare

Register

A
Achillodynie 172
Adenosintriphosphat 38
aerob 37
Amenorrhoe 133, 166
anabol 35
anaerob 37
Anorexie 166
Anspannungs-
　Entspannungsdehnen
　80
Antioxidantien 118
Aqua-Jogging 157, 167,
　171
Arthrose 155
Atem-Schritt-Regel 42
Atmung 20
Ausgleichs- und Ersatz-
　sportarten 103
Auslaufen 102
Ausrüstung 24
Autooxidation 141

B
Babyjogger 135
Bäder 102
Ballenlauf 20
Bänderriß 172
Beinlängendifferenz 154
Bergablaufen 21
Bergauflaufen 21
Bergtraining (Hügelläufe)
　44
Blasen 168
Blutunterlaufene Nägel
　168
Bodenreaktionskraft 18
Breitensportler 62

C
Circuittraining 88
Conconi-Test 42
Creatinphosphat 38

D
Dauerlauf 40
Dauerlauf, individuell
　angepaßter 41
Dauerlauf, regenerativer
　41
Dehnen, dynamisches 78
Dehngymnastik 77
Distorsion 169

181

Register

E

Endorphine 141
Energiebereitstellung, alactazide 38
Energiebereitstellung, lactazide 38
Ermüdungsbruch 176
Ernährung 114

F

Fartlek 42
Fahrtspiel 42
Fasertypen 86
Fersenlauf 20
Fersensporn 173
Fette 116
Flachrücken 156
Flüssigkeit (Wasser) 121
Fraktur 170
Frauenläufe 130
Frauensport 127
Fußdeformitäten 147
Fußgymnastik 150

G

Gefahren 94
Gelenkverrenkung (Luxation) 170
Gelenkverstauchung (Distorsion) 169
Geschichte des Laufens 10
Gesundheitssportler 61
Grundlagenausdauer 41
Grundregeln 115, 121

H

Hallux valgus 150
Hammer 150
Hautverletzungen 168
Herz-Kreislauf-Erkrankungen 137
Hitzeerschöpfung 145
Hitzekrämpfe 145
Hitzschlag 145
Höhentraining 72
Hohlrücken 156
Hopserlauf 99
Hügelläufe 44

I

Intermittierendes Dehnen 85
Intervallmethode 88
Intervallmethode, extensive 88
Intervallmethode, intensive 88

Intervalltraining, extensives 47
Intervalltraining, intensives 48

J

Jugendtraining 56

K

Kapazität 37
katabol 35
Kindertraining 55
Knickfuß 149
Kniehebelauf 99
Kniescheibenschmerzen 20
Knochenbruch (Fraktur) 170
Knochendichte 166
Knochenhautentzündung 174
Kohlenhydrate 115
Kompartmentsyndrom 176
Kontrollmethode 88
Kontusion 169
Koordination, intermuskuläre 87
Koordination, intramuskuläre 87
Koordinationsschulung 98
Körperschule 77
Kraftausdauer 87
Krafttraining 86, 94, 97
Krallenzehen 150
Kreistraining 88

L

Laufschuhe 24
Laufstil 17, 158
Lauftechnik 15
Leistenschmerzen 174
Lipide 116
Logensyndrom 176
Luxation 170

M

Makrozyklus 49
Massage 102
Maximalkraft 87
Meniskusdegeneration 175
Meniskusriß 171
Mesozyklus 50
Mikrozyklus 54
Mineralstoffe 118
Morton'sche Interdigitalneuralgie 150
Muskelfaserriß 170

Muskelkater 170
Muskelkrampf 168
Muskelriß 171
Muskelverhärtung 170
Muskelzerrung 170
Muskulatur 86

N

Nahrungsbestandteile 115

O

O-Bein 147
Osteoporose 134

P

Patellaspitzensyndrom 175
Periodisierung 89
Periodisierung (Makrozyklus) 49
Pierre de Coubertin 12
Plantaraponeurose 175
Plattfuß 149
Prellung (Kontusion) 169
Pronation 19, 26
Proteine, Eiweiß 117
Psoassyndrom 176
Psyche 141
Pulsmessung 39

R

Regenbekleidung 30
Regenerationsmaßnahmen 101
Regenerationsperiode 52
Rhythmus, zirkadianer 33
Rückenbeschwerden 157
Rumpfmuskulatur 158
Rundrücken 156

S

Sauerstoffaufnahme, maximale 38
Schubmaß 25
Schuhlänge 25
Schwangerschaft 134
Sehnenriß 171
Sehnenzerrung 171
Seitenstechen 146
Seitsprünge 100
Senkfuß 149
Shirts 30
Shorts 29
Skippings 98
Skoliose 154
Sonnenstich 145

Sportsocken 27
Spreizfuß 149
Sprunglauf (Schrittsprünge) 100
Spurenelemente 118
Statisches Dehnen 80
Steady State 38
Steigerungslauf 101
Stoffwechsel 35
Streßfraktur 176
Stretching 77, 80
Stützphase, hintere 17
Stützphase, mittlere 17
Stützphase, vordere 17
Superkompensation 35
Supination 27

T

Taktik 111
Tempodauerlauf 41, 42
Tempolauftraining 49
Tights 29
Torsion 149
Tractus iliotibialis 174
Training 33
Trainingsanzug 30
Trainingsgelände 35
Trainingsplanung 49
Trainingsschuh 25
Trainingstagebuch 49, 73

U

Übertraining 36

V

Varus-Gonarthrose 156
Verdauungsbeschwerden 146
Vitamine 117
Vorbereitungsperiode I 51
Vorbereitungsperiode II 52

W

Wettkampf 105, 124
Wettkampfperiode I 52
Wettkampfperiode II 52
Wettkampfphase 123
Wettkampfplanung 106
Wettkampftag 108
Wettkampfvorbereitung 106, 107

X

X-Bein 147

Z

Zwischensohle 26

Mehr Sport-Erlebnis

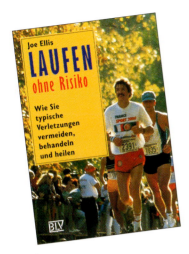

Joe Ellis
Laufen ohne Risiko
Wie Sie typische Verletzungen vermeiden, behandeln und heilen
Gesund ans Ziel – mit dem leicht verständlichen, medizinischen Ratgeber speziell für Läufer: Beschwerden erkennen und verstehen, Laufverletzungen vermeiden und behandeln.

Franz Wöllzenmüller
Richtig Jogging
Entspannung und Freude durch den beliebten Ausdauersport: Ausrüstung, Lauftechnik, Trainingsformen für Anfänger und Fortgeschrittene, Verletzungen, Rennen laufen.

Urs Gerig
Richtig Walking
Wirkung des schnellen Gehens, Ausrüstung, Walking-Technik, Training, Anwendung, Einsatzmöglichkeiten, Heilung durch Bewegung, gesundheitsorientierter Lebensstil, Aufbau eines Walking-Treffs.

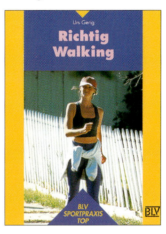

Wolfram Lindner
Erfolgreiches Radsporttraining
Vom Amateur zum Profi
Leistungsdiagnostik, Technik, Taktik, Ernährung, Physiotherapie, Materialeinsatz in den verschiedenen Disziplinen, Wettkampf, trainingsmethodische Erkenntnisse auf neuestem Stand.

Josef Giehrl
Richtig Schwimmen
Grundlagenwissen und -können; Technik und Praxis: Kraul-, Brust-, Rückenkraul- und Schmetterlingsschwimmen, Starten und Wenden; Training.

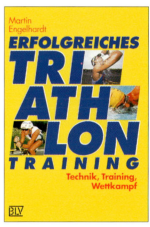

Martin Engelhardt
Erfolgreiches Triathlontraining
Präzise und fundierte Informationen, um Triathlon mit Spaß und Erfolg ausüben zu können – von Ausrüstung und Material über Technik und Training im Schwimmen, Radfahren und Laufen bis zu Wettkampf und psychologischen Aspekten.

Topfit mit System

Fritz Zintl
Ausdauertraining
Grundlagen, Methoden, Trainingssteuerung
Alle theoretischen und praktischen Aspekte des Ausdauertrainings für Trainer, Sportlehrer, Gesundheits- und Leistungssportler.

Peter Konopka
Sporternährung
Leistungsförderung durch vollwertige und bedarfsangepaßte Ernährung
Die wissenschaftlichen Grundlagen und die große Bedeutung der Ernährung für Leistung und Gesundheit – anhand von zahlreichen Beispielen leicht verständlich dargestellt.

Martin Engelhardt / Georg Neumann
Sportmedizin
Grundlagen für alle Sportarten
Für Sportmediziner, Trainer und alle interessierten Sportler: Reaktion und Anpassung des Organismus auf sportliche Belastungen; Prävention und Sporttherapie bei Erkrankungen.

Anita Bean / Peggy Wellington
Sporternährung für Frauen
Der Ratgeber für die spezifischen Bedürfnisse aktiver Sportlerinnen
Nährstoffbedarf, der weibliche Zyklus, Osteoporose, Ernährung beim Mannschaftssport, Strategien zum Abnehmen, Körperbild und Eßstörungen, Wettkampfvorbereitung, Tagespläne und Rezepte für Snacks usw.

Hans-Dieter Hermann / Hans Eberspächer
Psychologisches Aufbautraining nach Sportverletzungen
Umfassendes Wissen über psychische Probleme, Therapie in der Verletzungszeit und für den optimalen Wiedereinstieg ins Wettkampfgeschehen, praktische Vorschläge für den Umgang mit verletzten Sportlern.

James E. Loehr
Die neue mentale Stärke
Sportliche Bestleistung durch mentale, emotionale und physische Konditionierung
Neue Trainingsprogramme des weltbekannten Sportpsychologen, die innere Stärke, Durchhaltevermögen und Siegeswillen positiv beeinflussen.

Im BLV Verlag finden Sie Bücher zu folgenden Themen: Garten und Zimmerpflanzen • Edition Galleria • Natur • Heimtiere • Jagd • Angeln • Pferde und Reiten • Sport und Fitneß • Tauchen • Reise • Wandern, Alpinismus, Abenteuer • Essen und Trinken • Gesundheit und Wohlbefinden

Wenn Sie ausführliche Informationen wünschen, schreiben Sie bitte an:
BLV Verlagsgesellschaft mbH • Postfach 400320 • 80703 München
Telefon 089/12705-0 • Telefax 089/12705-543